THEATRUM
COGITATIOCUM

思想剧场

民族与民族主义

（第 2 版）

NATIONS AND NATIONALISM
SINCE 1780 PROGRAMME, MYTH, REALITY

Eric J. Hobsbawm

[英] 埃里克·霍布斯鲍姆————著

李金梅————译

上海人民出版社

序　言

埃里克·霍布斯鲍姆

我很荣幸能有机会于1985年5月，在贝尔法斯特（Belfast）的皇后大学（Queen University）主持一场"怀尔斯讲座"（Wiles Lectures），这本书即是根据那场讲座的提纲改写而成。讲座的所在地，北爱尔兰首府，即点明了本书的主题——民族与民族主义。为了便于了解，主办单位已经过我的同意将这场讲座的提纲分发给听众，共有四次演讲。集结成书后，分长短不一的五个章节，外加一章导言，以及最后的简短结论与反省。原稿已经过改写，陆续补充了一些资料，不过，大致上还是保留了那场讲座的精华，尤其有诸多学者专家出席，而这正是"怀尔斯讲座"的吸引人之处，应邀的演讲者也深感荣幸能与大家齐聚一堂。对于主办单位的热忱，以及参与讨论的学人，我致以最深的谢意，我尤其特别感谢佩里·安德森（Perry Anderson）、约翰·布罗伊里（John Breuilly）、朱迪思·布朗（Judith Brown）、罗南·范宁（Ronan Fanning）、米洛斯拉夫·罗奇（Miroslav Hroch）、维克多·基尔南（Victor Kiernan）、乔·李（Joe Lee）、苏拉·马克斯（Shula Marks）、泰伦斯·兰杰（Terence Ranger）以及郭兰·泰博恩（Göran Therborn）等人，他们给予我诸多的批评与启示，特别是在非欧洲民族主义（non-European nationalism）这个主题上。不过由于我的讨论重点主要放在 19 世纪到 20 世纪初的民族主义运动，所以，本书的主题仍然是倾向欧洲中心观点（Eurocentric），甚至可以说是特别针对"发达"地区所作的讨论。在这场讲座中，我有幸针对"民族与民族主义"的主题，作了一番讨论并提出质疑，而在座更有许多人热心地跟我交换感想与心得，并告诉我许多我前所未闻的文献。为了公平起见，我也要特别感谢贾亚瓦德内博士（Kumari Jayawardene）以及其他在赫尔辛基世界开发经济研究协会（World Institute for Development Economics Research in Helsinki）的南亚学者，此外，还有我在纽约社会研究新学院（New School for Social Research）的同僚与学生，他们也参与了这本书的讨论与最后的定稿工作。与这本书相关的研究，都是来自莱弗休姆荣誉协会（Leverhulme Emeritus Fellowship）的赞助始得以顺利完成，在此，我要特别感谢莱弗休姆基金（Leverhulme Trust）的大力支持。

"民族问题"是出了名的极具争议性的主题，而我也不企图使其争议减少。然而，我仍衷心期盼，通过这本书的出版，将那场讲座的精华转成文字，以便能让我们对相关历史现象的研究更上一层楼，这才是我心之所愿。

伦敦，1989 年

后记：

　　本书最后一章已经过改写并增加了原有篇幅，这部分是第一版所没有的资料，特于再版时补充进来。

伦敦，1992 年 3 月

目 录

序　言　_i

导　论　_1

第一章　民族新义：从革命到自由主义　_23

第二章　民众观点：民族主义原型　_73

第三章　政府观点　_129

第四章　民族主义转型：1870—1918　_163

第五章　民族主义最高峰：1918—1950　_211

第六章　20 世纪晚期的民族主义　_261

1

地图 _307

1. 1919—1934 年的民族冲突和边界争端 _308

2. 19 世纪的种族、语言和政治划分：东欧
   语言版块 _310

3. 1910 年左右哈布斯堡帝国的民族 _312

英汉译名表 _313

导　论

　　试想，在核战浩劫后的一天，一位来自银河系外的星际史学家，在接收到地球毁于核战的讯息后，横渡银河，亲赴战争后满目疮痍的地球，想一探地球毁灭之因。他或她（暂且不论银河系外的生物繁衍问题）殚尽心力，从残存的图书与文献中，找寻地球毁灭之因的蛛丝马迹——显然，精良的核武器已达成其全面摧毁人类的目的，但却奇怪地将人类的财物保留了下来。经过一番详细的调查，这位星际史学家的结论是，若想一窥近两世纪以降的地球历史，则非从"民族"（nation）以及衍生自民族的种种概念入手不可。"民族"这个字眼，阐述了纷扰人事的重要意义，但是，到底民族对人类有何意义可言？这个问题即是揭发人类毁灭的奥秘所在。假使这位星际史学家曾读过白芝皓（Walter Bagehot）的著作，他便知晓白芝皓将19世纪的历史诠释为"民族创建的世纪"（nation-building）；此外，他也会知晓白芝皓对"民族"想当然的解释："若你不曾问起民族的意义为何，我们会以为我们早已知道答案，但是，实际上我们很难解释清楚到底民族是什么，也很难给它一个简单定义。"[1] 对我们以及白芝皓来说，此言为真，但是，对那位星际史学家而言，却不具说服力，因为他并没有感受过人类的民族。

感谢过去十五至二十年的文献累积，在今天已有一份简短的书目可以提供给那位星际史学家来了解人类的民族经验，比方说，安东尼·史密斯（A. D. Smith）的《民族主义：趋势报告与文献目录》(*Nationalism*：*A Trend Report and Bibliography*)[2] 一文，便详录了 1973 年之前的相关文献。不过在此，我并不会推荐太多早年文献供大家参考，尤其是 19 世纪初年的自由主义学说，原因除了后文将提及的那些之外，也是因为当时的言论大多充斥着优势民族论或种族歧视偏见，因而减损了参考价值。事实上，当时最优秀的论著都是短小简洁之作，比方说，约翰·穆勒（John Stuart Mill）在《论代议政府》(*Considerations on Representative Government*) 一书中对民族这个主题的讨论；至于欧内斯特·勒南（Ernest Renan）著名的演说"民族是什么？"[3]

---

1. Walter Bagehot, *Physics and Politics*, London 1887, pp. 20—21.

2. A. D. Smith, "Nationalism, A Trend Report and Bibliography" in *Current Sociology* XXI/3, The Hague and Paris 1973. 也可参考 *Theories of Nationalism*, London, 2nd edn 1983 and *The Ethnic Origins of Nations*, Oxford 1986. 史密斯教授的著作，是英文文献中对这个主题的最佳导引。

3. Ernest Renan, *Qu'est-ce qu'une nation?*, Conférence faite en Sorbonne le 11 mars 1882, Paris 1882; John Stuart Mill, *Considerations on Representative Government*, London 1861, chapter XVI.

亦为一例。

　　这份书目详列了必读著作，也包含其他值得一读的参考资料，足供大家严肃而不带感情地思考"民族"这个主题。在第二国际阵营中，这是一个重要但往往被低估的议题，他们把它称之为"民族问题"（the national question）。在下面我们将可看到，何以"民族问题"会让诸多活跃于国际社会主义运动的有志之士前仆后继，投身于民族主义的论争当中——比方说，考茨基（Karl Kautsky）、罗莎·卢森堡（Rosa Luxemberg）、奥托·鲍尔（Otto Bauer）、列宁等人。[1] 当然，这份书目也许也该考虑纳入考茨基的著作，鲍尔的《民族主义与社会民主主义》（Die Nationalitätenfrage Und die Sozialdemokratie），以及斯大林的《马克思主义和民族问题》（Marxism and the National Question）。辑录这些著作的原因，主要是着眼于其对后世政坛的重大影响，而非基于其较不足道的学术成就。[2]

---

1. 马克思主义者对这个问题的看法，可参考 Georges Haupt, Michel Lowy and Claudie Weill, *Les Marxistes et la question nationale 1848—1914*, Paris 1974。Otto Bauer, *Die Nationalita tenfrage und die Sozialdemokratie*, Vienna 1907. 此书第二版的序言相当重要，可惜这本书到目前为止，似乎尚未见英译本。值得一读的近作，可参考 Horace B. Davis, *Toward a Marxist Theory of Nationalism*, New York 1978。

2. 斯大林这篇写于 1913 年的文章，后来和其他作品合辑成同名著作《马克思主义和民族问题》（London 1936）。这本书对国际局势造成深远影响，且不限于社会主义国家，尤以对"依赖世界"影响最大。

　　依我所见，我也不会强力推荐大家去看所谓"民族主义双父"（the twin founding fathers）的著作，亦即在第一次世界大战后崛起于学界的卡尔顿·海斯（Carleton B. Hayes）与汉斯·科恩（Hans Kohn）两人的学说。[1]他们的学说能风行一时之原因在于，有史以来，欧洲的版图首次依照"民族原则"重新划分，与此同时，欧洲式的民族主义也被殖民地解放运动与第三世界新兴国家争相奉行采纳，而这些正是科恩着力论述的世界局势。[2]无疑，这个时期的著作自然会从早年的文献当中汲取大量材料，因此可以为读者省下许多文献回顾的工夫。至于我略去这些文献的主要原因，是因为当时的思潮在马克思主义阵营的讨论中，早已被视为老生常谈，不足为奇，只有民族主义者才会特别留意科恩等人的过时言论。依我们所知，民族这一概念并非如白芝皓所言，系"与人类历史共久长"。[3]一直要到 18 世纪，这个词的现代意义才浮现。在海斯、

---

1. Carleton B. Hayes, *The Historical Evolution of Modern Nationalism*, New York 1931 and Hans Kohn, *The Idea of Nationalism. A Study in its Origin and Background*, New York 1944. 这两本书涵括了许多丰富史料。至于"民族主义之父"的称谓，系来自 A. Kemiläinen, *Nationalism. Problems Concerning the Word, the Concept and Classification*, Jyväskylä 1964, 此书追溯民族主义的语汇及哲学观念的历史变迁。

2. Kohn, *History of Nationalism in the East*, London 1929；*Nationalism and Imperialism in the Hither East*, New York 1932.

3. Bagehot, *Physics and Politics*, p. 83.

科恩之后的几十年间，学院式的民族论述虽然大量增加，但洞见有限。也许有人会认为卡尔·多伊奇（Karl Deutsch）的作品已经使民族研究跨前一大步，他强调沟通在民族形成的过程中所扮演的重要角色；不过，他的著作也并没有被我归为必读文献。[1]

为什么讨论民族与民族主义的精彩著作，会集中出现在过去二十年间？理由至今似乎仍不甚清楚，这是个见仁见智的问题。这个看法也并非放之四海而皆准。本书将在最后一章中简略讨论这个问题。总之，最能掌握民族与民族运动及其在历史发展上所扮演角色的著作，当推自 1968 年至 1988 年这二十年间所发表的相关文献，这二十年的表现较之之前的任何四十年都来得辉煌。接下来我会详列一些有趣的著作，让大家一窥其奥，其中，我也选了一篇自己的论文供作参考。[2] 以下罗列的书目可作为学子初入

1. Karl W. Deutsch, *Nationalism and Social Communication. An Enquiry into the Foundations of Nationality*, Cambridge MA 1953.

2. 此外，请参看 *The Age of Revolution 1789—1848*, 1962；*The Age of Capital 1848—1875*, 1975；*The Age of Empire 1875—1914*, 1987 等书的相关篇章，以及 "The attitude of popular classes towards national movements for independence" in *Commission Internationale d'Histoire des Mouvements Sociaux et Structures Sociales, Mouvements nationaux d'indépendence et classes populaires aux XIXe et XXe sie cles en Occident et en Orient*, 2vols., Paris 1971, vol. 1, pp. 34—44; "Some reflections on nationalism" in T. J. Nossiter, A. H. Hanson, Stein Rokkan (eds), *Imagination and Precision in the Social Sciences: Essays in Memory of Peter Nettl*, London 1972, pp. 385—406; "Reflections on 'The Break-up of Britain'", *New Left Review*, 105, 1977; （转下页）

门的参考，顺序是依作者姓氏排列，唯一的例外是罗奇（Hroch）的著作，因为他的杰出贡献开启了论述民族解放运动的新篇章。

罗奇（Miroslav Hroch），《欧洲民族复兴的社会先决条件》（*Social Preconditions of National Revival in Europe*, Cambridge, 1985），本书收录了罗奇在 1968 年至 1971 年间于布拉格所作的两项研究。

安德森（Benedict Anderson），《想象的共同体》（*Imagined Communities*, London, 1983）。

阿姆斯特朗（J. Armstrong），《民族主义形成之前的民族》（*Nations before Nationalism*, Chapel Hill, 1982）。

布罗伊尔（J. Breuilly），《民族主义与国家》（*Nationalism and the State*, Manchester, 1982）。

科尔和沃尔夫（John W. Cole and Eric R. Wolf）合著，《隐藏的疆界：阿尔卑斯峡谷的生态与族群关系》（*The Hidden Frontier: Ecology and Ethnicity in an Alpine Valley*, New York and London, 1974）。

（接上页）"What is the worker's country ?" ch. 4 of my *Worlds of Labour*, London 1984; "Working-class internationalism" in F. van Holthoon and Marcel van der Linden（eds），*Internationalism in the Labour Movement* Leiden-New York-Copenhagen-Cologne 1988, pp. 2—16。

菲什曼（J. Fishman）编，《发展中国家的语言问题》
（*Language Problems of Developing Countries*，New York，
1968）。

盖尔纳（Ernest Gellner），《民族与民族主义》（*Nations and Nationalism*，Oxford，1983）。

霍布斯鲍姆和兰杰（E. J. Hobsbawn and Terence Ranger）合编，《传统的发明》（*The Invention of Tradition*，Cambridge，1983）。

史密斯（A. D. Smith），《民族主义诸理论》
（*Theories of Nationalism*，2nd edn，London，1983）。

肖克（Jenö Szücs），《民族与社会：论文集》（*Nation und Geschichte：Studien*，Budapest，1981）。

提利（C. Tilly）编，《西欧民族国家的建立》（*The Formation of National States in Western Europe*，Princeton，1975）。

此外，我忍不住要加上格温·威廉斯（Gwyn A. Williams）的《威尔士何时诞生？》（*When was Wales?*），此文出自威廉斯所著《威尔士人及其历史》（*The Welsh in their History*）一书，文中特别强调对"民族"的主观认同，但较少提及其历史脉络和历史延展性。

上述著作都提出了"民族是什么"这个问题。将人类划分成不同的民族集团，乃是民族建立的必经过程，然

而奇怪的是，至今尚无一致通论或标准规则，可作为民族区分的标准——即使有人宣称"民族认同"（national identity）乃是他们个人安身立命最基本而不可或缺的认同所在，是他们赖以为生的社会价值所系，亦无法解决此项欠缺明确界定的难题。这项发现本身并不足为奇，因为民族原本就是人类历史上相当晚近的新现象，而且还是源于特定地域及时空环境下的历史产物。因此，它自然会先发生在聚居区而非世代散居世界各地的人群当中。不过，追根究底，我们迄今尚无法告诉那位星际史学家该借助什么样的"先验标准"（a priori）来判断并划分不同的民族，比方说，我们可以轻而易举地分辨不同的鸟族，或者，我们可以不费吹灰之力地区分老鼠与花豹的不同点。假使区辨民族差异像赏鸟一样简单就好了。

就划分民族的客观标准而言，有时是根据单一的标准（如语言、族群特性等）；有时则会交杂各类不同的标准（如结合了语言、共居地、共享的历史经验及文化传统等等）。往往大家都会借这些标准来解释：为何某某民族国家得以创造而其余不可。斯大林就曾经提出判断民族国家的一套标准，当然，他的标准也并非世上的唯一标准。[1] 无

---

1. 斯大林曾言："民族是人们在历史上形成的一个有共同语言、共同地域、共同经济生活以及表现于共同文化上的共同心理素质的稳定的共同体。"Joseph Stalin, *Marxism and the National Question*, p. 8. 原文写于 1913 年。

论这些客观标准是什么，它们显然都无法成立，因为符合这类定义的诸多群体，只有少部分不管在何时都可被称之为"民族"，反倒是例外情形不时可见。不是符合标准者根本不是"民族"或不具民族精神；就是百分之百的"民族"却不符合这些标准。事实上，民族根本不可能具有恒久不变、放之四海而皆准的客观定义，因为这个历史新生儿才刚诞生，正在不断变化，且至今仍非举世皆然的实体。

更有甚者，就像我们已经了解的，前述所谓的客观标准，如语言、族群特性等，其实都非常含糊不清，想用它们来判断民族，无异于缘木求鱼，就像旅行者想借助云朵的形状而非路标来指引方向。正因如此，那些"客观标准"才会让有心之士或宣传家有机可乘，广为滥用，结果适得其反，所谓"客观标准"反而更加失去了解释族群差异的功能。以下即为在亚洲政坛上滥用民族"客观标准"以推动其建国运动的例子：

　　在斯里兰卡操泰米尔语（Tamil）的人是一个特殊民族，他们跟僧伽罗人（Singalese）有诸多不同的民族差异。首先，泰米尔人在斯里兰卡岛上有其独特且源远流长的历史，民族光荣自不在话下，毫不输给僧伽罗人；其次，泰米尔人是一个独特的语言群体，不同于讲僧伽罗语的僧伽罗人。因此，以泰米尔人举世无双的文化传统以及相当现代化的语言观之，再加上他们有其明确的聚居地，毋庸置疑，他们理当成为一个民族。[1]

这段话的目的非常清楚：是想借着宣扬泰米尔民族主义，以争取"超过三分之一"斯里兰卡总人口的泰米尔人的自主与独立。但是，这段话却模糊掉诸多历史事实，比方说，操泰米尔语的族系不仅一支（包括岛上原住民以及近年从印度大陆迁居而来的移民劳工）；他们散居在岛上，并不集中；此外，即使是在泰米尔原住民的世居地上，也有将近三分之一的僧伽罗人与之杂居；尤其，约有百分之四十一的泰米尔人并不认同泰米尔民族主义，他们毋宁更乐于视自己为伊斯兰教徒（即所谓的"摩尔人"）。事实上，我们很难认定到底什么样的地方才能算是泰米尔人的聚居地。是泰米尔人占该地人口百分之七十一到九十的地方〔比方说拜蒂克洛（Batticaloa）、穆莱蒂武（Mullaitivu）或贾夫纳（Jaffna）等地〕，还是有将近百分之二十至三十三的人口自称是泰米尔人的地区〔如在安帕拉尔（Amparal）、亭可马里（Trincomalee）等地〕也包括在内。事实上，在 1987 年斯里兰卡内战的停战协议中，

---

1. Ilankai Tamil Arasu Kadchi, "The case for a federal constitution for Ceylon", Colombo 1951, cited in Robert N. Kearney, "Ethnic conflict and Tamil separatist movement in Sri Lanka", *Asian Survey*, 25, 9 September 1985, p. 904.

双方是为了寻求和平，才应泰米尔民族主义者的要求，作出政治让步，来结束这场民族争端。其次，所谓的"语言群体"之说，只是想用语言学来掩饰泰米尔原住民、印度裔移民以及摩尔人并非一同质群体的历史事实。至于所谓"独特且源远流长的历史"，实在是时代错置，漏洞百出，既不明确也看不出意义何在。当然，宣传家所滥用的民族口号，原本就无法为社会科学提供客观的判定标准，重要的是，无论宣传家提出任何一种划定民族共同体的"客观标准"，都会受到各方质疑，因为，那些标准实则并不尽客观，几经挑战，反而变成漫无标准，除非有人能革命性地提出完全截然不同的民族判定原则。

然而，这种截然不同的原则其标准何在？或许，我们可用主观标准来取代客观标准，比方说以集体认同（据勒南的说法，"民族源自每日民族自决的结果"）或个人认同来判定民族。或采用奥地利马克思主义者（Austro-Marxists）的看法，他们认为"民族性"（nationality）乃是个人的特质之一，不管他们住在哪里或与谁共居，只要他们声称自己是，他们就是。[1]这两项主观标准（集体认同与个人认同）可以跳出"先验"客观标准的局限，并以

---

1. 雷纳（Karl Renner）特别比较个人的民族身份与其宗教身份，指出：民族身份是"自由选择而来的，因为他们已进入大众时代，靠合法的代议士为他们发言"，参见 Staat und Nation, Vienna, 1899, pp. 7ff。

不同的方式将地域观念纳入"民族"的定义里，对地域的认同可将不同的语系，或其他不同的客观标准，都纳入同一民族的疆界之内，证诸史实，法国及哈布斯堡帝国便是建立在这样的基础上的。这两个例子都说明了"民族"是源自主观意识的隶属感，并不受特定的"客观标准"所局限，由此可知，民族显然是"同义反复"（tautological）的产物，若想了解民族到底是什么？只能借"后设"（a posteriori）原则去理解。甚者，也有人走入所谓"唯意志论"的极端，误以为民族只取决于"合乎一族的意志"，其他的都毫无作用。比方说，有人会认为，只要居住在怀特岛（Isle of Wight，编者按：英国南端一小岛）上的居民想建立"怀特民族"（Wightian nation），怀特民族便可以据此而成立。

唯意志论式的想法，在 1960 年之后，广为民族主义者所采纳，欲借意识启蒙的手段来推动民族建国运动。然而这种做法对思虑严谨如鲍尔或勒南等人而言，是不尽恰当的，因为他们都体认到民族的成立仍然有其共通的客观组成条件。换言之，将主观意识或主观选择视为民族感的判断标准，不啻是将人类界定自身集体认同的多元想象力，狭窄化到单一选项中——选择自己属不属于这个"民族"——不消说，这是极其不智的做法。当然，在当今的国家行政体系下，我们必须选择国籍（nationality）以便申请护照，有了合法的国籍才有权在户口调查中表达对民族语言的看法。但即使在今天，一个住在斯劳（Slough）的人，也可以把自己想象成是大英帝国的子民，或者是个印度人（当他遇到不同肤色的人，如白人，他便知道自己其实是印度人），或古加拉特人（Gujarati，当他遇到来自其他地区的印度人时），或耆那教徒（Jain，当他遇到异教徒，如印度教徒或伊斯兰教徒）。他也许隶属某个特定的"种姓阶级"（caste），或源自某族系的血统；此外，他在家中也许是说北印度语（Hindi）而不说古加拉特语，或是交杂说各族群的方言。所以，将"民族性"狭窄化成单一面向是不可能的，无论是在政治上或文化上都不可能（除非借助国家武力强制造成）。人们可以认为自己是犹太人，尽管他们之间不具共同的信仰、语言、文化、传统，没有共同的历史背景、血缘群体，甚至对犹太国家的看法也不同。但这不表示他们可纯靠主观认同来界定"民族"。

由此观之，不论是民族的主观认定或客观标准，都不尽令人满意，反而会误导大家对民族的认识。无论如何，对一个初入门的学子而言，姑且抱着不可知的态度方为上策。因此，这本书对"民族"并没有先验定义，也就是说，当任何一群足够大的人群宣称他们属于同一民族，那么，本书便会接纳他们的自我认定，视为是他们对"民族"的暂时假设。然而，我们不能只从政治人物宣称他们是在为

"民族"奋斗，就假定那个"民族"的人们已认为他们属于同一民族。民族主义代言人的出现并非不重要，而是因为"民族"的概念到今天，已被滥用到足以混淆是非，不具任何严肃意义的程度。

不过，在处理"民族问题"时，先从讨论"民族"的概念（即民族主义）入手，会比从民族的实际面着手要有收获得多。因为"民族"乃是通过民族主义想象得来的产物，因此，我们可以借着民族主义来预想"民族"存在的各种情况；但是，真实的"民族"却只能视为既定的后设产物，难以讨论。[1] 本书将以这种取向来进行讨论，并将着力讨论"民族"概念的变迁与转型，尤其会把焦点集中在 19 世纪末。当然，概念绝非漫无目标的玄学思辨，而是根源于特定地域，成长于特殊社会背景，成型于既定历史时空。因此，笔者以为，必须将"民族"的概念还原至这些历史现实中来进行讨论。

本书作者的基本立场可简述如下。

1. 我所谓的"民族主义"是采用盖尔纳的定义，亦即"政治单位与民族单位是全等的"。[2] 在我的演绎之后，这个

---

1. E. J. Hobsbawm, *Some reflections on nationalism*, p. 387.
2. Ernest Gellner, *Nations and Nationalism*, p. 1. 这个政治性定义也被诸多学者接受，例如 John Breuilly, *Nationalism and the State*, p. 3。

原则意谓：鲁里坦尼亚人（Ruritanian）*对可代表鲁里坦尼亚民族的那个政治体所负有的政治义务，将超越其他公共责任，在非常时期（比方说战争期间），甚至凌驾在所有责任之上。这种现代式定义，有别于稍后我们将提到的其他定义，因为那些定义对民族或群体认同的要求没有这么严苛。

　　2. 就像其他严谨治学的学者一样，我也不认为"民族"是天生一成不变的社会实体。民族不但是特定时空下的产物，而且是一项相当晚近的人类发明。"民族"的建立跟当代基于特定领土而创生的主权国家（modern territorial state）是息息相关的，若我们不将领土主权国家跟"民族"或"民族性"放在一起讨论，所谓的"民族国家"（nation-state）将会变得毫无意义。尤其我和盖尔纳都特别强调：在民族建立的过程中人为因素的重要性，比方说，激发民族情操的各类宣传与制度设计等。"将'民族'视为是天生的、是上帝对人类的分类，这样的说法实则是民族主义神话。民族主义时而利用文化传统作为凝聚民族的手段，时而因应成立新民族的需要而将文化传统加以革新，甚至造成传统文化的失调——这乃是不可否认的历史事实。"[1]简言之，民族主义早于民族的建立。并不是民族创造

* 鲁里坦尼亚乃小说家霍普（Anthony Hope）笔下的虚构王国，一个充满阴谋诡计的国家。——译者注

1. Gellner, *Nations and Nationalism*, pp. 48—49.

了国家和民族主义，而是国家和民族主义创造了民族。

3. 马克思主义者口中的"民族问题"，实则是一牵涉政治、科技与社会转型的大问题。民族，并不光只是领土国家或民族情操的产物（比如，法国大革命即为一例），同时也深受科技与经济发展的影响。绝大多数的学者都会同意，标准化的民族语言，无论是口语或书写文字，若不借助印刷术的发明、识字率的普及，还有公立教育的广设，将不可能出现。许多学者一再指陈，如果意大利口语始终停留在方言层次，那么它只能满足家庭成员和面对面沟通，唯有把它当作全国电视网每日播送时所采用的语言，它才能够符合 20 世纪对语言的要求。[1] 因此，"民族"以及相应的民族活动，都应该纳入国家体制、行政官僚、科技发展、经济状况、历史情境与社会背景下进行讨论。

4. 因此，依我看来，"民族"是具有二元性的，它必定是由居上位者所创建，但却也一定得从平民百姓的观点分析才能完全理解。也就是说，要探讨一般人的假想、希望、需求、憧憬和利益，当然这些不全然与民族有关，或没有那么强的民族性。如果盖尔纳的民族学说有值得批评之点，那就是他只从现代化（由上而下）的角度来谈民族问题，如此一来，就不免疏于关照一般人（由下而上）的看法。

---

1. Antonio Sorella, "La televisione e la lingua italiana", *Trimestre. Periodico di Cultura*, 14, 2—3—4, 1982, pp. 291—300.

诚然，要由一般人民而非政府、发言人和民族主义者的角度来理解民族，是项极其艰巨的工程。足堪欣慰的是，当今的社会史家已能从通俗文学的资料中去研究人们的想法、意见与态度，而不至于像从前一样会被报章言论所困，误以为社评即代表民意的走向。虽然至今我们对一般人的看法仍不甚清楚，但是，以下三点却是信而有征的发现：

第一，官方或民族主义运动的意识形态，并不足以代表最忠诚的公民或支持者的看法。第二，更明确地说，对绝大多数人而言，我们无法预设他们的民族认同——如果有的话——必定会排斥或优先于其他社会认同。事实上，民族认同通常都会和其他社会认同结合在一起，即使民族认同的确高于其他团体认同，情况亦复如此。第三，民族认同及其所代表的含义是一种与时俱进的现象，会随着历史进展而嬗变，甚至也可能在极短的时间内发生剧变。依我所见，这正是民族课题的范围所在，因为其中蕴涵了今日最迫切需要的想法和研究。

5. 针对历史久远国家（如英国或法国）的民族与民族主义发展所作出的研究成果，至今仍然非常有限，虽然这个主题如今已引发学界热切重视。[1] 以英国为例，学界

---

1. 这个领域的著作，可参考 Raphael Samuel (ed.), *Patriotism. The Making and Unmaking of British National Identity*, 3 vols. London 1989。此外，我还发现 Linda Colley, "Whose nation: Class and national consciousness in Britain 1750—1830", *Past & Present*, 113, 1986, pp. 96—117 特别具启发意义。

刻意忽略英格兰民族主义——诸多人士对此深具戒心——的结果，导致相关研究报告付之阙如，根本无法与苏格兰民族主义和威尔士民族主义的研究盛况相提并论，当然更别提爱尔兰民族主义了。另一方面，近来关于民族走向国家建立的研究，则有了长足进步，这得感谢罗奇的另辟蹊径，针对小型的欧洲民族运动进行比较研究。我与罗奇有两大共识：第一，在一般人的心目中，所谓"民族意识"（national conciousness）并非一致存在的现象，在不同的地区和不同的社会团体之间，便会出现不同程度的民族认同。过去学界往往忽略了民族认同是有其地域差异的，此外，学界还未认真探讨此中原因。不过，出人意料，诸多学者却一致认为，中下阶层的民众（如劳工、仆役、农民等）通常都不会对民族认同付出深刻情感，无论是什么样的民族主义，都很难打动他们的心意。第二，我采纳罗奇对民族运动发展史的三段式分析：以 19 世纪的欧洲为例，A 阶段纯粹是文化、文学与民风习俗的交融时期，其中所具有的政治甚或民族暗示，绝不会高出"吉卜赛知识学会"（Gypsy Lore Society）这类团体所带有的色彩。在 B 阶段中，出现了民族主义的先驱以及诸多推动"民族概念"的激进派，同时，他们还大力鼓吹借政治手段来建立民族。罗奇的研究即是着力在探讨这个阶段，分析那些"积极少数"（minorité agissante）的起源、组成和贡献。至于本书的重点将会放在 C 阶段，亦即民族主义纲领需要借助人民支持的阶段；或至少是民族主义者往往大言不惭宣称他们拥有广大人民支持的阶段。在民族运动的发展过程中，从阶段 B 转进至阶段 C 乃是一大转折点。这个转折点有时会出现在民族国家建立之前，例如爱尔兰的情形；多半是紧接在民族国家建立之后，也可说是国家创建的结果；有时甚至会在民族国家建立许久以后还不见征兆，例如第三世界的情形。

最后，我必须强调的是，我并不认为研究民族及民族主义的史学家就不能是个民族主义者，他们理当可以拥有自己对于民族主义的特定看法。比方说，不能因为某学者对经文（Scripture）有无比坚贞的信仰，就否认此人的研究对演化论、考古学与闪族语言学的贡献。勒南有言："误读历史，是民族建立的必经过程。"[1] 然而，避免误解历史，却是史学家的专业责任所在，或者，至少得极力避免误读历史。作为一个爱尔兰人并深以其民族自豪——甚至是因身为爱尔兰天主教徒或爱尔兰新教徒而自豪——并不会有碍于此人研究爱尔兰史。但若是芬尼亚派（Fenian）或奥伦治派（Orangeman）*的信徒，我便认为他不适宜做爱尔

---

1. Ernest Renan，*Qu'est ce qu'une nation？* pp. 7—8.

* 芬尼亚派指爱尔兰共和兄弟会成员，该组织为主张革命的秘密团体，成立于 19 世纪 50 年代，以武力推翻英国统治为宗旨。芬尼亚一词源自（转下页）

兰史研究，就像犹太复国主义者（Zionist）亦同样不适合
做犹太史研究。唯有在研究者摒弃民族偏见的前提下，研
究者的族裔问题才不会妨碍其研究民族主义的学术成就。
然而，令人遗憾的是，诸多民族史学家却始终无法做到摒
弃民族偏见这一点。值得安慰的是，在我写作这本书的过
程中，我始终坚持要将个人的非历史信念加以摒除。

（接上页）爱尔兰传说中的战神麦库尔（Finn MacCumhal，别名芬亚纳
〔Fianna〕）。奥伦治派指忠贞奥伦治协会（Loyal Orange Associate）成员，该
会成立于 1795 年，主要是支持英国统治的爱尔兰新教徒。奥伦治一词来自
英格兰国王暨奥伦治亲王威廉三世。——译者注

第一章

民族新义：从革命到自由主义

　　现代性诚为现代民族国家的基本特征。然而，一般人的假设却与此相反，人们多半认为民族认同是天生自然的情感，根深蒂固，比人类历史还久长。不过这样的想法反倒有助于彰显"民族"的现代意义。根据我对历代《西班牙皇家学院辞典》(*The Dictionary of Royal Spanish Academy*)的考证，[1]"国家""民族"及"语言"等词汇的现代意义，要到 1884 年后才告出现。根据 1884 年的版本，我们发现"lengua nacional"(民族语言)指的是："一国官方的正式用语，有别于地方方言，亦跟别国的国语不同，是该国国民最常用的语言。"所谓"方言"，跟国语一样，也是迟至晚近才出现的概念。在 1884 年之前，"nación"(民族)的意义是指"聚居在一省、一国或一帝国境内的人群"；有时也意指"外国人"。不过，到了 1884 年，民族则意谓"辖设中央政府且享有最高政权的国家或政体"

---

1. Lluis Garcia i Sevilla, "Llengua, nació i estat al diccionario de la real academia espanyola", *L'Avenç*, 16 May 1979, pp. 50—55.

或"该国所辖的领土及子民，两相结合成一整体"。由此观之，政府乃是这项定义的基石，享有最高统辖权，且政权普及于国境之内，至少伊比利亚半岛上的国家是如此。根据《欧美图解百科全书》的定义，"民族"意谓"统辖于同一政府之下的、一国人民的集称"。[1] "naçâo"（子民）一词在《巴西麦里托百科全书》（ *Enciclopédia Brasileira Mérito* ）[2] 中意谓"一国公民的集称，共同居住在国境之内，受同一政权管辖，享有共同利益；在同一领地上承袭共同的传统、民族精神与利害关系，并臣服于中央政权的管辖，以便维持群体的团结；除开政权，统称一国的人民"。此外，在《西班牙皇家学院辞典》中，"民族"一词的最新说明要到 1925 年才出现，意谓"拥有共同族群根源的人群，他们说着共通的语言，承袭相同的文化传统"。

迟至 1884 年之后，"政府"（gobierno）一词才特别跟民族的概念连在一起。根据语言学的发现，"民族"最原初的意义指的是血统来源：据一部古法语辞典所载，naissance（出生、起源），extraction（出身）和 rang（身份、地位）等都是其同义字；如傅华萨（Froissart）曾

---

1. *Enciclopedia Universal Ilustrada Europeo-Americana*, Barcelona 1907—1934, vol.37, pp.854—867: "nación".
2. São Paulo-Rio-Porto Alegre 1958—1964, vol. 13, p. 581.

说："我将返回我的出生地，汉诺国。"[1] 不过，就算血统对某人来说是极其重要的，但是，单凭血缘却尚不足以构成国家（除非国家指的是统治者及其亲属），因为就算该地居民都具有共同血缘，血缘的势力范围也仅止于此地，无法扩及更广大的地域。根据 1726 年版的《西班牙皇家学院辞典》（这是首版），"patria"（家乡）或另一个更通用的词汇 "tierra"（故土）意谓 "某人出生的地方、乡镇或地区"，有时也意指 "庄园或国家的领地或省份"。以往对 "patria" 的解释，跟 "patria chica"（祖国）所广涉的含义比较起来，前者的意义是相当狭隘的；但这样的解释在 19 世纪之前非常流行，尤其是在熟谙古罗马史的学者之间。到了 1884 年之后，"tierra" 一词的概念才跟国家连在一起。1925 年后，我们才对崛起于现代的爱国主义（patriotism）寄以情感上的联系，因为爱国主义将 "patria" 的定义又重新改写成是 "我们的国家，综其物质与非物质的资源，无论在过去、现在及将来，都能享有爱国者的忠诚"。坦率地说，虽然 19 世纪的西班牙并不是进步意识形态的急先锋，然而把卡斯蒂利亚（Castile）这个欧洲最早的王国之一称之为 "民族国家"，亦不为过。不过，若要将 18 世纪的法国或英国称为 "民族国家"，则多

---

1. L. Curne de Sainte Pelaye, *Dictionnaire historique de l'ancien langage françois*, Niort n. d., 8 vols.: "nation".

半会引起争议。因此，这些跟"民族"有关的语汇，便引起学界的广泛讨论。

由于"民族"这个字，只有在罗曼语[*]中是原生的，在其他语系中，它都是外来语，因此我们可以更清楚找出这个词义的转变脉络。比方说，无论在上日耳曼（High German）或下日耳曼（Low German），"Volk"（人民、民族）一词在今天都会令人联想到与"民族"（natio）有关的意思，只不过它们之间的关系比等号更复杂。在中古时代的下日耳曼境内，源自拉丁文的"民族"（natie）一词，几乎只在文人贵族等上层社会使用，当时亦不具"Volk"的含义。迟至 16 世纪，这个词才出现"Volk"的概念。至于在中古时代的法国，"民族"意指"血缘相连的亲属团体"（Geschlecht）。[1]

在欧洲其他地方，民族的含义则朝更多元化的大型"自足团体"（self-contained groups）发展，例如那些明显与周遭人不同的行会或合作组织。在此，"民族"意指"外来者"。西班牙的外来商人（来自外地的贸易商，集居在城市中，享有特权），[2]或在中古大学就读的大学生，都自成

---

* 罗曼语（Romance language）属印欧语系，源生自拉丁语，主要包括法语、意大利语、西班牙语、葡萄牙语和罗马尼亚语等。——译者注

1. Dr E. Verwijs and Dr J. Verdam, *Middelnederlandsch Woordenboek*, vol. 4, The Hague 1899, col. 2078.

2. *Woordenboek der Nederlandsche Taal*, vol. 9, The Hague 1913, cols. 1586—1590.

一特定的"民族"；"卢森堡团"的情况不完全类似，但也以民族称之。[1]由此观之，"民族"概念的演变愈来愈强调空间或出生地……在古法文中，"pays natal"（故乡、出生地区）一词几乎等同于"籍贯"；[2]不过，当时也有强调血缘亲族重要性的倾向，因此，这又将"民族"的概念推向族群差异。比方说，在荷兰，"民族"（natie）的意义便被严格定义成"来自同一'支脉'（stam）的人群"。

至于将民族的原生概念加以扩展外延，乃至与现代国家连在一起的过程，至今仍不甚清楚。因为就语言或族裔的分类观之，无论是多大多小的国家，大部分都无法等同于民族。然而荷兰文辞典对"民族"的解释，比起法文和英文就显得十分特别，这个词被用来指称：隶属同一邦国的居民，即使他们说的是不同的语言。[3]18世纪的德国，特别针对这个谜般的主题加以探讨。[4]据"百科全书派"学者谢德乐（Johann Heinrich Zedler）在1740年提出的说法是，民族最原初的真正意义是：市民（Bürger）的集称，他们享有共通的民风、道德与法律。从这个观点来看，民

---

1. Verwijs and Verdam, *Middelenderlandsch Woordenboek*, vol. 4.

2. L. Huguet, *Dictionnaire de la langue française du 16e siècle*, vol. 5, Paris 1961, p. 400.

3. *Woordenboek* (1913), col. 1588.

4. John Heinrich Zedler, *Grosses vollsta ndiges Universal-Lexicon aller Wissenschaften und Künste...*, vol. 23, Leipzig-Halle 1740, repr. Graz 1961, cols. 901—903.

族便失去了领土的含义，因为不同的民族（根据不同的生活方式与习俗来分类）大可共居在同一个地域，即使那是个弹丸之地。假如民族与领土有着必然的连带关系，那么，居住在德国境内的温德人（Wends）[*]就应该被视为德国人，可是事实显然不是如此。一位萨克森学者曾举例道：居住在德国（德语系）境内的斯拉夫民族，应否被视为"少数民族"大有斟酌余地。对谢德乐来说，居住在同一地域或国家的所有成员，包括各族，均统称为"人民"（Volck）。不过，为了名词统一起见，在实际的运用上，"民族"（Nation）一词亦常以"人民"的意义出现。有时，民族一词也会用来指称社会中的某个"阶级"（estate, Stand, ordo）或社会团体（Gesellschaft, societas）。

无论"民族"最适当或最原初的意义是什么，民族在现代的概念都跟以前大不相同。我们不可否认：现代意义及政治意义上的民族，是相当晚近才出现的，而这种新义又得到另一部语言学经典的认可。根据《新英文辞典》（*New English Dictionary*）的记载，在 1908 年之前，"民族"的意义跟所谓族群单位几乎是重合的，不过之后则愈

---

[*] 温德人系指西翼斯拉夫人。5 世纪占领东起奥德河、西至易北河的日耳曼地区，9 世纪开始遭受日耳曼人攻击，至 12 世纪几已被消灭，余下者为基督教同化，并沦为农奴。有些温德人至今仍顽强地保留其古老语言和风俗，主要居住在卢萨蒂亚（Lusatia）地区。——译者注

来愈强调民族"作为一政治实体及独立主权的涵义"。

要了解"民族"在现代史上的新义，理解这种新义的本质，我建议可从"革命的年代"（The Age of Revolution，1789—1848）着手，那个时期的政治社会论述，开始有系统地运用这个新概念，尤其可以从主宰19世纪30年代的"民族原则"谈起。[1]要从概念史的层次来讨论民族问题，的确相当不容易。一方面是因为当代人大多不自觉地滥用民族论述；另一方面则是因为民族所代表的意义非常含混不清。

"民族"最重要的含义，是它在政治上所彰显的意义，这也是大多数文献着力探讨的主题。例如在法国大革命与美国独立革命时代，民族便和"人民"（the people）及国家密切相关，于是"民族国家"和"合众国"（United Nations）的呼声响彻云霄。以美国为例，早年的政治理论喜谈"人民""联盟""联邦""我们的国土""人民大众""公共福祉"或"共同体"等等，主要原因都基于避免使用"民族"一词，因为它容易给人中央集权、一元论和反对联邦各州权利的恶感。[2]然而到了革命时期，"民族"的概念随即被纳入革命建国的浪潮中，以法国为例，"单一而不可

---

1. *Oxford English Dictionary*，vol. VII，Oxford 1933，p. 30.
2. John J. Lalor（ed.），*Cyclopedia of Political Science*，New York 1889，vol. II，p. 932："Nation". 相关文献大都直接从法文翻印或翻译过来。

分裂"便成为风行当时的民族口号。[1] 在当时，"民族"即是国民的总称，国家乃是由全体国民集合而成，是一主权独立的政治实体，因此，国家乃民族政治精神的展现。由此观之，无论民族的组成是什么，公民权、大众的普遍参与或选择，都是民族不可或缺的要素。穆勒不仅从民族情感来界定民族定义，他还特别强调隶属于同一民族的认同感："想在同一个政府之下效忠国家，或者想通过自治或部分自治的方式来管理国家。"[2] 我们一点也不惊讶穆勒会特别把民族认同问题，放在他那本有关代议政府或民主制度的论著里面。

将民族等同于国家、等同于人民，尤其是享有主权的人民，无疑是将民族跟领土两相结合，因为当时国家的结构和定义必定与领土有关。这意味民族国家的组成分子，将会是包罗万象；而这也的确是人民自决的必然结果。如同1789年法国大革命的《人权宣言》所宣称的：

> 各民族均享有独立主权，无论其民族大小如何，

---

1. "从这个定义衍生下来可得：一个民族只注定形成一个国家，而且是单一而不可分裂的国家。"这个定义还可以继续"推演下去"：民族意味"由一群人所共同组成的群体，他们说着同样的语言，奉行同样的习俗以及与生俱来的特质。如此一来，便将他们与其他有着相类特质的人群区隔开来。"这便是民族论述最常用的循环论证。

2. J. S. Mill, *Utilitarianism*, *Liberty and Representative Government*, Everyman edition, London 1910, pp. 359—366.

人种为何，疆域何在。人民的主权是不能擅加剥夺的。[1]

　　不过，上述宣言却并未说明构成"人民"的要件是什么？尤其在国家是根据疆界而定的状况下，对某民族的集体认同（基于族群差异或语言等）并不必然会跟对国家的效忠一致。因此有人会说，法国大革命"跟民族情感或民族原则并无多大关系，甚至是相冲突的"。[2]一位荷兰辞典编撰者曾说：决定某人成为英国人或法国人的关键，基本上与语言无涉。就像诸多法国学者强烈反对将语言（法语）列为取得法国国籍的先决条件，相反，他们认为公民权才是决定某人是否具有法国籍的标准。比方说，无论阿尔萨斯人（Alsatians）与加斯孔人（Gascons）说什么语言，都不会妨碍他们享有法国公民权，也跟他们作为法国子民的一分子，并无多大关联。

　　如果说民众革命的观点对"民族"有任何共识的话，那就是民族是无关乎语言、族群或其他类似要素，尽管这些因素可以增加集体认同感。就像维拉（Pierre Vilar）所

---

1. 我们可以看出，无论是在 1789 年还是 1793 年版的《人权宣言》中，都没有提到各民族争取主权及独立的权利。参见 Lucien Jaume, *Le Discours jacobin et la démocratie*, Paris 1989, Appendices 1—3, pp. 407—414。O. Dann and J. Dinwiddy（eds），*Nationalism in the Age of the French Revolution*, London 1988，p. 34，对 1793 年的版本也有类似的看法。

2. Maurice Bolck, 'Nationalities, principle of' in J, Lalor（ed.），*Cyclopedia of Political Science*, vol. II，p. 939.

言，[1] 在民众眼中，民族—人民最重要的特质在于：它是公益公利的代表，可以对抗私利与特权。这其实就是美国在1800 年之前所宣扬的国家观念，但他们却竭力避免使用民族一词。就革命派看来，族群差异是次要的，日后的社会主义者对族群问题也持相同态度。显而易见，移民美国的殖民者和英王乔治及其支持者，在语言、族裔上并无二致，但前者依然坚持独立建国；相反，法兰西共和国却无视于语言族裔的差别，选出英裔美籍的潘恩（Thomas Paine）出任国民公会（National Convention）成员。

所以，我们不能用日后 19 世纪民族主义者的论调，来解释革命派的看法：比方说，族群差异，共同的语言、宗教、领土以及共同的历史记忆等，这些都是当时民族主义者在宣扬建国运动时喜欢谈的论点。[2] 就像我们早已熟知的，除非是领土未定之地（有时也包括当地居民的肤色怎样），前述要素（族裔、语言等）均非美国的建国基础。甚至于当大革命战火中诞生的"伟大法国"，在拿破仑的带领下四处扩张领土时，前面所提的民族要素也都没有发挥任何作用，亦未载入法国宪法之中。

---

1. P. Vilar, "Sobre los fundamentos de las estructuras nacionales", *Historia*, 16/Extra V, Madrid, April 1978, p. 11.
2. John Stuart Mill, *Utilitarianism*, *Liberty and Representative Government*, pp. 359—366.

不过，即使如此，前述那些与国家无关的民族要素（如族裔、语言等），却依然甚具影响力，不但与革命国家息息相关，也为它们带来相当大的难题。当民族主义论者愈是声嘶力竭地推崇前述要素所发挥的集体力量时，他们所酿成的民族纷乱便益甚。比方说，对大多数雅各宾党人而言，不会说法语的人都是可疑分子，因为他们认为语言、族裔才是民族的判断标准。巴雷尔（Barère）在"公共安全委员会"（Committee of Public Safety）上曾以语言为题发表专论：

> 在上莱茵到下莱茵各省中，究竟有哪些叛国者在我们所占领的边区里面和普鲁士及奥地利人私通？就是那些与我们的敌人操相同语言的乡区居民（即阿尔萨斯人）。这些人与我们的敌人以兄弟同胞互称，但却不会将法国人看作是他们的同胞，因为，他们的语言与生活习惯和我们大不相同。[1]

---

1. Cited in M. de Certeau, D. Julia, and J. Revel, *Une Politique de la langue, La Révolution Française et les patois: L'enquête de l'Abbé Grégoire*, Paris 1975, p. 293. 针对法国大革命和民族语言问题的讨论，可参见 *Renée Balibar and Dominique Laporte Le Français national. Politique et pratique de la langue nationale sous la Re volution*, Paris 1974。至于阿尔萨斯问题可参看 E. Philipps, *Les Luttes linguistiques en Alsace jusqu'en 1945*, Stasbourg 1975 和 P. Lévy, *Histoire linguistique d'Alsace et de Lorraine*, 2vols., Strasbourg 1929。

自法国大革命之后，法国便特别注重民族语言的统一问题。不过在当时，这可以说是一种偏离常态的做法。后面我们还要再讨论这个问题。不过，在此特别要指出的是：当时作为一个法国人的先决条件，并不在于他是否以法语为母语，因为法国大革命已经花了很长的时间，证明了当时在法国境内以法语为母语的人数，究竟有多么稀少。[1] 作为一个法国人的先决条件在于：他除了想取得法国自由人民所享有的自由、法律和共同特质之外，还想以法语为其国语。在这个意义上，会说法语，便成为法国公民的关键特质（也就是取得法国国籍的必要条件之一）；就像会说英语是成为美国公民的必要条件一样。在我们进一步讨论法语和法国人的差异之前，且让我们先回溯柏克（Richard Böckh）这位德国语言学家的说法，他曾在国际统计学大会（International Statistical Congress）上，力陈应在全国人口普查中增列语言这一项（见 129—132 页）。柏克在 19 世纪 60 年代即大声呼吁语言乃是决定国籍的唯一充分要件，这种说辞刚好迎合了当时日耳曼民族主义的意识形态，因为，当时的日耳曼人多半散居在中欧与东欧；然而这种主张却也迫使柏克必须把德系犹太人（Ashkenazic Jews）划归为德国人，因为他们所说的意第绪语（Yiddish），无

---

1. De Certeau, Julia and Revel, *Une Politique de la langue*, passim.

疑是源自中世纪的德语。这个结论就像柏克已警觉到的，根本不会被反犹太的日耳曼人所接受。法国的情况则与此相反。法国大革命的推动者极想将犹太人同化成法兰西民族，因此，上述辩论对他们而言是既不需要也无法理解。不论是说中古西班牙文的西葡系犹太人（Sephardic Jews）或是讲意第绪语的德系犹太人——法国境内这两支都有——只要他们被授予法国公民权，他们就都是法国人，当然他们也自然得使用法语。然而在德雷福斯（Dreyfus）事件[*]的论辩中，有人指称德雷福斯不能算是"名副其实"的法国人，因为他是犹太裔。这种说法显然是企图从本质上直接挑战法国大革命对法兰西民族的定义。

巴雷尔报告指出，当时有两种不同的民族看法汇聚一堂：其一是革命民主派，其二是民族主义派。这两种看法都将国家等同于民族也等同于人民，不过，对民族主义者来说，构成国家的人民，必须具有先天上显著不同于外国人的共同性；然而就革命民主派看来，享有主权的全体公民即等于国家，也构成"民族"。[1] 同时我们也要牢记，不

---

[*] 德雷福斯（Alfred Dreyfus, 1859—1935）为犹太裔法国军官，1893 年任法国总参谋部炮兵上尉时，被人诬告为德国从事间谍活动而入狱。由于其亲友力辩其清白，遂激起军界及反犹人士强烈反弹，法国及欧洲政界及知识界亦分成两派激烈辩论。1899 年此案重审，虽判有罪，但获赦免。直到 1906 年才撤销原判，1930 年发现德方档案确属伪造，终获平反。——译者注

1. "如果指的是与国家的关系，那么就是公民组成人民；如果指的是与种族的关系，那就是公民组成民族。" J. Hélie, 'Nation, definition of' in *Lalor, Cyclopedia of Political Science*, vol. II, p. 923.

管国家的组成是怎么样的，国家都得关照子民的意见，因为革命时期的人民已如脱缰野马，愈来愈难以驾驭。希腊解放运动领袖科洛科特罗尼斯（Kolokotrones）曾说道，人民已不再相信"国王是世间的上帝，不管国王做什么都是对的"。[1] 神威已不能再庇佑他们了。法王查理十世（Charles X）于 1852 年在兰斯举行加冕典礼，礼成之后他旋即为平民百姓施行神奇的医术，当时共有 120 人在查理十世的碰触后，立刻奇迹般地痊愈。在他之前的加冕典礼是 1774 年那次，当时共有 2 400 人因而康复。[2] 我们接下来会看到，自 1870 年后，民主思潮彻底质疑君权神授的说法，尔后，如何动员公民遂成为最迫切、最尖锐的问题。对当时的各国政府来说，国家＝民族＝人民这道等式当中，最核心的显然是国家。

然而，对自由主义资产阶级及其知识分子而言，民族的地位何在？或者说国家＝民族＝人民这道等式的顺序该怎么排？自由主义资产阶级可说是 19 世纪欧洲历史舞台上的主角，尤其是在"民族原则"以极戏剧化的方式重划欧洲地图的时期，亦即 1830 年到 1880 年。在这五十年间，就算他们百般不愿，也不得不去面对由民族原则所引发的诸多问题：先是德意志和意大利的统一运动搅乱了欧

---

1. 引自 E. J. Hobsbawm, *The Age of Revolution 1789—1848*, London 1962, pp. 91—92.
2. Marc Bolch, *Les Rois thaumaturges*, Paris 1924, pp. 402—404.

洲列强苦心维系的均势局面；紧接着，奥匈帝国也基于民族原则宣告分裂（在签订 1867 年的妥协方案之后）；随后是西欧的比利时与东南欧的奥斯曼土耳其帝国（日后分裂成希腊、塞尔维亚、罗马尼亚、保加利亚），也纷纷要求基于民族原则建立主权国家；同时，波兰境内也发生两次暴动，要求依民族原则重新划分领土，以便建立民族国家。这场波澜壮阔的民族独立运动，是无人能抵挡的历史大势。无怪乎白芝皓会认为，"民族创建"是 19 世纪历史发展的核心关键。[1]

不过，在 19 世纪初，民族国家的数目其实还很少。当时许多人仍心存疑问：到底什么样的条件足以将欧洲人分成若干民族，而这些民族可进而组成民族国家（或程度较低的独立政权或政治承认）？而既存的国家中，又有哪些符合民族条件？许多学者曾陆续开列清单，详列构成民族的各项要件；然而，显而易见的是，并非所有国家都符合民族原则。一方面，勒南提出的著名问题——"为何荷兰可以称为民族，而汉诺威和帕尔马大公国却不能？"——激起一连串的讨论。[2] 另一方面，穆勒所提出的构成民族国

---

1. Walter Bagehot, *Physics and Politics*, London 1887, ch. III, IV, on "Nation-making".

2. Ernest Renan, "What is a nation？" in Afred Zimmern（ed.）, *Modern Political Doctrines*, Oxford 1939, p. 192.

家的两大要件———一须可行，二须符合民族性的要求——
也引发另一波争论。对维多利亚中期的民族主义者而言，
这两类问题的答案都非常清楚明确，因为他们只需反观自
己国家的情况，便能一目了然。不过，即使如此，他们却
仍然对其他民族及国家的说法抱冷淡的态度。

　　然而，除了上述碰到的实际问题外，我们会发现在 19
世纪自由主义的论述中，有关民族主义的探讨，简直含混
得令人吃惊。这不是因为他们考虑不周，而是因为他们不
觉得民族问题值得这样大费周章，答案已经明摆在那里。
因此，民族主义的讨论始终只在自由主义阵营中居于边缘
地位。更严重的是，我们将会发现，在自由主义论述当中，
有一个核心部分使得他们无法对民族主义提出学理上的批
评。以下，我们便将为当时的自由主义资产阶级整理他们
的民族论述，不过，这番重新检阅的工作，并不像考古学
者根据古币的残迹去推测贸易古道遗址那般抱残守缺。

　　我想，讨论的最佳途径可以从"民族"最不完满的
定义开始探讨起，比方说亚当·斯密在其巨著中所使用
的"民族"一词。*在斯密的思考脉络中，民族代表的是一
个拥有固定领土的国家，或套用约翰·雷（John Rae）所
说的：代表"每一个分离的社群、社会、民族、国家或人

---

* 此系指斯密的巨著《国富论》(*The Wealth of Nations*)。——译者注

民"（这些名词在此几乎都是同义的）。[1] 作为一名伟大的自由主义政治经济学者，斯密自然会参照其他自由主义中产阶级学者对民族的看法，即使这些人并非经济学家，例如穆勒或《经济学人》（*The Economics*）的主编白芝皓。于是我们要问：自由贸易的古典时期与白芝皓视之为时代核心的"民族创建"，这两者的同时出现难道只是历史巧合？或者，在资本主义的发展过程中，民族国家是否扮演着特殊角色？或更贴切地说，当代的自由主义者究竟如何看待民族国家这个角色？

对史学家来说，经济所扮演的角色在很大程度上显然是依国家的疆界而定。尤其在 19 世纪，经济基本上是以国家为单位所进行的国际贸易，而非以国际大都会为单位的世界模式。世界体系派的理论家尝试要证明，资本主义是萌生自欧洲而非其他地方的全球系统，因为欧洲采行的是多元的政治体系，它既未建立"世界帝国"，也不是这个帝国的一部分。16 到 18 世纪的欧洲经济发展，都是建立在领土国家的基础上，每个国家都把自身视为一个整体，积极推行重商政策。更明显的是：当我们提到 19 世纪和

---

1. John Rae，*The Sociological Theory of Capital*，being a complete reprint of The New Principles of Political Economy by John Rae，1834，C. W. Mixter（ed.），New York 1905，p. 26.

20 世纪初年的世界资本主义时，我们都是以已开发地区的国家作为叙述单位，比方说，英国的工业、美国的经济，或德国的资本主义不同于法国，等等。从 18 世纪到第二次世界大战之后，有好长一段时间，几乎看不到那种境外的、跨国的或作为转折点式的经贸单位，虽然它们曾在资本主义萌芽之初风光一时，且今日又重新当道。比方说那些以经贸著称的迷你小国，它们强大的经贸实力和它们弹丸大的领土资源根本不成比例，14 世纪的吕贝克（Lübeck）与根特，以及今天的新加坡，都是其中的佼佼者。回顾近代世界的经济发展，我们可以清楚看出，在两个本质上属跨国经济的时代中间，经贸的发展是与已开发主权国家的"国民经济"（national economy）连成一气的。

对 19 世纪的自由主义经济学者或接受古典政治经济学的自由主义学者来说，他们所面临的难题在于：他们只能从实务上去掌握民族对经济所产生的效应，而无法从理论上加以探讨。古典经济学已经发展成"重商主义体系"的批判者，斯密便是其中的代表性人物，该派尤其着力抨击各国政府如何制定国家政策来辅助国民经济发展。自由贸易与自由市场是发展国民经济的大敌。在斯密眼中，国民经济简直就是反生产的。因为自由经济的理论是以私人企业为单位（包括资本家个人或企业），私人企业会通过理性计算，在毫无边境的世界市场中，追求利润的极大化并将成本极小化。市场一定是超越国界的，以全世界为舞台。虽然斯密本人并不全然反对政府扮演某些经济角色，只要它们把经济成长考虑进去，但是在自由主义的经济理论中，民族还是无法构成一个分析单位，任何超过公司企业规模的经济单位，都不在古典经济学的讨论范围。

因此，凯恩斯才会在自由主义的巅峰时代，还花 10 页篇幅来认真思考如下命题：我们不需要另建一套国际贸易理论，以和个别企业之间的贸易作区别。[1] 而他对这道命题的结论是：当时国际间的经贸往来无疑已愈来愈稳定、愈便捷，然而其间还是存在足够多的摩擦，可以证明国家与国家之间的贸易问题仍然需要个别考察。德国的自由经济学者舍恩伯格（Schönberg），曾质疑所谓"国民所得"（national income）到底有没有实质意义？对那些不满于这种肤浅定义的人来说，他们自然会认为"国民所得"是没有意义的，但若就此假设他们根本反对以货币形式来衡量"国家财富"，那就委实太离谱了些。[2] 坎南（Edwin Cannan）认为，斯密所谓的"民族"只包括住在同一国家领土上的人群统称，而且，在一百年之内，这些人都会相

---

1. J. E. Cairnes, *Some Leading Principles of Political Economy Newly Expounded*, London 1874, pp. 355—365.
2. Dr Gustav Schönberg（ed.）, *Handbuch der politischen Oekonomie*, vol. I, Tübingen 1882, pp.158ff.

继死去，所以在他的学说中，"民族"不可能变成一个有连续性的实体。因此在政策上，唯有通过市场所进行的资源分配才是最适当的，因为，在市场的调节下，个人追求利润最大化的同时，也会为公共福祉带来最大的利润——这是自由主义经济学说中，仅有的一点与整体社群利益有关的理论。[1] 不过约翰·雷却在其 1834 年的著作中，特别立论反对斯密的看法，他指出斯密所谓的私利与公益其实是两相冲突的，也就是说，主导个人追求私人财富最大化的原则，并不见得必然会增加国家财富。[2] 就像我们在下面将看到的，我们不应忽视那些拒绝追随斯密之人的主张，虽然他们的学说也不尽然一定会超越古典理论。"国民经济"一词只出现在帕尔格雷夫（Palgrave）的《政治经济学辞典》（*Dictionary of Political Economy*）中，与德国经济学派放在同一章节，在 19 世纪 90 年代的类似法文著作中，已见不到"民族"一词。[3]

然而即使是最纯粹的古典经济学家，也不得不去讨论国民经济问题，像圣西门的信徒谢瓦利埃（Michel Chevalier），便曾在他就任法兰西学院政治经济学教授的

---

1. Edwin Cannan, *History of the Theories of Production and Distribution in English Political Economy from 1776 to 1848*, London 1894, pp. 10ff.

2. Rae, *The Sociological Theory of Capital.*

3. *Nouveau Dictionnaire d'Economie Politique* (ed.), Léon Say and Joseph Chailley, Paris 1892.

就职演说上，自我辩解地说：

> 我们必须要周详地考虑全人类社会的福祉，我们
> 不应自限于自我社会中的特殊情况。[1]

或者，如同罗宾斯勋爵（Lord Robbins）一再指出的，古典政治经济学者"评判政策的标准很少会完全不顾及国家利益，他们尤其不愿见到国债崩溃的局面发生"。[2]简言之，政治经济学派的学者既无法也不想从"民族"的范畴中脱离出去。在波特（Porter）——他曾对1835年之前的民族演变进行追踪——看来，这是因为政治经济学者想"弄清楚民族这种财富，因为群体已借由这种财富成为诸民族之冠"。波特所谓的"群体"，指的显然是"我们的群体"。[3]

我们怎么有可能全然否定民族国家所扮演的经济角色，甚至否定它所带来的经济利益？因为国家的存在正是由于它垄断了通货以及公共财政，而这些自然都与经济政策及活动有关。这些经济活动是不可能全然断绝的，即使有诸

---

1. Michel Chevalier, *Cours d'economie politique fait au Collège de France*, vol. I, Paris 1855, p. 43. 这场演讲原发表于1841年。
2. L. Robbins, *The Theory of Economic Policy in English Classical Political Economy*, 2nd edn, London 1977, pp. 9—10.
3. George Richardson Porter, *The progress of the Nation, in its various social and economic relations, from the beginning of the nineteenth century to the present time*, 2 pts, London 1836, Preface.

多学者反对国家过度介入或干预经济，但甚至就连极端派的自由主义学者莫利纳里（Molinari）也会承认：“正是经济力的运作，使得人类自动划分为诸多民族。”[1] 对后革命时期的国家而言，它们的确保障了私有财产的安全与契约的有效履行。就像赛伊（J. B. Say）所说的：“若没有常设政府来监管国家行政，这个国家将不可能富强得起来。”[2] 对自由主义经济学者而言，政府的功能可以将自由竞争的原理加以合理化。因此莫利纳里才会辩称：“将人类根据民族为单位划分为不同国家，是相当有效用的，因为民族国家能产生出强大经济利益。”[3] 他还进一步援引 1851 年的世博会作为例证。事实上，就算没有这些论证，政府的经济效益也早已得到世人认可。就赛伊看来，国与国之间的经贸往来，跟省与省之间的通商并无不同。因此赛伊才会谴责法国（主要是法国政府）并未尽到发展国内资源的职责，反而一味发动对外战争。简言之，即使是最极端的自由主义学者，也不可能忽视国民经济的重要性，他们不过是不喜欢或不知道该如何去讨论罢了。

　　不过，对那些致力提升国民经济，以便与英国的经济

---

1. Molinari in *Dictionnaire d'economie politique*, Paris 1854 repr. in Lalor, *Cyclopedia of Political Science*, vol. II, p. 957: "Nations in political economy".
2. Ibid., pp. 958—959.
3. Ibid., p. 957.

优势相抗衡的国家来说，斯密的自由贸易主张显然不具吸引力。于是，我们可以看到有诸多学者急于从各个角度来讨论国民经济。所以，苏格兰裔的加拿大人约翰·雷便再度被世人提起。约翰·雷的理论似乎在 20 世纪 50 年代激起了联合国经济委员会所推行的政策："进口替代"（importsubstituting）与"科技输入"（technology-importing）。另一个更明显的例子是，美国联邦派的汉米尔顿（Alexander Hamilton）大声疾呼应将民族、国家与经济三者结合在一起，并借着这三者的结合来宣扬他比较偏爱的强势政府，以对抗那些主张地方分权的政敌。后人曾逐条列出汉米尔顿眼中的"伟大国家应施行的措施"，这些措施都是基于经济考虑：如设立国家银行、国家必须承担州的债务、发行国债、提高关税保护国有企业、强制征收货物税等。[1] 也许推动这些措施的目的"旨在塑造一国的民族性"；或者，以联邦派较少言民族而喜谈经济的原则来说，这指的是：如果由联邦政府来掌管经济发展，民族自然会随之壮大。无论如何，民族的含义都包括国民经济在内，而且是由国家主导，由上而下的有系统地推动，在 19 世纪，这指的便是实施保护主义。

　　整体而言，19 世纪的美国经济学者皆太过平庸，虽

---

1. Molinari in *Dictionnaire d'économie politique*, Paris 1854 repr. in Lalor, *Cyclopedia of Political Science*, vol. II, p. 933："Nations in political economy".

然凯里（Carey）和其他学者都曾努力尝试，但还是无法为汉米尔顿的主张建立有力的理论架构。[1] 然而，汉米尔顿的主张却在德国学界发扬光大，如以李斯特（Friedrich List，他曾于 19 世纪 20 年代访问美国）为首的经济学者，就深受汉米尔顿的启发，而积极参与当时的国民经济论战。[2] 对李斯特来说，经济——德国学界习惯以"国民经济"（Nationaloekonomie）或"人民经济"（Volkswirthschaft）取代英国人所谓的"政治经济"——的目的便在于"推动民族经济的顺利发展，以便为它在未来加入全球国际社会铺路"。[3] 不消说，这种国民经济的发展，一定是以新兴资产阶级所推动的"资本主义工业化"为其经济发展的最大特点。

　　李斯特被日后的德国"历史学派"（historical school）经济学家奉为宗师，而其他国家的经济民族主义者也深受其启发，像爱尔兰的格里菲思（Arthur Griffith，编者按：新芬党创立者）即为一例。[4] 不过对我们而言，李斯特值得

---

1. Cf. J. Schumpeter, *History of Economic Analysis*, Oxford 1954, pp. 515—516.

2. 他曾写过《美国政治经济学大纲》(*An Outline of American Political Economy*, Philadelphia 1827）一书，书中已将他日后的看法一一阐明。有关李斯特美国之旅的情形可参看 W. Notz, "Friederich List in Amerika", *Weltwirtschaftliches Archiv*, 29, 1925, pp.199—265; vol. 22, 1925, pp. 154—182 以及 'Frederick List in America', *American Economic Review*, 16, 1926, pp. 249—265。

3. Friedrich List, *The National System of Political Economy*, London 1885, p. 174.

4. E. Strauss, *Irish Nationalism and British Democracy*, London 1951, pp. 218—220. 本书将他的理念作了非常清楚的介绍。

研究的地方在于，他清清楚楚地建立了一套"自由主义"
的民族概念。以往认为民族必须拥有足供发展的幅员，若
其领土小于一定的门槛限制，这个民族将不具历史合法性。
这种论点听来极易引发争议，但是却很少有人详加辩论。
加尼尔-帕杰（Garnier-Pages）在 1843 年所编的《政治学
辞典》（*Dictionnaire politique*）中，对比利时与葡萄牙追求
独立的呼声表示"荒谬"得令人难以置信，因为二者的地
域显然都太过狭小。[1] 至于穆勒则支持爱尔兰的民族主义
运动，原因是爱尔兰"人数众多到足以成为一个可敬的民
族"。[2] 然而像马志尼（Mazzini）与加富尔（Cavour）等
民族原则的信徒，却不同意穆勒的看法。的确，以《新英
文辞典》为例，该书对"民族"的解释也不同于穆勒的说
法，该书认为民族乃"一种具有延伸可能（extensive）的
人群组合"，这些人都拥有必备的特质。[3]

　　如今，李斯特清楚地将民族与地域、人口的关系陈述如下：

> 大量的人口，广袤的疆界，丰富的自然资源等，
> 这些均是民族的构成要件……民族深受人口与领土限

---

1. "Nation" by Elias Regnault, *Dictionnaire politique*, with an introduction by Garnier-Pagès, Paris 1842, pp. 623—625.

2. *Considerations on Representative Government in Utilitarianism*, p. 365.

3. *Oxford English Dictionary*, VII, p. 30.

制，尤其是当它还有分立的语言问题时，因为如此一来，它的文字与制度都将是残裂的，无法全力提升艺术与科学发展。地域狭小的国家，永远无法在自己的国境之内，使各项成果臻于完美。[1]

科恩（Gustav Cohn）教授认为，广土众民之国（Grossstaaten）所能带来的经济利益，可以用英法两国的历史加以说明。英法两国的经济规模当然是小于单一的全球经济体，可是当时距离以世界为单位的经济情势显然还很远。"人心所共渴望达到的目标……如今已由这两个国家的人民追求到了，也就是已有 3 000 万到 6 000 万人实现了。"因此，"假以时日，文明世界一定会遵循大国创造出来的模式"。[2]于是我们意外发现一个大家皆习以为常的假设（在后文中我们还会继续讨论这个假设）："民族"的重要性次于世界。

这个论点衍生出两个结论，而这两个结论也几乎是所有相关主题的严肃思想家都能接受的，即使他们无法像德国学者那样明确地陈述——当然，德国学者之所以这么做是有其历史上的要求。这两个原则如下。

第一，"民族原则"只适用于具有一定大小的国家。正

---

1. *Oxford English Dictionary*, VII, pp. 175—176.

2. Gustav Cohn, *Grundlegung der Nationaloekonomie*, vol. I, Stuttgart 1885, pp. 447—449.

是因为如此，"民族原则"的使徒马志尼反对爱尔兰独立一事，才不会那么令人惊讶。至于比爱尔兰更小的国家或寻求建国的族群，如西西里人、布列塔尼人和威尔士人等，就更不受人重视了。事实上，"小国群立"（Kleinstaaterei）一词，是相当令人难堪的称呼。也是日耳曼民族主义者致力扭转的情状。"巴尔干化"（Balkenization）一词，原本指的是土耳其帝国在风起云涌的独立风潮之后，分裂成许多敌对小国的情形，至今这个词依然带有负面贬谪的味道。这两个政治学专有名词，基本上都带有污蔑之意。马志尼在 1857 年重划未来欧洲的地图时，便大加宣扬所谓的"门槛原则"（principle of threhold）：在他的地图上，欧洲是由十二个国家与联邦所组成，根据日后的标准，其中只有一国不是"多民族国家"（即意大利）。[1] 由美国总统威尔逊所倡导的"民族自决原则"，主导了第一次世界大战之后的和平协议。根据这项原则，欧洲在和会之后被划分成二十六个国家，要是我们将爱尔兰自由邦（Irish Free State）也纳入的话，总计有二十七国。在此我仅补充一个最近的研究发现，以西欧一地的分离运动而言，先后计有四十二个地区意图独立。[2] 由此可见，当各国都不再奉行门

---

1. Denis Mack Smith（ed.），*Il Risorgimento*，Bari 1968，p. 422.
2. Jochen Blaschke（ed.），*Handbuch der westeuropäischen Regionalbewegungen*，Frankfurt 1980.

槛原则时，便会出现小国小邦争相独立的情势。

不过，在此我们要特别提醒一句，在自由派民族主义的古典时期，没有人会想要放弃门槛原则。在那个阶段，"民族自决"只属于有生存能力的国家：即文化与经济大国（不管其确切的定义为何）。就这个观点而言，马志尼与穆勒对民族自决的看法，和威尔逊总统是大不相同的。而我们所要探讨的，正是何以民族自决的定义会随着时代的演进而有所转变。不过，我们还是得强调，即使是在威尔逊那个时代，门槛原则也没有完全被扬弃。在两次世界大战之间，卢森堡与列支敦士登这两个国家的存在，着实令人感到有点尴尬，毕竟乐见其建国的，大概只有那些集邮家吧。而但泽自由市更是不受任何人欢迎，不仅但泽四周的国家都想把它纳入领土，当时人大多恐怕也不相信这个"城市国家"（city-state）能在 20 世纪生存下去，就像它在汉撒同盟（Hanseatic）时代那样。第一次世界大战后被切割得只剩下一小块领土的奥地利居民，几乎都举双手赞成加入德国，因为他们不相信这么狭小的幅员，能够在经济上存活下来。一直要到 1945 年之后，或说到殖民统治结束之后，民族舞台上才有多米尼加、马尔代夫或安道尔这类国家的生存空间。

第二，民族的建立被视为是一种逐步扩张的过程。根据这个"扩张原则"，爱尔兰独立运动或其他分离派民族主义（seperatist nationalism），都被看成是悖例而非常态，也因之迭遭世人反对。就像我们所熟知的，就演化论的角度来说，人类的社群是由小而大逐步扩张，从家庭到部落到乡郡到省市，从地方到区域，从国家到全球。若其他情况维持不变，随着人类社会的逐日扩大，民族应该会跟随人类历史的演进同步向前。

> 如果要用一个对句来概括我们的民族原则，我们可以说：如果民族原则是用来把散居的群体结合成一个民族，那么它是合法的；但若是用来分裂既存的国家，就会被视为非法。[1]

落实到具体层面上，这项原则意味着人们期待以民族运动来完成民族统一和民族扩张的任务。所有的日耳曼人和意大利人都想要在统一的国家之下生活，希腊人亦然。塞尔维亚人会想和克罗地亚人结合成南斯拉夫国（因为在它们的历史上没有独立建国的前例可循），甚至还有人梦想在南斯拉夫之上，建立统一整个半岛的"巴尔干联邦"。自从第二次世界大战之后，统一巴尔干半岛一直都是共产党人的目标。捷克人与斯洛伐克人合并，波兰人则和立陶宛人及

---

1. Maurice Block in Lalor, *Cyclopedia of Political Science*, vol. II, p. 941.

罗塞尼亚人共组国家。事实上，在波兰被瓜分之前，它们早已是统一的国家。摩尔多瓦境内的罗马尼亚人和瓦拉齐亚人（Wallachia）以及特兰西瓦尼亚人（Transylvanians）合并在一起。这些国家的创建，显然都违背了基于共同血统、族裔、语言文化或历史经验的民族主义原则。不过，就像我们已经看到的：就算是基于前述民族主义原则所建立的国家，也跟自由主义所主张的以经济实力为后盾的说法不合。不过无论是基于哪一种主张，任谁也无法否认历史上老字号的民族国家如英国、法国、西班牙等，都是多民族、多语系的国家。

世人可以接受"民族国家"是由多民族所组成，这在欧洲各地或世界各个角落都一样。各民族往往在同一领地上杂居，若想强将他们依族裔差别分隔开来，显然是不切实际的做法。然而奥地利马克思主义者却从反方向思考，他们认为民族优于地域。不过这种想法由奥地利社会民主党提出亦非偶然，因为他们大都是斯洛文尼亚人，世代跟日耳曼人杂居在边境区，因此，他们的民族认同非常暧昧不清，时时处于变动之中，难以分辨。[1] 不过，就民族国家乃是建立在多民族的基础上这一点，仍然是广泛地被认可

---

1. 有关克里斯坦（Etbin Kristan）对布尔诺大会的贡献，可参考 Georges Haupt, Michel Lowy and Claudie Weill, *Les Marxistes et la question nationale 1848—1914*, Paris 1937, pp. 204—207。

的。因为，对许多势单力孤且发展落后的民族而言，他们可以在大国的庇护下受益良多，并且还能借此对人类福祉有所贡献。如穆勒这般敏锐的观察家所见，"历史经验清楚地昭示我们：不同的民族之间是可以完满地融合在一起的；小族会被吸纳在大族之内而日渐隐没。"尤其对其中较落后且贫穷的民族而言，更是获益匪浅。

> 对布列塔尼人，或法属那瓦尔（Navarre）的巴斯克人而言，加入法国，成为法国公民的一分子，享有平等的公民权，其好处绝对比继续维持半野蛮的生活方式，靠天维生，局限在狭小的心灵世界，与外在大千寰宇隔绝，来得有益得多。对英国的威尔士人及苏格兰高地人而言，情况亦然。[1]

一旦独立的民族得以建立并能长久生存下去，其境内弱小民族的语言文化势必会逐渐失传。对一般人而言，某些弱小民族及其语言文化，似乎注定是没有独立自主的未来。这是人们普遍接受的事实，即使是那些对民族解放理论与活动都不抱敌意的人。恩格斯因预言捷克人作为一个民族将消失，并对其他几个民族的未来发表了不尽人意的

---

1. Mill, Utilitarianism, *Liberty and Representative Government*, pp. 363—364.

言论，而被人批评为是德意志沙文主义者[1]。他的确以德国人为傲，并且倾向于把自己的民族与其他民族相提并论，除了在革命传统方面。毫无疑问，他对捷克人和其他一些民族的看法是错误的。然而，批评他的基本立场纯属不合时宜，19 世纪中叶的每一个公正的观察者都赞同他的基本立场。**某些**小民族和语言没有独立的未来。即使是在原则上或实践上远非敌视民族解放的人，也普遍接受了这一点。

因此，这种普遍的态度根本无关乎种族沙文主义。因为一般人对那些在进步法则之下遭到集体淘汰的弱势民族，均无敌意可言，不论是它们的语言或文化。相反，倘若该国的主要民族和国语的优越性不致引起争议，倘若主要民族能珍惜并促进其国境内的方言和少数族群的语言，那么各族群的语言文化反倒可得到保存，各少数民族的历史传统与风土民情也可获得延续，从而使该国的民族精神呈现多彩多姿、多元传统的新气象。更有甚者，某些小民族乃至民族国家也认为，能够经由整合而融入另一大国之下，其实是具有正面意义的，或有人偏爱"符合进步法则"这个说法。因为它们并不觉得大文化和小文化之间有着无法协调的鸿沟，反倒认为某些即将失传的文化，可在现代化与民族融合的过程中延续下去。如我们所知，在 1707 年

---

1. Cf. Roman Rosdolsky, "Friedrich Engels und das Problem der 'geschichtslosen Völker'", *Archiv für Sozialgeschichte*, 4/1964, pp. 87—282.

大英帝国建立之后，是苏格兰人而非英格兰人提出所谓"北大不列颠"（North Briton，即苏格兰人）的称号。[1] 威尔士人在 19 世纪开始怀疑自己的语言是否能成功扮演当代全方位语言的角色，即使威尔士语足以创作出优美的文学并担当宣教的最佳媒介，他们仍然深自恐惧。因此有人开始积极呼吁推行"双语政策"。[2] 显然，他们认识到会说英语对威尔士人的生涯来说有多重要，特别是在应付与英格兰人的通商需要时。但这种认识却无损他们对自己古老传统的依恋。即使是那些已经接受古老语言终将消失的人们，他们对古老传统的依恋依然非常强烈，面对古语的逐渐消亡，他们也只能像任教于布雷克纳克非国教派学院（Dissenting College of Brecknock）的格里菲思（Rev. Griffiths）一样，听其自然：

> 且让它（威尔士语）就此完美安详且光荣地死去吧！虽然我们如此依恋这个语言，但是，却没有人想延缓它享受安乐死（euthanasy）的时辰；不过，若有人勇

---

1. Linda Colley, "Whose nation? Class and national consciousness in Britain 1750—1830", *Past & Present*, 113, 1986, pp. 96—117.

2. Ieuan Gwynedd Jones, "Language and community in nineteenth-century Wales" in David Smith（ed.）, *A People and a Proletariat: Essays in the History of Wales 1780—1980*, London 1980, pp. 41—71, esp. pp. 59—63.

于反抗对它的蓄意谋杀，倒也是值得后世尊敬的行径。[1]

四十年之后，另一位小民族的后裔——即捷克的社会主义理论大师考茨基，也语带辛酸地感叹道：

民族方言会愈来愈局限在家户内使用，就像是一件祖先遗留下来的古董，虽然早就没有多大用处，但是我们都还是会以崇敬之心待之。[2]

这些都是弱小民族会面临到的问题，而这些小民族的未来独立之路，显然是困难重重。英格兰人很少会特别去考虑苏格兰人和威尔士人所关切的事物，因为英格兰人向来以英伦群岛上土生土长的奇异风俗为傲。不过就像爱尔兰时期来临之后所昭示的：对境内的小民族而言，只要它们不去挑战英格兰这个大族的地位，那么他们表现得愈不像英格兰人，就会愈受重视——具有抽象意义的爱尔兰人和苏格兰人这两个词，便是这种恭维之下的产物。同理，泛日耳曼民族主义者也真心鼓励德国人以下日耳曼方言或

---

1. Education in Wales, Parliamentary Paper, 1847, XXVII, part II, *Report on the Counties of Brecknock, Cardigan and Radnor*, p. 67.

2. Haupt, Lowy and Weill, *Les Marxistes*, p. 122.

弗里西亚语（Frisian）*从事文学创作，因为他们早已附属于上日耳曼，不存在分庭抗礼之虞。而意大利民族主义者也会以贝利（Belli）、哥耳多尼（Goldoni）与拿波里等地的歌剧为傲。据此，操法语的比利时民族主义者并不反对比利时人用弗兰芒文（Flemish）读写。有的只是反对法文的弗兰德斯人。当然，历史上亦不乏大族欺凌小族语言文化的例子。不过，这样的恶例，在19世纪之前、法国之外的欧洲境内，并不普遍。

　　由此可见，有些民族永远无缘取得独立，但有些民族却已建立或即将建立自己的国家。到底哪些民族拥有独立建国的未来？又有哪些民族真这么做了？先前所讨论过的民族构成要件，诸如领土、语言、族裔等，都帮不上忙，不足以指引民族建国之道。"门槛原则"看似颇有帮助，但却遗漏了诸多弱小民族。不过，就像我们已经看到的：在小国小民中，甚至像正在争取独立的北爱尔兰，人们对于治国建国的生存之道，仍众说纷纭，莫衷一是。勒南之所以质疑汉诺威与帕马大公国的民族地位，并不是拿它们跟其他大民族相较，而是将它们与荷兰或瑞士等秩序井然的

---

* 弗里西亚人为日耳曼民族一支，居住于今荷兰及德国北海沿岸。9世纪时分裂为西、东、北三支，分属不同国度。政治上虽告分裂，但保有共同的语言文化。其语言属西北日耳曼方言。19世纪随浪漫运动兴起，弗里西亚文学亦告复兴，至20世纪更见蓬勃。——译者注

民族国家相比较。我们将会发现：能获得人民广泛支持的民族独立运动，必会引发国际视听注意并引起各方检讨。虽然在自由主义的古典时期，已有各种争取自治权的运动兴起，但除了奥斯曼帝国之外，这些运动很少是为追求独立建国。素来与众不同的爱尔兰，在这点上也是个特例，这主要是因为芬尼亚派的崛起，该派主张爱尔兰只能脱离英国独立，此外别无妥协之道。

从历史经验观之，似乎只有三种固定标准可称得上是构成民族的要件，并且能够通过"门槛原则"的限制。第一，它的历史必须与当前的某个国家息息相关，或拥有足够长久的建国史。很少有人会怀疑英国、法国，或俄罗斯人、波兰人的民族地位；而除了西班牙境内的小民族，也很少有人会质疑西班牙的民族特色。[1] 由于人们通常习惯把民族等同于国家，因此对外国人来说，他们自然会假设该国的人民便是该国的国家民族（state-nation），可是，这样的预设却令苏格兰人深感苦恼。

第二个要件是拥有悠久的精英文化传统，并有其独特的民族文学与官方语言。这正是意大利与德国宣称他们是民族国家的依据，虽然他们的民族并无一个固定的国家可

---

1. 在西班牙的阿拉贡王国（Aragon）和卡斯蒂利亚王国的人民之间，存在着相当明显的族群差异，无论是在文化、语言及制度上皆然。而在将阿拉贡排除在外的西班牙帝国中，族群冲突甚至更严重。

资认同。对意大利与德国来说，他们主要便是借共通语文来凝聚其民族认同，虽然他们所宣称的民族语言，其实并非绝大多数平民百姓在日常生活中所使用的语言——以意大利文而言，在意大利统一建国之初，仅有百分之二点五的使用率[1]——绝大多数人民仍各自使用他们通用的方言。[2]

第三个构成要件便是武力征服。说来令人难堪，就像李斯特早已指出的那样，似乎唯有在优势民族挟其强权进行兼并的威胁下，才会让被侵略的人群生出休戚与共的民族情操，一致对外。此外，19世纪盛行的武力征战，适为社会达尔文主义提供最佳佐证。

除此之外，尚有诸多标准也被视为民族的构成要件。但是，仔细考察起来，这些标准都不尽符合所谓"先验"要求，事实上，这样的先验条件根本不存在。对民族来说，最保险的办法便是依附在强大的国家政体之下，但是，国家亦有消亡的一天。若以19世纪的自由主义观点来看，国家乃是非常时期的产物，不仅会过时而且会在"进步法则"之下遭到历史淘汰。比方说，奥斯曼帝国已成为人类进化史上的化石；此外，当时的人们已经可以明显看出，哈布斯堡帝国也即将步奥斯曼帝国的后尘。

前述对民族以及民族国家的观点，俱盛行于"资产阶

---

1. Tullio de Mauro, *Storia linguistica dell'Italia unita*, Bari 1963, p. 41.
2. Hans-Ulrich Wehler, *Deutsche Gesellschaftsgeschichte*, vol, I, Munich 1987, p. 50.

级自由主义"当道的年代，也就是 1830 年到 1880 年。这些观点跟自由主义的重合之处有二：第一，民族是和人类社群由小到大的演化历史相叠合，从家庭到部落到地区到民族，以至未来的大一统世界。如同迪金森（G. Lowes Dickinson）所言："在艺术与科学的照耀下，民族之间的种族差异和壁垒，必然会日渐消融瓦解。"[1]

由此观之，世界将会走向大一统局面，即使语言也不例外。一种通用于全球各大洲的"世界语"（world language），早已出现在美国的格兰特总统与考茨基的脑海中，这种语言将和各民族的国语并存，只是把它们降至方言层级。[2] 我们可以看到，世界语的预言并非言过其实。自 19 世纪 80 年代以降，已有诸多学者尝试发明简易的世界语言，他们从国际电报和密码当中汲取灵感，可惜大多功亏一篑，成果不尽理想。虽然其中之一的世界语（Esperanto），仍在少数的热烈支持者中流传，也受到当时社会主义者国际（Socialist International）的保护。不过，在现实层面上，考茨基对世界语的通行抱质疑态度，他认为少数几个强权国家的优势语言，将会在国际间逐渐成为

---

1. B. Porter, *Critics of Empire. British Radical Attitudes to Colonialism in Africa, 1895—1914*, London 1968, p. 331, citing G. Lowes Dickinson's *A Modern Symposium*, 1908.

2. 关于格兰特总统的就职演说全文，可参考笔者所著 *The Age of Capital 1848—1875*, London 1975, ch. 3。

"事实上"的世界通行语言。他的预言在今天果然已获证实。英语在今天便已成为全球性的国际语言，虽然在许多国家当中，它是被当作辅助语言而非用来取代国语。

根据自由主义的意识形态加以演绎，民族（这里指的是具有生存能力的大民族）是人类进化到 19 世纪中叶所造成的产物。如我们所看到的，这种"民族进步史观"的背面，就是小规模的社群和族群自然应同化到大型的社群和族群当中。但这并不必然意味：人们非得将对旧时代的忠诚或情感一一抛弃不可，虽然实际上经常会这样。对那些在地理上或社会上经常处于流动状态的人们而言，过去并无太多值得留恋之处，他们随时准备接受进化之途。最显著的例子当推犹太中产阶级，他们可以在某些国家借同化而取得同等权利。可是到 19 世纪末他们却发现，除非接受他们的民族已准备要把他们完全融入，否则他们的意愿再高也是惘然。另一方面我们也不要忘记，美国是唯一一个无条件欢迎任何人成为其"民族"成员的国家；不过，美国的"民族"开放度倒远远超过阶级开放度。在 1914 年之前出生的那一代当中，充斥着"大国沙文主义者"，这些人的父亲——更别提母亲了——根本听不懂子女日后所选择的国族语言，从他们所采用的斯拉夫或马札儿化的德文名字，便可看出他们的选择。由此可见，同化的好处是相当可观的。

不过，近代的民族论还以另一种方式与自由主义意识形态相重合。只是这次是因为它们所打出的口号相同，而非基于理论上的逻辑推演：这些口号指的是自由、平等、博爱。换句话说，由于民族是当时历史上的新产物，备受保守派与传统派的非议，所以自然吸引了自由主义者（即保守派与传统派的政敌）的注意。这两种思想的结合情形，可从奥地利的泛日耳曼民族论中看出，这个论调系源自该国民族冲突最严重的区域——摩拉维亚。皮克勒（Arnold Pichler）[1] 服务于维也纳警察局，自 1901 年至 1938 年间，历经了多次国家政体的重大改变。终其一生，他都不改其激进的日耳曼民族主义立场，他不仅反捷克人，也反犹太人，不过，据他反犹太的同僚说，他并不同意将犹太人关到集中营里。[2] 此外，他也反教权主义，更是政治上的自由主义者，在第一共和时期，自始至终，他都在维也纳的报刊上笔耕不辍，发表自由主义言论。他认为民族主义与民族优生学都需要借助工业革命的力量，更令人惊讶的是，他还提出所谓"世界公民"的主张。"世界公民绝非局限于小镇小城的地方主义，其视野也不仅止于村里的教会尖塔。"[3] 他呼吁那些囿于地方意识的村夫镇民都能向大千寰宇

---

1. Franz Pichler, *Polizeihofrat P. Ein treuer Diener seienes ungetreuen Staates. Wiener Polizeidienst 1901—1938*, Vienna 1984. 我要感谢海勒（Clemens Heller）向我提供这份资料。

2. Ibid., p. 19.

3. Ibid., p. 30.

敞开心胸。

以上所提，乃是欧洲在资产阶级自由主义全盛期所盛行的"民族"与"民族主义"论调。在当时，"民族原则"首度成为国际政治上的重要议题。而我们接下来即将会看到，当时的民族原则跟威尔逊所谓的民族自决原则，仍有本质上的不同之处，同时也和列宁的看法有所不同——列宁的民族主义论曾主导了 19 世纪末以迄今日的相关论辩。不过，自由主义的看法在当时也不是绝对的。例如激进民主派（radical-democratic）的看法就不太一样。比方说，法国大革命时期提出的《人权宣言》，即明白反对"门槛原则"。可是，迷你民族（mini-people）虽然享有形式上的民族自决权，不过，邻近的强权大国却未必会让它们行使独立主权，即使这些大国中不乏支持 1795 年的《人权宣言》者。当卢梭的信徒在草拟《人权宣言》时，萦绕在他们心头上的疆土，大概和瑞士这个（保守）自由的山国相去不远。在那个时候，这些群体当中的左翼自治论或独立运动都还未见踪影。

就自由主义的观点而言——若以马克思与恩格斯为例，则不只是自由主义的看法——"民族"乃是人类社会发展史上的产物。民族国家的陆续建立，既无关乎主观的民族情感，亦跟民族支持者是否赞成无关。它的重点在于：民

族国家是否能符合人类社会的历史演化和进步之所需。[1] 虽
然全世界的资产阶级都相当景仰苏格兰高地人，但却没有
哪一位自由主义论者为他们的独立建国运动大声疾呼，即
使是那些善感主义者亦然，这些人至今仍不断感叹斯图亚
特王朝的失败复辟，当时支持复辟王查理的，主要就是苏
格兰高地氏族。

　　如果说唯一具有历史正当性的民族主义，是那种符合
进步史观的民族主义，亦即那种可不断扩大而非限制人类
经济、社会和文化运作规模的民族主义，那么我们该如何
看待小民族、小语言和小传统所进行的防卫，这类例子如
此之多，难道这些举动就只是对无法抗拒的历史进步潮流
的无谓挣扎吗？符合进步所需的小民族、小语言和小文
化，必定是自甘作为强权大国的附庸，放弃武装敌对，安
于民族命脉与语言文化的消亡命运，沦为历史泡沫或后
世子孙的感怀对象，简言之，即心甘情愿接受考茨基所谓
的"古董家具"的地位？证诸史实，世界上诸多弱小民族
真的也只能被迫接受这样的命运。然而，自由主义知识分
子该怎么诠释，讲盖尔语（Gaelic）的人和操诺森伯兰语

---

1. 参见恩格斯所写《致伯恩斯坦书：1882 年 2 月》，Werke, vol. 35, pp. 278ff。
信中讨论到"巴尔干斯拉夫人"，原文如下："即使这些小伙子真的如此令人
景仰，如同斯科特笔下的苏格兰人——另一群可怕的偷牛贼——一般，我们
能做的也只是谴责当今社会对待他们的方式。一旦当我们掌权了，我们一定
会好好整治他们的窃盗行为，窃盗乃是他们传统的一部分。"

（Northumberland）的人[*]所表现出来的不同选择？很显然的，并无任何力量阻止他们采取双语政策。然而采用英格兰方言的作家并不会用他惯用的语言来对抗国语，因为他们深知方言与国语各自的价值和地位。也许，在可预见的将来，方言会逐渐被国语淘汰，甚至就此消失，比方说像塞尔特语［Celtic，18世纪之后，康沃尔人（Cornish）和曼克斯人（Manx）便已不再使用］，这的确让人深感遗憾，但却也无可奈何。不过，这些失传作古的语言不可能完全没有留下任何遗绪，后世子孙必会做复古的努力，他们将在搜集"民谣"的过程中，使古文化再度创新。

因此，若要根据古典自由主义的想法去了解当时的"民族"，我们就必须谨记一点，所谓的"民族创建"工作，不管它在19世纪的历史上居于多么核心的地位，其实只适用于某些特定的民族国家。此外，"民族原则"亦非举世共同奉行。无论就国际政治或国内内政观之，"民族原则"都只对少数人群或地域具有作用。即使在多语系或多族裔的国家中，比方说高唱民族主义的哈布斯堡帝国，"民族原则"的作用也微乎其微。在1871年之后，已经很少有人认为欧洲版图会有更进一步的基本变动（除了日渐解体的奥斯曼帝国），因为当时并无严重的民族冲突会导致领

---

* 盖尔语为塞尔特语系最古老的一支，盛行于爱尔兰和苏格兰；诺森伯兰语乃北英格兰方言。——译者注

土重划，即使是延宕已久的波兰问题，似乎也不至于会掀起国际争端。诚然，除了巴尔干半岛之外，在德意志帝国建立以至第一次世界大战之间，欧洲只经历过一次领土变动，那便是挪威脱离瑞典独立。历经 1848 到 1867 年这将近二十年动荡不安的民族独立风潮之后，我们不难推测：就算是奥匈帝国境内的族群冲突，也终将冷却下来。正因为如此，哈布斯堡帝国的执政者才愿接受 1873 年圣彼得堡国际统计学大会的建议，将语言列入全国普查项目，只不过它希望能在 1880 年之后再执行这项政策，因为届时民情舆论对于语言问题的争议应能完全退烧。[1] 不过，他们的判断显然发生了严重错误。

我们也会发现，在当时，无论是民族或民族主义问题，都不是欧洲各国的内政重点，尤其是在已经创建的"民族国家"境内，更是如此。而且，根据现代民族国家的标准观之，这些国家都是由多族裔所组成；不过我们倒是不太容易把"非民族"的帝国（non-national empires）归类成"多民族国家"。对莱茵河以西的欧洲而言，当时并不存在帝国式的民族混杂问题，除了英国境内的异例——爱尔兰之外。然而这并不意味从政者完全不在乎加泰罗尼亚人、

---

1. Emil Brix, *Die Umgangssprachen in Altösterreich zwischen Agitation und Assimilation. Die Sprachenstatistik in den zisleithanischen Volkszählungen 1880—1910*, vienna-Cologne-Graz 1982.

巴斯克人、布列塔尼人、弗兰德斯人、苏格兰人以及威尔士人等前仆后继的独立运动；而是这些民族运动都被视为是国境内的政治角力。苏格兰人和威尔士人被看作是自由主义的拥护者，而布列塔尼人跟弗兰德斯人则被视为奉行传统的天主教的信徒。当然，各民族国家的政体稳定性，主要是受惠于民主选举制度的匮乏，因为一旦施行全民选举，势必会使自由主义的民族理论和政策面临挑战，就像19世纪自由主义的其他部分所遭到的抨击一般。

这正说明了为何自由主义者对民族主义的讨论，会这么稀少而且大都漫不经心，不够严谨。像穆勒与雷南这类观察家，便用非常宽松的标准来看待构成"民族情感"（national sentiment）的要素，诸如族群［ethnicity，维多利亚时期的学者比较偏好种族（race）一词］、语言、宗教、地域、历史与文化等等。因为在政治的实际面上，这些因素之间到底哪一个比较重要，根本无足轻重，至少在当时仍是如此。但是自19世纪80年代以降，"民族问题"便受到愈来愈严肃而热烈的讨论，尤其是在社会主义阵营里面，因为民族主义口号往往最能打动大众，特别是可以借此动员广大选民，并把他们吸纳为政党的支持者，这种趋势已成为当时的政治实况。至于在理论层次上，民族建国的争论则带有愈来愈强的情感成分。无论是哪一种说法，以现今的眼光来看，都可以视为是一种目标明确的政治动员策略，包括独立运动所要抗争的对象以及建国方略等等，都相当清楚。于是民族问题不仅对面临国内族群关系日益恶化的国家执政者来说，是非常重要的，甚至对那些想借着动员民族、非民族或其他相关的民族口号来扩张群众基础的政党，也是极其重要的。对中欧与东欧的社会主义者来说，如何在理论上定义民族及其未来，必定会引起南辕北辙的争辩。如同穆勒和勒南一样，马克思和恩格斯也认为这类问题是次要的。可是在第二国际阵营，这些问题却是辩论的核心。参与民族辩论的人士，尽是社会主义阵营中的大将，如考茨基、罗莎·卢森堡、鲍尔、列宁与斯大林等。如果说民族问题是马克思主义理论家的关心所在，那它更是克罗地亚人、塞尔维亚人、马其顿人和保加利亚人等急欲解决的国政大事。比方说，东南系的斯拉夫人到底可不可以算是同一个民族？[1]

外交界一再辩论的"民族原则"，曾在 1830 到 1878 年间大幅度地改写欧洲各国的势力版图，不过它不同于政治民族主义，在一个民主化与群众政治日渐得势的时代，政治民族主义已然成为欧洲政坛上的中心问题。在马志尼的时代，民族问题并不那么严重，对大多数的意大利人来说，民族复兴运动（Risogimento）并不存在，正如阿泽利

---

1. Cf. Ivo Banac, *The National Question in Yugoslavia*: Origins, History, Politics, Ithaca and London 1984, pp. 76—86.

奥（Massimo d'Azeglio）所说的："我们已经缔造了意大利，我们必须接着缔造意大利人。"[1] 对大多数说波兰语的农民来说，他们很可能从未想过所谓的波兰问题［更别提占总人口三分之一的热次波波利塔人（Rzecspopolita），他们说着他们自己特有的方言］，也不认为自己是波兰民族主义者。诚如波兰解放者毕苏斯基（Colonal Pilsudski）所言："是国家创造了民族，而不是民族创造了国家。"[2] 但是到了1880年后，普通百姓已开始觉得民族主义跟他们之间的关系变得日益重要起来。因此，我们有必要先看看，在工业革命之前的人们，是如何看待这个问题，然后我们才能更清楚地了解，政治民族主义是如何创造了"民族"这个新事物。下一章我们就来谈谈这个主题。

---

1. 这句话是他在意大利王国刚成立的国会上所说，参见 Latham，*Famous Sayings and Their Authors*，Detroit，1970。
2. H. Roos，*A History of Modern Poland*，London 1966，p. 48.

第二章

民众观点：民族主义原型

　　像"民族爱国情操"这种跟人类经验脱节甚远的概念，是为何又如何在短时间内迅速崛起成为政坛上呼风唤雨的强大势力？如果我们的答案只是：人类通常会将共居同生的社群成员，一视同仁地看作是自己这个集团的人，并将其他"外人"都视为陌生人，显然是不够充分的。因为摆在我们面前的是，近代民族（无论是以国家政权的形式存在，或仅是一群人的政治结合）有其形形色色的不同面貌，究其幅员大小、架构规模乃至组成社群的本质等，都有所不同，因此，他们不可能是根据同一种需求而产生的。套用安德森的话来说，民族是一种"想象的共同体"，其作用无疑是用来填补当"真正的"社群或网络组织因退化、解构或失效后所出现的人类情感空隙；可是，问题仍未解决，也就是说，为何在人类失去了社群之后，却还依然念念不忘，始终要再继续想象出一个全新的替代品？原因很多，其一也许是因为在世界各地，建国以及民族主义运动能够动员各式各样的集体情感，这些情感早已蓄势待发，能够在大规模的政治动员中，发挥功不可没的作用，并且可为现代国家民族所利用。因此，我便将这种想象出来的关系称之为"民族主义原型"（proto-nationalism）。

所谓"民族主义原型"有两种：第一是超地域的普遍认同，人类超越自己的世居地而形成一种普遍的认同感。比方说，对圣母玛利亚的信仰将世居在那不勒斯的人们，与外在的大世界联结在一起，如果其目的是为了要团结那不勒斯人，那么圣约拿努斯（St. Janaurius）的功用可能会更大，因为他是该城的守护神，为了不让疾病降临该城，他必须每年流一次血。第二是少数特定团体的政治关系和词汇，这些团体都跟国家体制紧密结合，而且都具有普遍化、延展化和群众化的能力。这些不同的"民族原型"跟近代的"民族"有诸多相同之处，不过，却没有一个能等同于近代的民族主义。因为这些普遍认同并没有或还没有和以特定领土为单位的政治组织建立必然关系，而这种关系却正是了解近代"民族"的最重要关键所在。

我们可举两个最明显的例子来加以说明。直到 1945 年为止（甚至直到今天），使用德语的人——其中的精英分子使用文化上的标准德语书写文字——并不只居住在他们的大本营中欧，他们同时也散居在东欧以及东南欧各地，且多半是该区的地主阶级、城市居民或乡间富农，甚至在遥远的美洲殖民地也有他们的踪迹，他们在新大陆上自成一宗教派系。从 11 到 18 世纪，在多次的征战离乱、举家迁徙以及拓荒殖民的过程中，这些使用德语的人散居在欧洲各地，最远到达伏尔加河下游（在此，我们暂且略过 19 世纪的移民潮不论）。这些散居各地的日耳曼人，认为他们自己是"日耳曼人"，并因此不同于与他们生活在一起的其他民族。虽然这些日耳曼人跟当地的异族也时有冲突，比方说，他们独占了社会上的重要行业，例如波罗的海地区的地主阶级，清一色都是日耳曼人，但是在 19 世纪之前，日耳曼人并未曾跟异族统治者发生过重大的政治对立事件。至于散居世界各地达千余年之久的犹太人，至今依然不放弃他们的民族认同，无论他们落脚在何处，他们仍一直维持着独特的犹太信仰，跟非犹太教徒显得大相径庭，而这样的族群认同，早自沦为巴比伦之囚时便已建立。这期间也许早已有人起而宣扬政权独立的重要性，或主张建立一个疆界明确的国家，可是，一直要到 19 世纪行将结束之际，犹太民族主义才随着西欧民族主义的浪潮一同登上历史舞台。然而若这样就把犹太人等同于他们的耶路撒冷祖先，是完全站不住脚的，犹太人不可能为了朝圣的方便，或想在弥赛亚降临时重回故土（显然他也尚未在犹太人的注目下到来），就把全世界的犹太人都号召起来，以便在他们的古老圣地上建立一个现代领土国家。

至于一般民众的民族主义原型是由什么组成的呢？这

个问题实在很难回答，因为这直接牵涉到数亿文盲的民族认同，他们占了 20 世纪之前世界人口的绝大多数。一般而言，我们都颇能通过文献去了解知识分子的想法，可是，我们却很难通过知识分子的眼光去看穿平民百姓眼中的世界。虽然知识分子跟平民大众的世界并非完全没有交集可言，可是知识分子的影响力最多也仅及于读书识字阶层，难以穿透至社会大众的日常生活当中。[1] 比方说，赫尔德（Herder）就认为所谓"民族"的概念，在威斯特伐利亚（Westphalian）的农民当中是不存在的。以下的例子便能清楚说明，知识分子跟文盲之间的巨大鸿沟。例如对那些身为封建领主、城市居民以及波罗的海知识分子的日耳曼人而言，他们很自然会认为"种族仇杀是随时都会发生的危险，就像把达摩克利斯之剑*挂在他们的头上一般"，因为凯尔齐（Christian Kelch）曾在其 1965 年所撰写的立陶宛史中，特别提到爱沙尼亚跟拉脱维亚的农民，对日耳曼贵族阶级有多么憎恨。可是，我们却没有任何证据足以指出，爱沙尼亚农民是基于民族主义才憎恨那

---

1. Roger Chartier, *The Cultural Uses of Print in Early Modern France*, Princeton 1987, Introduction; also E. J. Hobsbawm, *Worlds of Labour*, London 1984, pp. 39—42.

* 达摩克利斯之剑，源自希腊传说故事。达摩克利斯乃叙拉古君王宠臣，某日受邀参加国王盛宴，于酒酣畅饮之际，抬头看见一把利剑仅由细线悬吊，从屋顶垂下，此景使他顿时领悟到财富权贵常会在瞬间消逝。引申为危险临头。——译者注

些日耳曼贵族。因为首先，爱沙尼亚人并不会把自己看成是
一个独特的语言族群。"爱沙尼亚人"（Estonian）一词是 19
世纪 60 年代之后的产物。在那之前，当地农民多以"玛拉瓦
斯"（maarahvas），也就是"乡民"自称。其次，"萨克森人"
（saks，Saxon）一词的主要意义是"封建领主"或"主人"，
其次才意指"日耳曼人"。因此，有人（一位显赫的爱沙尼亚
史学家）认为：虽然知识分子在阅读文献的时候，会把"萨
克森人"意会成是"日耳曼人"，但是在农民的日常称呼上，
指的却是"领主"或"主人"，而没有"日耳曼人"的意思：

> 从 18 世纪末开始，地方上的牧师及传教士便开始
> 阅读启蒙主义者对爱沙尼亚被征服一事的意见（一般
> 的农民并没有机会可以读到这些书），而且，他们总是
> 会照着自己的意思解释，因而曲解了农民的想法。[1]

所以，且让我们从彻尼亚夫斯基（Michael Cherniavsky）
所著的《沙皇与人民》（*Tsar and People*）一书看起，[2] 该书是

---

1. 资料及引文出自 Juhan Kahk, "Peasants movements and national movements
   in the history of Europe", Acta Universitatis Stockholmensis. *Studia Baltica
   Stockholmensia*, 2, 1985, pp. 15—16。
2. Michael Cherniavsky, *Tsar and People. Studies in Russian Myths*, New Haven
   and London 1961; Jeffrey Brooks, *When Russia Learned to Road*, Princeton
   1985, ch. VI, "Nationalism and national identity", esp. pp. 213—232.

少数企图重建一般人民想法的作品之一。由于一般人民根本无法断文识字，他们自然无法有系统表达他们对公众事务的看法。在《沙皇与人民》一书中，彻尼亚夫斯基探讨了"神圣俄罗斯"（Holy Russia）或"神圣俄罗斯之地"（the holy Russian land）的概念。他发现这个概念是独一无二的，并没有其他事物足以相提并论，勉强要算的话，也只有所谓"神圣爱尔兰"略可比拟。不过我们倒是可以拿它和"神圣提罗尔"（das heil'ge Land Tirol）*进行比较。

据彻尼亚夫斯基的说法，唯有当一块地方能在全世界扮演独一无二的救赎角色时，方能称之为圣地。以俄国为例，这个时机要到 15 世纪中叶之后才到来，那时随着东罗马帝国衰亡，君士坦丁堡的势力完全瓦解，政权跟教权又重新结合，俄罗斯翻身变为举世东正教的正统核心，莫斯科更一跃成为世界上的第三罗马，亦即人类寻求救赎的唯一出路所在。至少沙皇是这么想。不过，上述说法显然不符合史实。因为"神圣的俄罗斯"一词在 17 世纪初年

---

* 提罗尔系指今奥地利西部、意大利北部的东阿尔卑斯山区，在中世纪早期被巴伐利亚人和伦巴底人控制，8 世纪为法兰克人征服，之后便处于提罗尔王国治理之下。哈布斯堡王朝于 1363 年继承了该区绝大部分土地，后来又加入一些以意大利语为主要语言的地区。1805 年落入拿破仑手中，受到法国人控制，曾引发一场人民起义。1814 年重回哈布斯堡怀抱，1919 年南提罗尔割让给意大利，激起该地强烈的民族主义，也使奥地利与意大利之间的关系更为复杂。——译者注

的"混乱时期"（time of troubles）来临之前，并未广泛流传，在这段混乱时期里，沙皇和国家几乎已名存实亡。事实上，在混乱时期之前和之后，不管是沙皇本人、官僚体系，还是教会和莫斯科主导的意识形态，都不曾运用"神圣的俄罗斯"这个口号，因此对这个谚语的流传自然谈不上任何贡献。[1] 简言之，"神圣的俄罗斯"是一个通俗的口号，它所表达的是大多数民众的想法。我们可以从 17 世纪中叶顿河哥萨克骑兵的史诗中发现，这个通俗的口号竟已如此深入人心。比方说，在《围亚述海诗》（*Poetical tale of the seige of Azvo*）中，身陷围城之中的哥萨克骑兵便如此唱道：

> 我们将永远再也无法回到神圣的俄罗斯了。我们势必将葬身于沙漠中，带罪而死。我们是为了你的圣像而死，是为了完成对基督的信仰，为了沙皇以及莫斯科政权而战死沙场。[2]

由此可知，神圣的俄罗斯之地，乃是依据圣像、信仰、沙皇以及莫斯科政权而划定的。这是一个强有力的组合，因为就像旗帜可作为精神象征一样，圣像亦是一个绝佳的

---

1. Cherniavsky, *Tsar and People*, pp. 107, 114.
2. Ibid., p. 113.

符码，可用来表达那些无可表达的事物。此外，毫无疑问，"神圣的俄罗斯"乃是一个起自下层民众的通俗信仰，而非官方由上而下所灌输的盲从信念。彻尼亚夫斯基继承其师坎托洛威奇（Ernst Kantorowicz）的敏感和细腻，[1]将"俄罗斯"（Russia）这个字做了非常清楚的诠释。沙皇所建立的帝国，亦即政治上的"俄罗西亚"（Russiya），乃是16到17世纪所创的新词，约始自彼得大帝。至于"神圣的俄罗斯之地"，指的乃是古"罗斯"（Russ）地区。俄罗斯人至今仍被昵称为"俄罗斯基"（Russky）。而官方所通用的"俄罗西亚"一词，在民间反倒没有其他衍生字。至18世纪，许多不同的词汇——出现，多是用来称呼俄罗斯人民或民族。彻尼亚夫斯基还特别强调，"俄罗斯基"一词的意思，其实是基督徒农民、真实信徒或东正教徒的同义复词。"神圣俄罗斯"的称谓，带有丰富的民粹含义，然而却和近代的"民族"含义有些许不同。俄罗斯一词跟教会与莫斯科政权的紧密联结，自然有助于促成对俄罗斯民族的强烈认同。然而对"神圣提罗尔之地"来说，情况就并非如此。因为后特伦托（post-tridentine）时期所形成的"土地—圣像—信仰—帝王—政权"的组合，显然有助于罗马天主教会和哈布斯堡帝国皇帝（他同时也是提罗尔伯爵），反抗德意志、奥地利或其他类似的近代"民

---

1. Ernst Kantorowicz, *The King's Two Bodies. A Study in Medieval Political Theology*, Princeton 1957.

族"概念。在此我们特别要注意的是：1809年，提罗尔农民起义反抗的主要对象不是法国人，而是邻近的巴伐利亚人。无论属于"圣地民族"的提罗尔人最后有没有被纳入后面这种意义的民族当中，至少前者的概念是早于后者的。

不过，从"神圣俄罗斯""神圣提罗尔"或"神圣爱尔兰"这三个用词中，我们都看到一些共同的遗漏点。而其中两点正是近代"民族"定义的关键所在：亦即语言与族群特性（ethnicity）。

何谓语言呢？是用来区分不同民族，区分"我们"和"他们"的本质吗？而所谓的"野蛮人"（barbarians），是否只是因为他们不懂得使用我们的语言，只会发出奇怪的噪音，我们就此认定他们不是像我们一样的文明人？每一位读过《圣经》的读者都知道"巴别塔"的故事，他们也知道人们是如何通过分辨对方是否能正确发出"示播列"（shibboleth）这个音，来判断此人是敌是友。*希腊人便

---

* "巴别塔"语出《创世记》第十一章，"那时天下人口音言语都是一样……他们说，来罢，我们要造一座城和一座塔，塔顶通天，为要传扬我们的名，免得我们分散在全地上……耶和华说，……我们下去，在那里变乱他们的口音，使他们的言语彼此不通。……所以那城名叫巴别（变乱之意）"。"示播列"语出《士师记》第十二章，以法莲人与基列人争战，"基列人把守约旦河的渡口，不容以法莲人过去。以法莲逃走的人若说，容我过去，基列人就问他说，你是以法莲人不是，他若说不是，就对他说，你说示播列，以法莲人因为咬不准字音，便说西播列，基列人就将他拿住，杀在约旦河的渡口。"——译者注

是借这同样的办法来界定自己的民族，借此分辨他们和其他人的不同，尤其是和所谓"野蛮民族"的不同。然而这是否表明：因为他们不会说异族的语言，双方无法充分沟通，于是造成了民族之间的最大鸿沟？无怪乎直到今天为止，会说某种暗言或党语，仍可用来表示我们属于某个次文化团体，因为这些别人不懂的暗言党语，正可区辨"我们"这个小团体跟"他们"那个大社群的不同。

我们很难否认：一群住在一起，讲着同样话语的人们，自然会认为彼此是属于同一民族，至于那些不会说我们的语言的人，自是所谓的"外人"［即"野蛮人"，或斯拉夫人口中所说的"难蛮伎"（nemci）］。不过，这并非问题的重点所在。问题的重点在于：何以语言隔阂会被拿来作为族裔区隔的表征，并借此划分不同的民族或国家；而不只是用来区分无法沟通的群体。我们必须从这里切入，方能探讨各地方言所扮演的角色，以及它作为判定集团内成员标准的功能。不过在我们探讨这两个问题时，我们要谨记切勿将知识分子跟文盲混为一谈，虽然我们得仰赖前者提供大部分文献来源；此外，我们也不能以 20 世纪的观点来解读先前的方言用法，因为那会造成时代错置。

尚未文字化的地方方言，往往都是当地各种不同方言的复合体，它们与其他语言的沟通难易，系取决于其地理位置的远近或容不容易到达。比方说，在某些山区，由于交通阻隔之故，我们很难分辨他们的方言到底是属于哪一种语系。像北威尔士人所讲的方言，南威尔士人便很难听得懂；而阿尔巴尼亚的盖格人（Gheg）也很难了解托斯克人（Tosk）的方言。*此外，像加泰罗尼亚语显然更接近法语，而不是巴斯克语。**可是，对一个来自法语区的诺曼（Norman）水手来说，巴约讷（Bayonne，讲巴斯克语）或波港（Port Bou，讲加泰罗尼亚语）的方言对他来说，都一样晦涩难懂，差别不大。直到今天，受过教育的德国人，比方说来自基尔（Kiel）的德国人，就很难听得懂德裔瑞士人平日所说的德语方言。

因此，在国家推行小学教育之前，并没有口语化的"国语"（national language）存在，只有作为文字或行政谕令的书写文字，或为口语传播而产生的共通语。比方说，通行在东地中海区的"混合语"（ligua franca），便能让使用不同方言的民族进行沟通，传教士或游吟诗人可借之跨

＊ 盖格人和托斯克人为阿尔巴尼亚最重要的两支民族。前者居北部山区，保有古代习俗，说盖格语，信仰伊斯兰教逊尼派和天主教；后者居南部平原河口，受外国影响较深，说托斯克语，信仰伊斯兰教拜克塔什派和东正教。——译者注

＊＊ 加泰罗尼亚语为罗曼语的一支，主要通行于西班牙加泰罗尼亚地区，长久以来多被视为普罗旺斯方言，直到 1925 年才成为独立语言，并成为加泰罗尼亚地区分离运动的依据之一。巴斯克人是居住在法国西南、西班牙西北边境的一支民族，其所使用的巴斯克语，和现今欧洲语系均无关联，系印欧语系出现在西欧之前的某种语言遗绪。——译者注

越不同语系的隔阂，以混合语来传情表意，达成更广大的
文化交流。[1] 在这个地区所使用的语言极其复杂，远比知识
分子所能了解的范围大得多，而知识分子已经是比农民更
能超越地域藩篱之人。如果"民族语言"只是以口语化的
方式进行单线演化，而不像"洋泾浜"（pidgin）或"混合
语"的流通方式（经过入境随俗的变化，最后演变成多功能
的语言），大概很难通行到更广大的地区。换言之，日常通
用的或文学惯称的"母语"（mother language，子女从文盲
母亲那儿牙牙学来的话语），并不等同于"民族语言"。

这么说并不表示我要抹煞那种普遍存在于一般人民当
中的文化认同，这种文化认同是和某种语言，或某组复合
方言，特别是一个有别于周遭人群的特定群体有关，比方
说，马扎儿人便是一例。在马扎儿这个例子中，他们日后
的民族主义，便是奠基在他们对语言的认同之上。在阿尔
巴尼亚人当中，情况更是如此。自远古以降，阿尔巴尼亚
人就一直是在数个互相敌对的文化势力中求生存，他们
信仰三到四种宗教［如果我们把伊斯兰教的拜克塔什派

---

1. 关于这个复杂问题的最佳导论，请参见 Einar Haugen, "Dialect, language, nation", *American Anthropologist*, 68, 1966, pp. 922—935。若要参考当代的社会语言学发展，可参见 J. A. Fishman（ed.）, *Contributions to the Sociology of Language*, 2vols., The Hague-Paris 1972, "The sociology of language: an interdisciplinary social science approach to language in society" in vol. I。若要研究语言的发展与建构，可参见该领域的先驱作品 Heinz Kloss, *Die Entwicklung neuer germanischer Kultursprachen von 1800 bis 1950*, Munich 1952。

（Bektashi）*也算在内的话］：包括伊斯兰教、东正教以及罗马公教。因此，日后的阿尔巴尼亚民族主义先驱，自然会从语言当中去寻找该民族的文化认同，因为除此之外，包括宗教在内的其他事物，所可能造成的都只是分裂，而非一致。[1]然而就算是如此明显的例子，我们也必须牢记：千万不要太过膨胀知识分子的想法！因为在19世纪末到20世纪初的阿尔巴尼亚平民阶层当中，并没有明确的证据显示出他们之间存在着紧密的认同感。达兰（Edith Durham）的向导是一位来自阿尔巴尼亚北方的山区青年，当他听说南部的阿尔巴尼亚人也有信奉东正教的信徒时，他说道："他们才不是基督徒，他们是托斯克人。"从他的谈话中我们可知，在阿尔巴尼亚的下层社会中并不存在强烈的集体认同。甚至，我们"也不可能确知到底有多少阿尔巴尼亚人移民到美国，因为早年的第一代移民并不会把自己看成是阿尔巴尼亚人"。[2]此外，在当地的封建氏族和领主起而以语言为诉求来推动民族主义之前，他们所强调的其实是更令人信服的团结一致。就像佛拉雪里（Naïm

---

* 拜克塔什派为伊斯兰教自由神秘派，盛行于土耳其。——译者注

1. *Christian Gut in Groupe de Travail sur l'Europe Centrale et Orientale. Bulletin d'Information*, no. 2, June 1978, p. 40, Maison des Sciences de l'Homme, Paris.

2. Edith Durham, *High Albania*, 1909, new edn, London 1985, p. 17; S. Thernstrom et al., *Harvard Encyclopedia of American Ethnic Groups*, Cambridge and London 1980, p. 24.

Frashëri，1846—1900）所说的："我们同属于一个单一的部落，我们是同一家人；我们流着同样的血液，说着同样的语言。"[1] 虽然语言被放在最后，不过倒也没有被遗漏。

因此，民族语言基本上是人为建构出来的，就像现代的希伯来语一样，都是后来才创造出来的。实际上，民族语言的真正内涵，和民族神话所宣称的说法根本就大相径庭，比方说，民族神话常说民族语言富涵民族文化或民族情操等等。然而事实上，民族语言却只是从各种不同的通行语言之中，精炼出一套标准化的对话方式，然后再把所有的通行语言降格为方言。在这种建构的过程中，最重要的问题是：应该选哪一种方言作为民族标准语言的基础。至于如何在文法及拼字上加以标准化和同一化，反倒是比较其次的问题。[2] 从欧洲语言的发展史看来，每一支欧系语言都是奠基在这种地区性的基础上：例如保加利亚文便深受西保加利亚方言的影响，乌克兰文也受到其东南方言

---

1. Cited in *Groupe de Travail*, p. 52.

2. 有关文化语言乃"人为建构"的探讨，可参考 Marinella Lörinczi Angioni，"Appunti per una macrostoria delle lingue scritte de l'Europa moderna"，*Quaderni Sardi di Storia*，3 July 1981—June 1983，pp. 133—156，尤其可以参考他对劣势语言的分析。至于传统弗兰芒文和发展于 1841 年后的现代弗兰芒文的差异，参看 E. Coornaert in *Bulletin de la Société d'Histoire Moderne*，67e année，8，1968，p. 5。此外还可参考 Jonathan Steinberg，"The historian and the Questione della lingua" in P. Burke and Roy Porter（eds.），*The Social History of Language*，Cambridge 1987，pp. 198—209。

的影响，成形于 16 世纪的匈牙利文亦秉承自各地方言的遗绪，拉脱维亚文则是集三种方言之大成，至于立陶宛文也是结合了两种地方言而成。欧洲在 18 到 20 世纪之间，经历了各地方言逐渐演化成书写文字的过程，在当时，语言建筑师的名字可是人尽皆知，不过这类选择多半是专断的。

　　有时，这种选择相当政治化，充满各派政治势力的较劲，极富政治暗示。以克罗地亚人为例，他们主要使用三种方言：加卡维安语（čakavian），卡吉卡维安语（kajkavian）和史托卡维安语（štokavian）。其中卡吉卡维安语跟史托卡维安语已有文字，而史托卡维安语同时也是塞尔维亚人所使用的方言。克罗地亚伊利里亚运动（Illyrianism）的伟大使徒盖伊（Ljudevit Gaj，1809—1872），*虽然是以卡吉卡维安语为母语及书写文字，然而却在 1838 年后，为了促进南系斯拉夫人的团结，而改用史托卡维安文写作。此举造成了以下影响：第一，促成了塞尔维亚人和克罗地亚人使用同一种语言［虽然崇信天主教的克罗地亚人是以罗马字母拼写，而信仰东正教的塞尔维亚人则是用西里尔字母（Cyrillics）拼写］；第二，让

---

* 盖伊为克罗地亚政治领袖及作家，也是伊利里亚运动的奠基者。该运动以鼓吹所有南系斯拉夫民族，包括斯洛文尼亚、克罗地亚、塞尔维亚，甚至保加利亚等，合组共和国为宗旨。为避免偏袒任何一族，故以古名伊利里亚为此运动定名。——译者注

克罗地亚民族主义可顺势以语言作为合理化的诉求；第三，提供塞尔维亚和日后的克罗地亚出兵扩张国土的借口。[1] 不过，有时这种选择也会失败。贝诺拉克（Bernolák）在 1790 年为斯洛伐克人精选了一种方言作为通行文字，可惜功败垂成，并没有使该语言成为斯洛伐克人的通行语。然而，不数载，史都尔（Ludovit Stur）却成功地选出了一个通行范围更广的语言，来作为斯洛伐克人的共同语言。[*] 在挪威，民族主义者韦格朗（Wergeland，1808—1845）就曾大力主张：挪威人应该要有挪威人自己的语言，以取代当时甚受丹麦文影响的挪威通行语，于是便着手草创了一种语文作为挪威的国语 [即兰斯摩文（Landsmal），今日称之为新诺尔斯语（Nynorsk）]。不过，在挪威独立建国之后，即使获得官方的大力支持，新诺尔斯语至今仍然是少数人使用的语言；尤其在 1947 年挪威开始推行双语政策之后，新诺尔斯语更是仅通行在挪威的西部及中部，约

---

1. 巴纳克（Ivo Banac）对这个问题有详尽的讨论，他曾说："克罗地亚这种三种方言同时鼎立的情形乃独一无二……而且不符合浪漫主义对语言的看法。浪漫主义认为语言乃民族精神最深刻的表达。显然，一个民族不应有三种精神，而一种语言也不应被两个不同民族的人民所分享。"参见 *The National Question in Yugoslavia: Origins, History, Politics*, Ithaca and London 1984。

* 捷克语和斯洛伐克语同属西斯拉夫语系，文法差异不大，但捷克语在文化及文学表现上较为圆熟，故至 19 世纪中叶为止，斯洛伐克人多以捷克文为书写文字。1840 年史都尔成功创出斯洛伐克通行语一事，使斯洛伐克与捷克原已脆弱的关系雪上加霜，导向日后的分离之路。——译者注

占总人口的百分之二十而已。[1]在欧洲诸多较古老的语文发展过程中，都必须面对选择一种方言作为国语的难题，比方说，法国和英国便是以通行在皇室近畿的方言作为国语；阿提卡方言（Attic）则是挟其在商业—海事术语上的优势，以及丰厚的文化遗产，并在马其顿人的大力支持下，一跃成为希腊文的基础语言，以及日后希腊用语的范本。

在此，我们姑且把较次要但同样具急迫性的问题暂时搁置，也就是说，暂且把各国国语该如何进行现代化、如何适应现代生活需要的问题搁置不谈。这个问题是具有普世性的，欧洲各国都曾经历过，只是在某些国家当中，这种情况较为复杂，比方说，在荷兰、德国、捷克、冰岛等国，都盛行所谓的"语言民族主义"，意即强调民族语言的纯粹性（不能跟其他语言交杂使用）。例如德国的科学家必须以"Sauerstoff"一词来表示氧气，而不能使用"oxygen"这个英文字；在法国也引发了一场为保卫正统法语免受"英式法语"破坏的恐慌。不过，最严重的问题倒不是应选择哪一种语言作为传递文化的共同语，而是哪一种语文最适合用于高等教育或最有利于现代科技、经济的沟通。我们千万不能小看这个问题的严重性。源自西元6世纪的威尔士文虽然大可宣称它是欧洲现存最古老的文

---

1. Einar Haugen, *The Scandinavian languages: An Introduction*, London 1976.

字，然而在 1847 年却已有人看出：

> 你很难用威尔士语来表达政治或科学论述，即使
> 是非常简单平常的论点也不太可能。要是不懂英文的
> 话，即使是再聪明的威尔士读者，光靠威尔士语也无
> 法完全了解其含义。[1]

于是我们可以清楚地看出，除了对执政者及知识分子
有影响外，语言很难成为判定民族的指标。即使如此，若
仍要以语言作为区分民族的工具，首要之事，就是必须从
既存的优势语言当中，选择一种作为国语（通过标准化与
同一化的过程）。然而无论这种优势语言原本是神职语言或
典雅的古文，都是极少数的精英分子平日用来处理政务、
钻研学术或进行公开辩论之用。比方说，古波斯语在蒙兀
儿帝国（Mughal Empire）中的作用便是如此，汉文在日
本也是一种精英语言。很显然，选择某一种优势语言作为
国语，乃是迟早的事。不过中国的情况是一大例外，接受
古文训练的中国知识分子，是以古文作为帝国的唯一沟通
工具，因为在幅员辽阔的中国境内，方言各异，舍此之外

---

1. Reports of the Commissioners of Inquiry into the State of Education in Wales,
Parliamentary Papers XXVII of 1847, part III, p. 853n.

难有共通的沟通渠道。而这个类似混合语的中国古文，在日后也逐渐演变成一种沟通用的口语。

可是，除非某个地方的语言分布正好跟不同的群体分布一致，否则我们为什么要把语言当作判定群体的标准。以婚姻制度为例，它也从不曾限定非得说同一种语言的群体才能互相通婚，要不制度性的外婚制就不可能在历史上长期存在。对一般人来说，并没有任何理由要他们接受史学家殷切建议的多元化语言及民族政策，因为一般人都认为："只有通过后天的概化学习，才会让说相同的语言者结成朋友，而说不同语言者变成仇敌"。[1] 因此，除非当他们的耳际出现了不同的语言，否则，他们平日所说的语言并不具备区分不同族群的作用，因为原来通行的语言人人会说，就像人皆有腿一样，并无分辨差异的作用。唯有在多种语言并存的时候，"多语主义"才会演变成正常现象，以避免任意编派各式各样的排他性认同（这种政策使得是否需要一种排他性的语言的民意调查，显得极不可靠）。[2] 因此，在这些多语并存的地区中，针对语言所作的统计结果，都起伏得很厉害，因为决定某人对某种方言是否认同的因

---

1. Arno Borst, *Der Turmbau von Babel: Geschichte der Meinungen über Ursprung und Vielfalt der Sprachen der Völker*, 4 vols. in 6, Stuttgart 1957—1963, vol. IV, p. 1913.

2. Paul M. G. Lévy, "La Statistique des lang ues en Belgique", *Revue de l'Institut de Sociologie*, Bruxelles, 18, 1938, pp. 507—570.

素，并不在于他对该语言本身的认识，而在于其他变数。比方说，在哈布斯堡主政下的斯洛文尼亚及摩拉维亚两地，对语言的认同就相当歧异，并不一致；或有很多人除了母语之外，还会兼说一些非正式的混合语，例如伊斯特里亚（Istria）地区便是如此。[1] 此外，这些语言都是无可替代的，彼此并不能取代对方的功用。对毛里求斯（Mauritius）的人民而言，他们并不需要在克里奥尔通行语（creole）[*]和他们各自的母语之间作非此即彼的选择，因为他们会根据不同的需要来选择他们该说哪一种语言。就像德裔瑞士人写的是上日耳曼地区的德文，说的却是一种独特的"瑞士腔德语"（Schwyzerdütsch）。又如，在罗斯（Josef Roth）的小说《拉德茨基元帅》（*Radetzkymarsch*）中，那位斯洛文尼亚族的父亲，在跟他已获晋阶的军官儿子对话时，并不如那位青年军官所预期的，是以他们之间从小就说的母语，而是使用"斯拉夫军人惯用的粗俗德语"，[2] 这对哈布

---

1. Emil Brix，*Die Umgangsprachen in Altösterreich zwischen Agitation und Assimilation. Die Sprachstatistik in den zisleithanischen Volkszählungen 1880—1910*，Vienna-Cologne-Graz 1982，e. g. pp. 182，214，332.

[*] 克里奥尔是 16 世纪之后才出现的新词，系指西印度群岛、拉丁美洲和美国南部等地的法、西、葡后裔，用以区别原住民和外国移民。克里奥尔人多半是混血，为当地的统治阶级，对所在殖民地的情感较深，不同于一心向欧洲的移民后裔。克里奥尔语即通行于该地的混合语，以西语或法语为字根，再混合当地的土语而成。——译者注

2. Josef Roth，*The Radetzkymarch*，Harmondsworth 1974，p. 5.

斯堡军官而言是不敬的。究其实，那种神秘的民族认同感加上柏拉图式的语言观，基本上可说是民族主义知识分子而非真实的语言使用者所建构的意识形态假象，而赫尔德正是这类知识分子的代表人物。这种民族语言概念纯属文学性的，并不见于实际生活当中。

我们无法否认，语言乃至语系都不是民众生活的重要成分。对绝大多数说德语的人民而言，在其西方与南方的外国人，主要是说罗曼语系和说塞尔特语的威尔士人，说芬兰语及斯拉夫语的人则散居在其东方及东南方，他们大都是温德人；而对大多数的斯拉夫人来说，说德语的民族都是所谓的"难蛮伎"。不过，大家都认为：语言跟民族，二者并非一致重合的概念。在苏丹，行定居制的富尔人（Fur）跟游牧四方的巴加拉人（Barggara）过着共生般的生活。邻近的另一支游牧民族虽然说的也是富尔语，但是在定居的富尔人眼中，他们和巴加拉人根本毫无二致。因为在当地，区分民族的标准是他们所扮演的角色而非语言。对定居的富尔人来说，那支会讲富尔语的游牧民族和巴加拉人的差别只在于："和他们进行买卖牛奶、肥料等交易时，可以比和巴加拉人交易稍微流畅一点。"[1]

用比较"理论性"的术语来说，人类在巴别塔之后，

1. Frederik Barth（ed.），*Ethnic Groups and Boundaries*，Boston 1969，p. 30.

共分流出七十二种语言（这乃是根据中世纪《圣经》学者对《创世记》的解释），而每一种语言的流通范围，都至少包含数个民族或部落，这是根据坎特伯雷那位伟大的神学家圣安塞姆（Anselm of Canterbery）的弟子莱翁的安塞姆（Anselm of Laon）的说法。到了 13 世纪中期，英国道明会修士艾尔顿的威廉（William of Alton）更进一步根据这七十二种语言将人类区分为不同的语群（根据口语），不同的世代（根据起源），不同的语区居民，并参考不同的风俗习惯而区别出不同的宗族。这些分类都不尽重合，而且也不应与"人民"（people）的概念相混淆。"人民"指的是一群愿意遵守一套共同律法的人群，因此，人民是历史与政治的产物，而非自然形成的群体。[1] 在前述的分析中，艾尔顿的威廉所展现的睿智与洞察力，即使在 19 世纪也不多见。

语言只是各种区分不同文化群体的标准之一，也就是说，语言绝非主要、亦非不可或缺的标准。希腊史学家希罗多德认为：希腊人属于同一民族，即使他们散居各地且无统一政体，但是，他们有共同的血统，说着同一种语言，信仰相同的神祇，朝拜同一个圣地，执行同一套祭祀礼仪，遵守相同的风俗习惯及道德，并且采行一模一样的生

---

1. Borst, *Der Turmbau von Babel*, pp. 752—753.

活方式。[1]对像希罗多德这样的知识分子来说，语言显然是非常重要的。可是，决定何人才是"希腊人"（Greekness）的标准，对普通的彼奥提亚人（Boeotians）或塞萨莱人（Thessalians）而言，真有这么重要吗？我们并不知道答案。我们知道的只是，近代的民族主义运动已进展到非常复杂的程度，有时，甚至会严拒其语群中的小支系和他们共组政体。类似的例子，在历史上屡见不鲜。这种借语言来分裂民族的事例，激怒了波兰人和斯洛文尼亚人，他们认为这些都是"大日耳曼沙文主义者"所设下的诡计，意图扩张德国国土，而且，毫无疑问，这些对德国人的指控在日后都一一得到证实。不过，我们倒是无法否认，在说波兰语跟斯洛文尼亚语的群体当中，的确有某些群体基于某些因素，倾向于在政治上选择做德国人或奥地利人。

如果以赫尔德对语言的定义来看，人民所说的语言显然不是直接塑造"通俗民族主义原型"的核心要素，虽然，也不是毫不相关。不过，到了近代，语言却间接影响到一般人对民族性的认定，因此，语言对民族的重要性遂成为大家耳熟能详的事。因为只要有一种精英分子或官方行政

---

1. Herodotus, *Histories*, VIII, 144. 在讨论这个问题时，伯斯特（Borst）指出：当希腊人理所当然地认为"语言"和"民族"紧密联结而且互为伙伴时，欧里庇德斯却认为语言是无关紧要的，而斯多噶学派的芝诺也是双语使用者，他同时使用腓尼基语和希腊语。

所通用的优势语言存在，那么，无论这群精英的人数多么少，或这种官方语言在日常生活中的使用度多低，根据安德森的看法，[1] 这种语言仍然有助于"通俗民族主义"的形成，原因有三：

第一，它可产生一个以这种语言进行沟通的精英群体，而且，要是这个精英群体刚好跟国家领域或语系范围重合的话，就有机会可以以这个社群为基础继续发展，并在日后联结成"民族"的沟通网络。所以，由此观之，语言的使用跟民族的形成，的确是有关联的。但是，已经失传的古语或在特殊礼仪上才使用的语言，无论它们多么尊贵，都不太适合作为国语，虽说现今通用的希腊语跟古典希腊文之间，仍然有演化上的迹象可寻。卡拉齐克（Vuk Karadzić, 1787—1864）是一位伟大的改革者，也是现代塞尔维亚-克罗地亚文（Serbo-Croat）的创始人。在他之前，曾有人企图炮制现代希伯来文的创建法（把古希伯来文转化成现代希伯来文），将宗教用的斯拉夫文转化成新的民族语言。然而卡拉齐克却坚决反对这种做法，力主新文字必须以塞尔维亚人的日常用语为

---

1. Benedict Anderson, *Imagined Communities: Reflections on the Origins and Spread of Nationalism*, London 1983, pp. 46—49. 他在该书第五章中专门讨论语言问题。

基础。[1] 因为促使现代希伯来文创立的动力，以及它之所以能成功确立的条件，都是不寻常的，不能援以为通例。

作为国语的方言原本就是口语，至于它究竟是不是属于少数人的语言，就不甚重要了；重要的是，这种优势语言在政治上享有绝对的分量。由此观之，法语对于法国的创建是居功至伟的，即使在爆发法国大革命的 1789 年，会说法语的人尚不超过全国总人口的百分之五十，而举国上下也只有百分之十二到十三的人能说标准无误的法语。实际上，离开中央行政区之外，只有少数人会在日常生活中使用法语，除非是身在城镇里。至于在法国北部或南部，更几乎没有人说法语。[2] 对意大利的统一而言，意大利文也同样功不可没：它将意大利半岛上的知识分子连成一线，在读者与作家之间形成网络。即使在意大利建国的那一年，1860 年，也只有大约百分之二点五的人，在日常生活中经

---

1. 与斯洛伐克语有关的类似辩论，可参见 Hugh Seton Watson, *Nations and States*: *An Enquiry into the Origins of Nations and the Politics of Nationalism*, London 1977, pp. 170—171。

2. 有关这个主题的基本资料可看 Ferdinand Brunot (ed.), *Histoire de la langue française*, 13 vols., Paris 1927—1943, esp. vol. IX; and M. de Certeau, D. Julia, J. Revel, *Une politique de la langue*: *La Révolution Française et les patois*: *l'enquête de l'Abbé Grégoire*, Paris 1975。有关法国大革命之后，少数人所使用的官方语言如何转化成民族语言的过程，可参考 René Balibar, *L'Institution du français*: *essai sur le co-linguisme des Carolingiens à la République*, Paris 1985; R. Bailbar and D. Laporte, *Le Français national*: *politique et pratique de la langue nationale sous la Révolution*, Paris 1974。

常使用意大利文。[1] 在 18 世纪，日耳曼纯粹是一个文化概念，因为在当时的日耳曼境内，基本上是大小城邦各自为政的状况，由不同的宗教及政体所管辖，只是彼此之间所通行的语言是德语罢了。在当时，能够阅读德文的读者，大约只有三十到五十万人，[2] 而在日常生活中能够使用标准德文（Hochsprache）或文化用语的人，就更少了。[3] 于是由知名艺人所主演的剧作，便成为日后标准德文的典范。由于当时在日耳曼境内，无论是说写，都没有一套统一的官定标准，因此，标准的德语只好到戏院去找了。

　　第二，正因为通行语言并非自然演化而来，而是人为建构的，特别是要把它变成印刷物时，人为力量更是不可或缺，因此它需要一个新的固着物，好使它看起来更恒久，更"不朽"。于是重要的不只是发明印刷术，还需要伟大的语言学家来进行校正和标准化的工作。在每一种文化语言

1. Tullio de Mauro, *Storia linguistica dell' Italia unita*, Bari 1963, p. 41.
2. 直到"19 世纪初"，也就是在三十到四十年间，歌德和席勒的所有著作加在一起，其销售量也不超过十万本。H. U. Wehler, *Deutsche Gesellschaftsgeschichte 1700—1815*, Munich 1987, p. 305.
3. 同例，曼佐尼（Manzoni）的《许婚的爱人》（*I Promessi sposi*）使得意大利文成为全国性的文学用语，然而他本人在日常生活中却甚少使用这种语言。他平常都是用法语和法裔妻子沟通（他的法语可比意大利国语流利得多），至于他和同乡人交谈时，说的则是家乡话——米兰语。的确，在他那本伟大的小说头版中，还可看到多处米兰语的痕迹，不过到了第二版时，他便竭尽心力地要把带有米兰腔的文字给去掉，因为他认为那是全书缺陷所在。以上资料都由法伊（Conor Fahy）教授所提供，在此谨表谢意。

的文字化过程中，我们都可以看到这些语文学者，不过他们总是要到印刷书籍出现之后才会登场。基本上，除少数特例外，欧洲各语言的校正和标准化过程，多半发生在18世纪末到20世纪初。

第三，执政者及精英分子所使用的优势语言，通常可以通过国民教育或其他行政措施，而在近代国家中奠立其作为国语的独尊地位。

然而，前述种种都是晚近的发展，在民族主义盛行之前或在识字率普及之前，语言对一般大众的重要性并没有那么大。对以往中华帝国境内的各民族来说，北京官话无疑是使他们得以沟通的主要媒介，否则方言殊异，各民族说各自的语言，帝国是无由建立的。可是，帝国并不是直接凭借语言而建立，而是借助中央极权的帝国行政，只是帝国的政令是通过精英所使用的北京官话和特定的符码来传递。对大多数中国人来说，就算是把政令改用拉丁文来传递也无妨。英语对大多数的印度人来说，也扮演同样角色：东印度公司自19世纪30年代之后便改用英语经商，取代原本通行的波斯语——蒙兀儿帝国的国语。对印度人来说，无论是波斯语或英语，都是外来语，而且，他们平常既不读书也不写字，所以，无论是用哪一种语言都无妨。对民族主义史学家而言，以下的实例真是令他们伤心：日后成为比利时人的弗兰德斯居民，在革命时期以及拿破仑主政时代，并没有起来反对"高卢化"运动；甚至滑铁卢一役，也没有促使弗兰德斯人"起而宣扬弗兰芒语或文化复兴运动"。[1] 他们为什么非得这么做呢？既然他们一点也没有察觉到法国人是如何耍弄行政特权，显然需要有一群民族主义的狂热分子来煽动一番，他们才会起义。所以，毋庸惊讶，当这些说法语的外国人进入务农的弗兰德斯区之后，这群外国人引起当地居民反感的原因，并不在于他们说的是外国语，而在于他们拒不参加周日的望弥撒聚会。[2] 简言之，若先将特例搁在一旁，我们实在无法将语言看作是决定集体认同的最重要关键，语言只不过是决定认同的诸多要素之一罢了。此外，我们可以确定的是，语言的政治效应也并非绝对的。比方说，一位法国评论家在 1536 年研究巴别塔时发现：

> 现在已发现的人类语言已不止七十二种，因为当今世界的民族经过演化繁衍，早已超过了从前的总数及规模。[3]

---

1. Shepard B. Clough, *A History of the Flemish Movement in Belgium*: *A Study in Nationalism*, New York 1930, repr. 1968, p. 25. 有关这种语言意识的缓慢成长，可参考 Val R. Lorwin, "Belgium: religion, class and language in national politics" in Robert A. Dahl, *Political Opposition in Western Democracies*, New Haven 1966, pp. 158ff。

2. S. B. Clough, *A History of the Flemish Movement in Belgium*, pp. 21—22.

3. Borst, *Der Turmbau von Babel*.

语言会随着国家的建立而愈变愈多，反之却不然。

至于族群特性又扮演什么样的角色呢？在日常生活中提到的族裔特性，往往指的是共同的血缘背景以及世代相传的家系，族群的共同特性与集体认同，便是借由它们代代相传下来。"亲属"及"血缘"这两大特性，乃是联系族群团体于不坠的主要因素，同时还能用来排斥不属于这个族群的外人。所以，族群特性显然是族群民族主义（ethnic nationalism）所强调的核心。"文化无法从教育过程中得到。文化源自血缘。这种说法的最佳证明，便是今天的犹太人。他们顶多只能挪借我们创造的文明，但永远无法学到我们的文化。"这是哈纳克（Hans Hanak，具有讽刺意味的是，他的姓氏显示他源自斯拉夫裔）在1938年于因斯布鲁克所举办的"国社党大会"（National Socilaist Kriesleiter）所发表的言论。他在会中还大声恭维当地的纳粹妇女，因为当时犹太人正致力推动两性平权主张，而在哈纳克眼中，犹太人的这项主张，其目的便在于"摧毁纳粹民族高贵的优良血统"，可惜，在当地只掀起了短暂声势，之后便销声匿迹。[1] 不过，他那种文化乃源自血缘的说法，根本是凭空捏造。因为，究其实，族群之所以能成为社会组织的一种形式，乃是基于后天文化的塑造，

---

1. Cited in Leopold Spira, "Bemerkungen zu Jörg Haider", *Wiener Tagebuch*, October 1988, p. 6.

而非先天的生物因素所能决定。[1]

更有甚者，对那些领域广大的民族国家而言，其人口众多且成分复杂，根本不具可资分辨的族群共性。就算我们暂且不论近代的数起移民潮，光是从欧洲各国人口变迁的历史来看，就可以得知：各国的族裔背景都相当复杂多元，尤其在一些经历过人口锐减而进行大量移民计划的地区，情形更是如此。比方说，中欧、东欧以及东南欧各地等，甚至还包括法国的部分地区。[2] 对现今东南欧的任何一支民族而言，在历经前罗马时代的伊利里亚人、罗马人、希腊人、各种不同的斯拉夫移民，以及自柔然人到奥斯曼土耳其这一波又一波的亚洲入侵者的混杂之后，它们的族源问题，将永远得不到众所公认的解答（尤其是罗马尼亚人）。因此，像门的内哥罗人（Montenegrins）乃是源自塞尔维亚裔，可是，他们却宣称具有自己的"民族性"，并建立了联邦共和国，其国民包括塞尔维亚农民、古塞尔维亚王朝的遗老，以及因受到土耳其入侵而迁徙至该地的弗拉其牧民（Vlach herdsmen）。[3] 当然，我们无可否认，13世纪的马扎儿人会自认是一个特殊族群，因为他们是源自

---

1. Fredrik Barth, *Ethnic Groups and Boundaries*.

2. Theodore Zeldin, *France 1848—1945*, Oxford 1977, vol. I, pp. 46—47.

3. Ivo Banac, *The National Question in Yugoslavia*, p. 44. 1970 年出版于南斯拉夫某共和国首府的 *Istorija Crne Gore* 一书，举出诸多例证来说明门的内哥罗人与塞尔维亚人并非同一民族，书中的火药味，不亚于巴尔干半岛上的实况。

从中亚入侵的游牧民族，此外，他们所说的语言跟四周邻族都不一样，而且，他们大都集居在自己的王国疆域内，奉行祖先遗留下来的生活习惯。不过，像马扎儿人那样风格鲜明的族群，显然是特例而非常态。

无论如何，在希罗多德看来，族群特性可视为是"民族原型"，因为正是仰赖族群的特性，才能将散居在广袤大地之上的民族集结起来，甚至还能促使散居在不同政体之下的民族团结一致。库尔德族、索马里族、犹太人和巴斯克人等，都是很好的例证。不过，这种族群特性和近代的民族根本没有任何历史关联，也就是说，族群特性和民族国家的建立或和任何国体的建立，都不具关联，古希腊人便是一例。有人甚至会辩称，具有最强烈、最持久的所谓"部落"族群意识（tribal ethnicity）的民族，它们抗拒的不止是强加其上的近代国家、近代民族或其他类似的认同，而是任何与邦国有关的组织。比方说，散居在阿富汗地区的普什图人、1745 年之前的苏格兰高地人，以及阿特拉斯山区的柏柏尔人等等。

相对的，"民族"也可能是基于对某个政体的认同，虽然从民众的眼中看来，他们可根据族裔（和语言）把它切割成一块块，而这也的确是事实。比方说，1809 年在霍费尔（Andreas Hofer）*领导之下起而反抗法国入侵的"神圣提罗尔人"，不仅包括日耳曼人和意大利人，还包括和法国一样同属拉丁语系的拉亭语族人（Ladinsch）。[1] 又如我们所熟知的，瑞士的民族主义乃是涵括多族裔的。所以，如果我们预设居住在山区的希腊人，是基于民族主义才在 19 世纪 20 到 30 年代起而反抗土耳其统治。我们可别忘了，在那场独立战争中，最英勇的战士并非希腊裔，而是阿尔巴尼亚裔的述利奥提人（Suliotes）。此外，近代的民族主义运动，很少是奠基在强烈的族群意识之上，虽然它们往往在民族运动开始展开之后，会特别强调种族主义的诉求。简言之，我们毋需对顿河地区哥萨克骑兵在保卫神圣俄罗斯之地时，并没有考虑他们的族裔背景或其族源一事感到惊讶。事实上，他们这么做实在是明智之举。就像其他地区的农民战士一样，他们的族源原本就是混杂不清，无从追究。在他们之中，有乌克兰人、鞑靼人、波兰人、立陶宛人以及大俄罗斯人等等。将他们团结在一起的，并不是血缘，而是信仰。

---

* 霍费尔乃提罗尔地区的英雄人物，是一位旅馆老板，热爱提罗尔并效忠哈布斯堡统治者。1805 年提罗尔割让给拿破仑指定的巴伐利亚邦选侯，霍费尔在哈布斯堡大公鼓动下，于 1809 年发动革命反对巴伐利亚，并将之逐出提罗尔。可是同年签订的申布仑条约，又将提罗尔归还给巴伐利亚。次年被人出卖给法国，遭处决而亡。——译者注

1. John W. Cole and Eric R. Wolf, *The Hidden Frontier: Ecology and Ethnicity in an Alpine Valley*, New York and London 1974, pp. 112—113.

　　难道说，族群或"种族"对近代民族主义不曾发挥丝毫影响吗？答案当然是否定的，因为不同种族的生理差异显而易见，难以忽略，因此自然会经常被用来当作分别"我们"跟"他们"的指标，从而加强了双方之间的差异性，包括民族差异在内。有关这种生理上的差异，只有三点需要特别说明。首先，这种差异可分为两种，一是"水平区隔"，一是"垂直差别"。而在近代民族主义兴起之前，这种差异多半是用来分隔社会阶级的高下，而非用来辨识不同的族群。不幸的是，在历史上，人们最常用肤色的深浅来划分社会阶级，而且通常是肤色较淡者拥有较高的社会地位（比方说，在印度便是如此）。虽然大规模的外来移民以及社会流动，都会让原有的社会阶级变得更加复杂，甚至还可能全盘颠倒旧社会的阶级体系。因此，"正确的"种族划分一定是随着"正确的"社会地位而来，和实际的生理外观无涉。以南美安第斯山区的国家为例，一旦当地的印第安人成为低层中产阶级的一分子，他们就会被社会归类成"麦斯蒂索人"（mestizos）或"乔洛人"（cholo，即印第安人和西班牙人或葡萄牙人所生的混血儿），不论他们的外表特质如何。[1]

---

1. 反之，当人们不知道某人的社会阶级时，比方他或她是从乡下移居城市，那么，人们就会完全以肤色来判断对方的出身，从而降低了他或她原有的社会地位。在 20 世纪 60 到 70 年代的秘鲁，许多刚爬升到乔洛阶级的乡间子弟，纷纷进城就读大学。他们在城里便碰到上述情形，这种不满的感觉遂成为利马（Lima）学生激进运动的普遍原因。这是林奇（Nicolas Lynch）针对圣马可大学学运领袖所作的研究结果，在此谢谢他允许我援用这项资料。

第二，从外观上"看得到"的族群差异，往往都带有负面的味道，是用来区别"他们"和"我们"的不同。正因为如此，才会形成人尽皆知的种族刻板印象（像"犹太人的鼻子"）；而殖民白人也才会如同色盲般，无视于被殖民者的肤色差异，一律把他们称之为"黑"人。"对我来说，他们看起来都一样"这句话，显然是认为所有不同于自己的人都具有一模一样的特质，比方说，黄皮肤，吊梢眼。因此，人们总是一厢情愿、理所当然地认为某个"民族"的人，必然会具有某种族裔特征，即使最不具观察力的人都看得出事实并非如此，但这种偏见还是很难打破。反之，对"我们"这个民族而言，我们深知在同一国籍之下，其实存在着许多不同，包括肤色、体型、身材及外貌；即使大家都有着共同的外貌，比方说，都有一头黑发，但还是会有其他的不同点。不过，在"他们"眼中，我们却是"完全一样的"。

第三，这类负面的族裔性对"民族主义原型"的影响微乎其微，除非它能融入国家的传统中，比方说，像中国、韩国或日本，其组成分子的同质性之高，在历史上倒是相当罕见的。[1] 在这些国家当中，族裔认同和政治效忠显然是紧密相连的。例如明朝在中国历史上占有相当特殊的地位，

---

1. 在今天，日本、韩国和朝鲜的民族单一度都高达百分之九十九，中华人民共和国则有百分之九十四的汉人。这些国家大多都在其历史疆界内发展。

自从它在 1644 年被推翻之后，反清复明始终列在民间秘密会社的目标纲领上。民间会社之所以致力复明，是因为明朝不同于它的前朝和后朝，是纯正的汉族朝代。然而即使是这般明显的族裔认同，对近代民族主义的兴起，也只有非常小部分的贡献。对拉丁美洲的印第安人而言，自西班牙人建立殖民政权以来，他们便深刻且明确地感受到他们与白人和麦斯蒂索人之间的族裔差别，更何况西班牙人还通过有系统的制度把这种差异转变成种姓制度。[1] 不过就算如此，我们还是不曾听说印第安人曾经因此发起民族主义运动。除了印第安知识分子的讨论之外，我们很少能在一般人民当中感受到泛印第安（Pan-Indian）情感。[2] 同理，撒哈拉以南的非洲居民和那些淡肤色的外来征服者之间，最大的不同点，便在于他们的肤色较深，而这也正是凝聚其抗外意识的主要动力。其实所谓的"黑人意识"早

---

1. 最标准的著作首推 Magnus Mörner，*El mestizaje en la historia de Ibero-América*，Mexico City 1961；亦 可 参 考 Alejandro Lipschutz，*El problema racial en la conquista de América y el mestizaje*，Santiago de Chile 1963，特别是第五章。

2. 主要例外是秘鲁对古印加帝国的缅怀，这种情感曾造成古印加神话流行一时，并推动了地方性的文化复兴。参见 Juan M. Ossio A.（ed.），*Ideologia mesiánica del mundo andino*，Lima 1973 以及 Alberto Flores Galindo，*Buscando un Inca：identidad y Utopia en los Andes*，Havana 1986。不过，根据 Flores 对印第安运动及其支持者的研究，我们可以清楚地看出以下三点：其一，印第安人起而反抗麦斯蒂索人，基本上是社会运动；其二，他们的运动尚未出现民族主义含义，毕竟直到第二次世界大战之后，安第斯山区的印第安人仍不知道自己身处于秘鲁国境中；其三，当时的本土知识分子对印第安人也是知之有限。

就普遍存在了，不只在知识分子和精英阶层中才看得到，凡是由黑肤色的被统治者借大众集会来挑战淡肤色的统治者时，黑人意识便会再次得到提升。显然，其中一定有政治力的运作痕迹。因为光靠"肤色意识"并不足以推动建国，即使是在加纳和塞内加尔这两个其创建者笃信泛非主义（Pan-Africanism）的国家亦然。此外，肤色意识也不能使他们摆脱欧洲殖民的影响，因为日后非洲各国的版图，几乎就是根据欧洲殖民地的行政区划而来。

接下来，我们要重新回顾 17 世纪顿河哥萨克骑兵愿意为神圣俄罗斯战死沙场的原因：亦即宗教，以及王国或帝国。

宗教跟民族意识的关联可谓相当密切，波兰和爱尔兰便是最著名的两个例子。尤其是在民族主义已形成一股强大的民众力量之后，宗教与民族意识的密合度，会比它还停留在意识形态或少数人的活动时，来得更紧密。就像激进的犹太复国主义者，在他们重回巴勒斯坦犹太屯垦区（Palestine Yishu）后，除了以犹太教圆帽显示其民族精神之外，更喜欢当众吃火腿三明治，就像今日的以色列狂热分子一般。而近代阿拉伯各国的民族主义跟伊斯兰教紧密结合的结果，却令少数信仰基督教的阿拉伯民族非常尴尬，比方说，科普特人（Copts）、马龙派信徒

（Maronites）*以及希腊的天主教徒，这些民族可说是埃及和土属叙利亚民族运动的先驱。[1]爱尔兰的民族主义运动，也和阿拉伯各国一样，与宗教结合在一起。不过，我们不需要对这种现象大惊小怪，因为宗教原本就是人类用来团结力量、交流心灵的最古老组织之一。通过共同的仪式和兄弟之情，宗教便可以将完全没有共同性的人群集结在一起。[2]甚至有些宗教教义还以建立特定群体为诉求，比方说，犹太教便是一例。

不过，对"民族主义原型"而言，宗教的影响力是相当复杂的，至于对近代民族主义，宗教有时反倒是持保留态度，甚至演变成质疑"民族"是否有权垄断所有国民忠诚的最佳利器。通常，部落宗教（tribal religion）因为规模太小，所以很难为近代民族运动所用，反倒经常成为抵制民族扩张的力量。另一方面，盛行于世界的各大宗教，多半是兴起于西元前6世纪到西元7世纪之间。这些信徒众多的大教所宣扬的教义，几乎都强调其普世性，因此，

---

* 科普特人为古埃及人后裔，亚非语系一员，亦指埃及基督教徒。马龙派为叙利亚基督教徒，属罗马天主教，但具浓厚东方仪式色彩，因受阿拉伯人排斥，多移居黎巴嫩山区。——译者注

1. George Antonius, *The Arab Awakening*, London 1938; Maxime Rodinson, *"Développement et structure de l'arabisme" in his Marxisme et monde musulman*, Paris 1972, pp. 587—602.

2. Fred R. Van der Mehden, *Religion and Nationalism in Southeast Asia: Burma, Indonesia, the Philippines*, Madison 1963.

其诉求往往是融合，融合各族裔、各语言、各政体。帝国时期的西班牙人和印第安人，以及独立之后的巴拉圭人、巴西人和阿根廷人，都是罗马天主教的忠实子民。我们无法借由宗教把他们区分成不同的群体，也就是说，罗马天主教的信仰已将他们连成一体。所幸，强调普世性的宗教也会相互竞争，所以，居住在宗教边境的居民，便有机会可以接触到其他宗教，并选择另一种宗教作为其族裔象征。比方说，我们可以用东正教、东仪天主教（Uniate）及罗马天主教的信仰来区分俄罗斯人、乌克兰人以及波兰人。也许中国的例子也可以说明这种现象，我们可用信仰儒教（Confucianism）或其他宗教（主要是佛教，伊斯兰教次之），来辨识中华帝国和其边境四周成半圆形散居的弱小民族。不过无论如何，我们都应特别注意跨国宗教的普及度到底对宗教族群的认同造成什么样的限制，尤其是对那些已经发展出民族主义的地区。当然，并不是所有的跨国宗教都会对宗教族群的认同造成限制，而就算是在具有这种事实的地区，宗教通常也只能把某个民族和它的某些邻族，而非所有邻族分隔开来。比方说，宗教可以使立陶宛人有别于崇信路德教派的德国人和拉脱维亚人，有别于信仰东正教的俄罗斯人和白俄罗斯人，然而却无法把他们和波兰人分隔开来，因为波兰人也是狂热的天主教徒。在欧洲只有民族主义高涨的爱尔兰最特别，因为他们的邻族除了新教徒之外，别无其他，因此他们便可以以宗教作为本族的认定标准。[1]

　　然而，宗教族群认同的确切含义是什么？这种认同又是如何产生的呢？我们可以在人类的历史上，找出一些宗教族群的例子，这些族群会把特定的族群宗教放在第一位，并以此作为自己跟邻族或其他国家的区别标准。比方说，不管是信仰祆教（Zoroastrianism）的伊朗人或日后成为伊斯兰教什叶派（Shiite）信徒的伊朗人，都有他们自成一格的神学之路。爱尔兰人要到他们不愿继英格兰人之后加入宗教改革的行列，才开始坚持他们对天主教的信仰，尽管新教徒大量涌进并强行抢夺他们最好的田产，仍无法迫使他们改信新教。[2] 英格兰跟苏格兰的教会基本上都是政治性的，虽然，苏格兰也是正统加尔文教的代表。也许威尔士人正是受到民族主义启蒙，才会在 19 世纪上半叶集体皈依为反对国教的新教徒，而这正是现今民族宗教研究的最新焦点所在。[3] 反之，我们也可以清楚地看到，不同的宗教也可能造成民族分裂，从而创造出两个不同的民族。

---

1. 在 19 世纪，由于狂热信徒和宗教冷漠者及无神论者之间有着明显区别，遂使民族与宗教有更多携手合作的机会。于是，天主教会才会开始同情布列塔尼人、巴斯克人和弗兰德斯人。

2. 在北爱尔兰的安特里姆郡（Antrim），人们相信，只要掬一把泥土，便可知道这个地方住的是新教徒或天主教徒。

3. Cf. Gwyn Alfred Williams, *The Welsh in their History*, London and Canberra 1982; "*When was Wales?*", London 1985.

以下的例子便是最佳明证。拥有共同语言及文化的克罗地亚人跟塞尔维亚人，之所以会一分为二，便是因为其中一个信仰罗马公教（因而以拉丁文解读教义），另一个信仰东正教（因而以西里尔文解读教义）之故。不过，也有一些显然具有某种民族主义原型的民族，却被各式各样的宗教信仰所割裂，例如阿尔巴尼亚这个和威尔士差不多大小的地方，却有着远超过正常数量的宗教派别（包括伊斯兰教、东正教和罗马公教的各个派别）。最后，我要强调一点，无论宗教认同感有多强，我们仍无法确定宗教认同是否能靠它自身的力量，发挥类似民族主义的作用？当代人通常喜欢将这二者混为一谈，因为我们对多族共居的国家形式已不再熟悉，在这样的国度里，各宗教社群都能享有相当的自主权，以类似自治的方式并存在同一个政权之下，像奥斯曼土耳其便是一例。[1] 再者，我们也无法肯定，巴基斯坦乃是印度伊斯兰教徒的民族运动产物，虽然它的确可视为是对"全印度民族运动"（all-Indian national movement）的一大反弹，因为笃信印度教的印度人，并未能关照到伊斯兰教徒的特殊性，诸如他们的感受和宗教仪式等，都没有受到印度人的平等尊重。虽然处于近代这个民族国家的时代，分裂国土似乎是巴基斯坦人不得不做的选择，然而

---

1. 有关奥斯曼帝国的自治系统，参见 H. A. R. Gibb and H. A. Bowen, *Islamic Society in the West*, Oxford 1957, vol. I, pt. 2, pp. 219—226。

我们仍无法清楚地确知，伊斯兰教联盟（Muslim League）心中所想的分离政权到底是什么样子，即使是在最后阶段；我们也不敢肯定要是没有真纳（Jinnah）的强力推动（他是不折不扣的伊斯兰教民族主义者，虽然他并非狂热的宗教信徒），伊斯兰教联盟是否会坚持主张分裂国土。*我们只能确定，一般伊斯兰教徒的思考是社群式的而非民族式的，因为他们不知道民族自决的概念是否合乎安拉的真理及教诲？

　　毫无疑问，现今的巴基斯坦人和孟加拉人一样，会认为自己是一个独立（伊斯兰教）民族的一员，只是在不同的时期处于不同的政权之下。我们也无须怀疑，波斯尼亚的伊斯兰教徒，最终也会产生自己的民族性，因为统治他们的政府就是把他们当成是一个特殊民族对待。不过，再怎么说，这类民族运动的例子，其实都是已成"既定事实"之后的发展。诚然，伊斯兰教徒的宗教认同非常强有力，不过，在广大的伊斯兰教世界中，除了伊朗之外，却没有任何"民族主义原型"或民族运动是具有明确的伊斯兰教特质。至于今天那些因反抗以色列或中亚地区而发展出来的民族运动，则另当别论。简言之，宗教跟"民族主义原

---

* 事实上，印巴分治主要是英国实行"分而治之"政策的结果。1947 年英国
　政府根据"蒙巴顿方案"把英属印度分为印度联邦和巴基斯坦两个自治
　领。——译者注

型"或民族主义认同之间的关系，仍然是相当复杂而难以辨明的。我们最好不要随便妄下断语或以偏概全。

然而，就像盖尔纳所说的：[1] 一旦人民跟某个大型文化产生结合，特别是与深具学识教养的文化结合之后——这种结合往往是通过对某种世界宗教的皈依——它便能逐渐累积出这个族群的资产，有助于日后民族的形成或组建。在盖尔纳看来，非洲显然是最有资格以这种方式进行族群联结的地区。比方说，在非洲霍恩（Horn of Africa）地区，崇信基督教的阿姆哈拉人（Amhara）*和信仰伊斯兰教的索马里人，就觉得他们很容易结合成"国家民族"（state peoples），因为他们认为彼此都是熟读"圣书的民族"；虽然在盖尔纳眼中，二者所崇信的圣书，内容不仅完全不同，其所宣扬的教义甚至还相互敌对呢。乍听起来这似乎很合理的，可是我们还是想弄清楚：皈依基督教，对撒哈拉以南非洲这种近似群众民族主义的特殊政治现象，到底具有多大的影响力？换句话说，它到底是如何影响1967年后的尼日利亚拜阿福拉（Biafra）分离运动，**以

---

1. Gellner, *Nations and Nationalism*, Oxford 1983.

* 阿姆哈拉人为埃塞俄比亚最大族群，主导全国的政治发展，信仰基督教。——译者注

** 拜阿福拉为尼日利亚南部伊博人居住的省份，1967年在东区军事总督、陆军中校奥朱古（Odemugwu Ojukwu）领导下，试图脱离联邦独立，从而引发内战，1970年兵败投降。战后，尼日利亚改变省制结构，以避免动荡延续。——译者注

及南非国民大会。

虽然宗教并不是"民族主义原型"的必备标帜（尽管对17世纪的俄罗斯人来说，宗教的确扮演相当重要的角色，尤其是在崇信天主教的波兰人与信仰伊斯兰教的土耳其人及鞑靼人的环伺下，就更为重要），可是圣像（holy icons）却是它的关键成分，就像它们在近代民族主义运动中所扮演的角色一样。圣像可说是象征、仪式或集体习俗的表征，它具现了想象中的共同体。圣像的内容包罗万端，有的是最常见的圣者与使徒肖像；有的是日常生活仪礼，比方说，伊斯兰教徒每日五次的祷告礼；甚至还包括仪礼中所诵念的经文本身，像犹太教的"以色列人呀，你们要留心听"等。圣像可能是用来纪念代表某个地域的圣徒，而这些地域都大到足以建立一个独立的民族国家，比方说，墨西哥的瓜达卢普圣母（Virgin of Guadalupe），或加泰罗尼亚的蒙斯特拉圣母（Virgin of Monsterrat）等。圣像也可能用来呈现某个可以使散居各地的团体欢聚一堂的大型节庆，比方说希腊的奥林匹克大会，加泰罗尼亚的诗的竞赛（Catalan Jocs Florals）和威尔士的学者的聚会（Welsh Eisteddfodau）等。*圣像有一个引人注目的共同点，就是

---

* "诗的竞赛"节庆始于1859年，是一项复兴加泰罗尼亚语的活动，至今仍在加泰罗尼亚各地举行。"学者的聚会"是威尔士音乐文艺节，始于7世纪，每年8月举行。1947年更发展成国际威尔士音乐节。——译者注

多半是描绘在五彩的布面上，比方说，各国的国旗便是一例。它们经常被用来作为近代国家的精神象征，在各种盛大的宗教仪式或节庆典礼上都可以看到。

若单以宗教为例，无论圣像的形式或本质是什么，对作为"民族主义原型"的精神象征来说，不是稍嫌宽广，就是太显狭隘。比方说，我们无法以圣母玛丽亚的形象来指天主教世界的某一块地方；可是具有地方性的圣母，十之八九都只是某个小地方的守护神，不足以发挥凝聚民族的功用。最能满足民族主义原型需求的圣像，显然就是那些特别能代表国家的图像，在民族国家尚未建立之前，这指的就是国王或皇帝的肖像。当国家统治者正好也是教会的领导人物时（比方说在俄罗斯便是如此），宗教和民族国家的象征便可借着这位政教领袖结合在一起；不过对英国跟法国的王室而言，尽管它们实行的是政教分离政策，但它们的王权仍具有高度神力。[1] 由于现今具有建国可能的神权政体为数不多，因此我们很难正确判断出，什么程度的神学权威才足以产生民族主义。这个问题如果要找比较接近西方世界的例子，或可交给研究中古亚美尼亚的史学家。若仅以 19 世纪的欧洲为例，光凭宗教的力量显然不足以激发民族建国意识，比方说，意大利的新教皇派（Neo-

---

1. 这个主题的经典研究首推 Marc Bloch, *Les Rois thaumaturges*, Paris 1924。

Guelphs）就发现，单以教皇国为号召，是不足以建立意大利人的民族主义，即使教皇国在事实上就是一种意大利人的机构，而且还是1860年之前唯一一个统辖所有意大利人的机构。由此得知，神圣教会也很难将自身的影响力从地方层级，提升至全国规模，更不用说要转化成鼓吹民族主义的机构，至少在庇护九世（Pius IX）当权的时候是无法达成的。所以，到底19世纪的意大利在罗马教皇的号召下，会造成什么样的团结，实在不劳我们费心钻研。

我们可以顺着这条思路继续探讨促成"民族主义原型"的最后一个因素，也是最重要的关键：对某个既存政体的认同感与归属感。[1] 最强有力的民族原型结合剂，无疑是19世纪所谓的"历史民族"（historical nation），尤其是那些会令人把它和其境内某一特定民族联想在一起的国家，例如大俄罗斯、英格兰或卡斯蒂利亚，这些国家已为日后的民族设好骨架。不过，在此我们必须分清楚"民族的历史意义"所造成的直接和间接影响。

"政治民族"（political nation）是最早用来指称民族成员的词汇，不过在当时可称之为政治民族的，通常都只限于该国境内的一小撮人，亦即权贵精英，或贵族士绅。

---

1. 我们切勿假定这种认同感系以同样的方式影响着境内所有群体，或可涵盖任何类似于现代"民族"的事务，或具有近代的国家意义。一般希腊平民所认同的是拜占庭帝国，亦即罗马帝国的一部分。

因为在法国贵族高喊：十字军东征乃"每一个法国人的骄傲"这句话时，他们根本不认为这场胜利和居住在法兰西境内的全体居民有任何关联，甚至不认为它和在 11 世纪末才逐渐成形的六角形法国国土上的任何一地居民有关。因为那些自视为法兰克后裔的贵族，根本就把他们统治下的人民，看作是遭法兰克人征服的人民后代。[不过，法兰西共和政府为宣扬民主政策，坚持把教科书上的法国祖先改成高卢人而非法兰克人。至于像戈宾诺伯爵（Count Gobineau）之类的反动派，为了要在法国大革命之后宣扬种族优生学及复辟思想，也一再主张法国人的祖先是高卢人。]就"民族性、政治效忠和政治体制这三大要素，已因社会政治意识和社群情感而结合在一起"这一点而论，这种"贵族民族主义"（nationalism of the nobility）当然可以被视之为民族主义原型。[1]对匈牙利和波兰这类国家而言，这类贵族民族主义便是近代民族主义的直系远祖。他们很容易就可以把马扎儿民族和波兰民族的概念，转换成圣史蒂芬国王所辖之地和波兰共和国，尽管就近代的民族定义看来，事实上这些地方的居民大部分都不是马扎儿人和波兰人。因为平民根本就没有被列入"政治民族"的范畴。平民就是平民，顶多是具有马扎儿和波兰血统的平民。

---

1. Jenö Szücs, *Nation und Geschichte*, Budapest 1981, pp. 84—85.

不过这里所谓的民族和我们今天所说的具有民族感的民族，是不一样的，千万别搞混了。[1]

　　显然，"政治民族"这个概念和词汇，最终有可能扩展成涵括境内所有居民的民族，不过，这要到民族主义者大力鼓吹之后，才会成为事实。进一步说，政治民族与近代民族之间的关联通常都是间接的。因为有相当多证据显示：某一王国辖下的子民，他们之所以会对国家及其人民产生认同，乃是通过对那位至高无上的统治者（国王或沙皇），或像"圣女贞德"这类人物的崇拜。因为一般农民不太可能会去认同一个由领主集团组成的"国家"，因为领主通常都是他们不满的主要根源。就算他们非常敬爱他们的领主并对其忠贞不贰，这种敬爱与忠诚也不可能扩及其他领主士绅。当然，他们也不可能对超过其家园之外的地区生出眷恋之情。

　　诚然，在民族时代来临之前，我们可以看到许多抵御外侮的例子，例如在 15、16 世纪的中欧历史上便屡见不

---

1. "作为'克罗地亚的政治民族'，贵族们定期借由地方行政组织和阶级会议，进行有系统的沟通，讨论各项议题并作出决策。不过这是一种不具'民族性'的民族——也就是不具民族意识的民族——因为贵族不会和其他克罗地亚族群认同，不会和克罗地亚族的农民和镇民认同。封建时代的'爱国者'，热爱的是其'父祖之地'，也就是他的领地、封号和'王国'。" Mirjana Gross, "On the integration of the Croatian nation: a case study in nation-building", *East European Quarterly*, XV, 2, June 1981, p. 212.

鲜，而这些例子也经常会被当代人视为是人民自发性的爱国行为。然而若以当时的意识形态观之，这种行为几乎都是基于社会和宗教情感，而非民族主义。特别是我们经常可以听到农民抱怨他们被贵族给出卖了，因为贵族本来就有"义务"该保护他们免受土耳其人侵害。难道贵族跟侵略者之间定有秘密合约？所以才会听任一般平民百姓像十字军一样，为维护信仰而跟异教徒决战。[1] 这类运动有时会在某种环境下，使一般人民凝聚出民族爱国情操，比方说，在信仰胡斯教派的波希米亚（Hussite Bohemia）——最原始的胡斯教义并不具有捷克民族意识——或在基督教国家的军事边境上。哥萨克骑兵正是最佳写照。然而如果当地欠缺强有力的国家传统作为骨架，这种爱国情操还是不可能发展成近代的民族主义。[2] 不过，这类爱国情操也不是旧政权所期望的。生活在旧政权底下的子民，除了特殊的军事义务外，只需恪守服从与安顺，并不需要展现对国家的效忠或热情。就在俄罗斯人快要把腓特烈大帝的资产给吞并之际，他依然拒绝柏林子民为他走上战场，因为他认为击退外侮是军人的职责，而非平民的义务。此外，我们也都还记得，当忠诚的提罗尔人发起游击起义时，皇帝法兰西斯二世（Francis II）的反应却是："今天他们会为爱国而拥护我，明

---

1. Szücs, *Nation und Geschichte*, pp. 112—125.
2. Ibid., pp. 125—130.

天他们就可能因爱国而反对我。"

无论如何，这种身为某个在历史上曾经存在或依然存在之国家一员的成员感，很容易被转化为民族主义原型。例如在英国都铎王朝时期，就曾出现过类似近代的民族情操。塞尔维亚人在19世纪之前也已经产生了原始民族主义般的情感，不过，原因并不在于他们是虔诚的东正教徒，并致力反抗崇信天主教及伊斯兰教的邻族；而是因为塞尔维亚人依然深深眷恋着那个已被土耳其人毁灭的"旧王国"。在他们的民歌与英雄故事中，尽是对旧王国的美好回忆，尤其在平日的宗教聚会中，他们一定会再三赞扬旧王国的历代君王，并把他们神圣化。此外，俄国沙皇显然也有助于凝聚俄罗斯人的民族认同。近代民族主义之所以不断以人民对国家传统的情感为诉求，就是为了把民族建立成领土国家。只是有些时候他们所诉诸的故国，却是远远超出人民的集体记忆之外。比方说，被亚美尼亚民族主义者选来作为认同的旧王朝，竟然是西元前1世纪的古王国；而克罗地亚的民族主义者，则自认为是尊贵的"克罗地亚政治民族"的后裔。通常在19世纪所出现的民族主义口号，都不足以代表一般平民在加入民族主义阵营之前对故国旧土的真实情感。[1] 当然，这并不表示我们应该否

---

1. 由于巴纳克未对这点做充分讨论，遂使他对克罗地亚民族问题的研究，少了些说服力。

123

认，在亚美尼亚人或克罗地亚人当中的确存在着初始民族
主义的认同，而日后的民族主义也可能是建立在这种认同
之上。

不过无论如何，在民族主义原型与近代民族主义之
间，并没有一脉相承的关联，如果有的话，也一定是人为
虚构出来的。例如犹太人的民族主义原型和现代的犹太复
国主义，根本不具任何直接关联。住在"神圣提罗尔之
地"的日耳曼居民，在 20 世纪都纷纷加入德国民族主义
者的行列，特别是一些人还顿时变成了希特勒最狂热的支
持者。研究这种转变过程的相关文献非常多，不过，却没
有任何研究者认为这种转变与 1809 年的事件有关，这年，
提罗尔人民曾在旅馆老板霍费尔的领导下，发起一次人民
起义，但即使是泛日耳曼民族主义者也不觉得这种民族主
义原型与他们的运动有何相关。[1] 所以，我们应该认清这
两者之间的不同，即使在二者看似凝为一体的时候，也不
宜把它们混为一谈。在 19 世纪初的希腊民族主义运动中，
知识分子与民族主义者无疑是想利用古希腊的光荣历史作
为建国号召，这种诉求立即获得在海外受过古典教育的古
希腊学者们的一致拥戴。日后的希腊国语，即纯正希腊语
（Katharevousa），便是由他们所制定。那是一种很顺畅的

---

1. Cole and Wolf, *The Hidden Frontier*, pp. 53，112—113.

语言，融合了古典希腊文与当代用语，其目的就是为了要彰显希腊人乃是地米斯托克利（Themistocles，古希腊的大将军）及伯里克利（Pericles，古希腊黄金时期的大将军与政治家）两位大英雄的后裔，如此方能挽救近两千年在异族奴役之下，被严重破坏的希腊遗产。不过，真正执起武器创建独立民族国家的希腊人，却甚少以古希腊语交谈，就像创建意大利国的意大利人甚少以拉丁文交谈一样。他们都是用现代希腊语来交谈或书写。至于伯里克利、埃斯库罗斯，欧里庇德斯，以及斯巴达与雅典的光荣过去，对那些创建希腊国的希腊人来说，并无甚紧要。他们也许曾经听过这些圣哲的名字，但是他们却不认为那些古人跟建国运动有何关联。此外，奇怪的是，他们反而比较拥护罗马而不是希腊（即他们自认是罗马子裔），也就是说，他们自视为"接受基督信仰的罗马帝国之子"（即拜占庭帝国之子）。他们是以基督之名和伊斯兰教徒奋力一搏，就像罗马人对抗土耳其人那般。

从希腊的例子看来，显然存在民族主义原型的地方，近代民族主义的进展便可较为顺利，即使二者之间有很大的差别亦无妨，因为他们可以以近代国家或近代诉求为名，来动员既存的象征符号和情感。不过，这并不意味二者是同一件事，更不表示这二者之间必然具有逻辑上的因果关系。

　　单靠民族主义原型是不足以创造出民族性、民族，更遑论国家。毕竟真正发动的民族运动数目，远小于有能力动员民族情感的群体数量，更远远比不上具有民族主义原型的社群数。就算我们把那些人数少得可怜的独立建国运动都包括在内，还是远落于后两者之后。这些迷你型的独立运动包括：1800 名马尔维纳斯群岛人争取民族自决的例子；7 万名为独立建国而奔走的撒哈拉居民，等等。我们必须同意盖尔纳所言，在今日居主流地位的民族主义意识形态，其实大都只是不切实际的幻象。各民族皆独立建国的世界是不可能存在的，在真实的世界里，那些宣称它们独具建国潜力的民族团体，会致力排除其他民族的建国可能，如我们所见，真能凭借民族主义原型建国的民族，也的确不多。如果光靠"民族主义原型"就足以掀起民族运动，那么像马普切印第安人（Mapuche）或艾马拉印第安人（Aymara）的民族主义运动，早就可以宣告独立成功了。也就是说，假使这类民族主义运动会在他日兴起的话，其背后必定有其他的促成因素。

　　第二，拥有民族主义原型基础，对激发前仆后继的民族建国运动，显然是有利的，有时甚至不可或缺，虽然前者不足以直接导出后者。然而一旦国家已经创建成功，民族主义原型就不再是国家忠诚和爱国心的必备条件。就像我们早就观察到的：民族通常都是建国过程中的产物，而非建国的根基。美国与澳大利亚便是民族国家的最佳范例，早在 18 世纪末，这两个地区的所有民族特性及构成民族的要件，都已明确建立，然而在一个受人尊敬的国家成立之前，这两个民族都是不存在的。反过来说，我们也必须谨记：并不是国家建立了，民族内涵就会应运而生。

最后，我还要再次提醒一句。对于一般较不善于表达意见的男男女女，我们很少有机会得以了解他们对民族主义或民族国家的看法，而这种看法显然与他们对忠诚的认定有关。他们在过去的情形如何，甚难理解，将来的变化也不易掌握。基于这个原因，"民族主义原型"跟民族运动的关联，便始终停留在暧昧不明的情况。比方说，到底民族主义原型能否导引出国家爱国主义或民族情操？纳尔逊（Nelson）在特拉法尔加（Trafalga）之役前夕，曾对其士兵说道：英国期望每一位兵卒都能殚尽他们的职责，我们都知道纳尔逊这句话的含义是什么，可是我们却不确知纳尔逊的手下是怎么理解这句话，即使我们没有理由否认他们当中应该有人会把它解释成爱国心。同样，我们只知道，民族主义政党和民族运动都把一般民众的支持解读为对民族主义的赞同；可是我们却不知道，这群消费者在购买那些政治推销员摆在他们面前的"套装杂货"时，他们到底想从中得到什么。有时我们可以确知哪些东西是他们不想要的——例如对爱尔兰人来说，以盖尔语为国语就不是他们想要的——可是我们却无法知道他们默默赞成的是什么。我们经常会犯如下错误：就是根据人民没有修过的课程或没有做过的测验来给他们打分数。

假使我们像民族主义者或民族主义政府经常做的那样，以"愿为祖国牺牲"作为爱国心的指标，那么我们便会期待威廉二世（William Ⅱ）与希特勒等人的士兵，表现得比18世纪受皇室雇用的赫斯人（Hessians）更好，因为我们认定前者会为了响应民族主义而战，后者则不会为民族主义所动。然而情况真是如此吗？威廉二世和希特勒的士兵会比第一次世界大战的土耳其士兵更英勇吗？这些土耳其士兵可从来都不曾被看作民族爱国者。或者说，他们会比廓尔喀人更效死沙场吗？这些廓尔喀人显然不曾为民族主义所动，不管是英国或尼泊尔的民族主义。我提出这些看似荒谬的问题，目的并不是要大家来解答或研究，而是为了提醒大家：围绕在民族主义四周的烟雾实在太浓了，以至于置身在其中的男男女女，甚难分辨自己的民族意识究竟为何，尤其在近代民族主义一跃成为举世的政治势力中心之后，情况更是如此。以大部分的西欧民族为例，这种态势要到19世纪末才会出现。总之，人类未来会作怎样的抉择其实相当清楚，不清楚的是他们的选择内容。

第三章

政府观点

现在且让我们将注意力从基层民众，转移到法国大革命之后的主政阶层，来进一步探讨民族及民族主义。

近代国家的特征可以说是从法国大革命时代形成的，其中虽有不少是沿袭自16到17世纪欧洲的君主政权，但许多部分仍可说是前所未有的新现象。譬如说，近代国家的统辖范围（是一完整而不可分割的疆土）系根据受其统治之子民所居住的范围而定；近代国家皆具有明确疆界，与邻国的领土壁垒分明。在政治上，国家系对其子民进行直接统辖，中间不存在任何统治者。近代国家在其领土范围内，尽其所能地直接对子民行使宪法、行政或法律命令。不过，在法国大革命之后，国家便不再对子民宣扬宗教或世俗意识形态。此外，近代国家必须时时关注臣民或公民的意见，因为它们据之成立的国家体制，已赋予公民合法发言权，公民可通过选举议员或代议人，来表达民意、影响政策。另一方面，国家也需要获得国民的普遍支持方能巩固政权于不坠，因为人民乃税收和军队的主要来源。简言之，近代国家所统治的，是一群根据领土界定的"人民"，它以"民族"最高代理机构的身份进行统治，并将其势力伸至境内最偏远角落的村民身上。

到了19世纪，国家对人民的干涉，已深入日常生活的各个层面，而且也变得愈来愈制度化。因此，若有任何家庭想要脱离国家机关的干预，就必须远离人群，独居在人迹罕见之地，方有可能。他们得摆脱邮差、警察、宪兵以及学校老师；得躲开国营铁路的公务人员；更别提处处可见的军营和不时换防的部队。此外，近代国家更通过定期户口普查（19世纪中叶之后更加普及化），将每一个国民的基本资料详加登录，并强迫国民接受义务教育与兵员征召。它们通过庞大的基层组织及警政网络，将每一个国民的资料一一建档管理。所以，每一个国民都直接受到国家机关管辖，尤其在国民要从一地迁徙至他处时，更能直接感受到国家对个人行动的管理与牵制。从前由教会主持的人生重大仪式，在近代国家兴起后，便一一被国家公务机关所取代。人们在面对生老病死的种种问题时，除了得经历情感上的喜怒波折，还必须到国家机关办理各项登记：出生、结婚，以及死亡等等。这些不定时的登记与更新，可以补定期户口普查之不足。于是，政府跟每一个国民都建立起紧密关系，人民生活中的每一环节都跟国家公务息息相关，而这种密不可分的关系是前所未有的。此外，由于 19 世纪快速进展的交通与通讯革命，特别是铁路与电报系统的日新月异，即使是最偏远地区的国民，也都被紧拉在中央政府的制度之网中。

如果暂且将国家与地方精英之间的关系变化搁置不论——基本上，这种关系都是朝中央集权稳定发展[1]——从国家与统治阶层的观点而言，上述转变带来了两大政治问题。第一个问题是：国家亟须设计一套新的政府形式，以便克服技术困难，有效地管理国民，使每一个成年公民（意指男性），其实应该是所有国民，无分性别与年龄，都能直接受到政府的管辖与监督。在此，我们所关心的是：国家如何建立一个包含无数单位的行政机器；以及在这些国家机构的公务往来过程中，自然会碰到的语言（包括文字与口语）沟通问题。如果国家能致力消除文盲，让每个国民都能读书识字，就更能有效推动国家政令。当然，在近代国家机器刚建立的时候，公务人员和国民总数之间的比例，还相当悬殊。1910 年左右，约维持在 1∶20，之后，两者间的差距便愈来愈趋接近，这表示国家机关正不断扩

---

1. 这种牺牲地方、集权中央的趋势，可从下列事例中看出：独立的爱尔兰国会遭废除，波兰国会自治权被取消，由拥有霸权的普鲁士主导前"日耳曼联邦"，并成立由单一民族组成的国会，意大利转型为中央集权体制，西班牙建立了全国性的警察体系等等。实行中央集权的各国政府如英国等，只有在中央当局的允许下，地方才拥有自主权限。在 1914 年前，欧洲只有瑞士是唯一的联邦政府。

大其编制，不断从一般国民中招募人数渐增的公务员。奥地利在 1910 年共雇用 70 万名公务员；法国在 1906 年雇用了 500 万名公务员；1907 年的德国，雇用了 150 万名公务员；1907 年的意大利，也雇用了 70 万名公务员。[1] 在这些国家当中，公务员便占了识字人口的绝大多数。

第二个问题的政治性更强。指的是公民效忠问题，或说人民对国家及统治体系的认同问题。当人民和世俗统治者开始直接接触之前，统治者不需要考虑一般男性子民的效忠或认同问题，女性当然就更不用说了；要不，也可以通过宗教或社会阶级这类现成的中介组织（愿上帝保佑我们的老爷和他的社会关系，好让我们可以保住我们现有的地位）——这类组织关系多半在革命的年代遭废止或削弱——以及次于最高权威的自治单位或组织，来确保人民的效忠。这些机制就像是介在国王与人民之间的屏风，可以让国王看起来更像道德与正义的象征。这种人民与统治者之间的关系，就像子女对双亲的忠诚，或如女人对丈夫的顺从一般。而在经过 19 世纪 30 年代革命洗礼后的法国和比利时，以及 1832 年改革法案通过之后的英国，该地的古典自由主义者则借着将政权局限在有资产且受过教育的男性公民手中，来规避一般公民的认同问题。

---

1. Peter Flora, *State, Economy and Society in Western Europe 1815—1975*, vol.1, chapter 5, Frankfurt, London and Chicago 1983.

可是从 19 世纪下半叶开始，民主化浪潮已愈涨愈高，不断冲破以往对选举权的限制。至少自 1880 年起，不论在什么地方，我们都可以明显看出，享有公民参政权的男子（除极罕见的例外，女子仍被排除在参政权外），已不是必然会效忠其长上或其统治者。这种情形在新兴阶级身上特别明显，因为他们尚未形成属于该阶级的效忠传统。因此对国家和统治阶级而言，如何打败诸多竞争对手，赢得公民的效忠，就变成非常实际的问题。

与此同时，近代战争已经明确指出，国家愈来愈需要仰赖一般公民的支持，这种仰赖的程度堪称史无前例。无论该国采用的是募兵还是征兵制，国民的从军意愿，都是政府在作人力规划时最重要的考虑因素之一，当然，一般国民的战斗能力，不管是生理或心智上的，也绝不可忽视。因此各国都已针对这些因素进行有系统的调查，其中最著名的便是英国在布尔战争之后，所进行的大规模国民"体能恶化"调查。如何提高公民为国牺牲的精神，已成为政府的战略内容之一。正是基于这个理由，英国在 1914 年前，才非常不愿意削减其海军军力，以加强对欧陆战场的人力投注，因为海军还负有维持英国粮食运输的重要功能。一般国民的政治态度，特别是劳工大众对政治情势的反应，都攸关国家利益，在劳工及社会主义运动崛起之后，情况更是如此。很显然，政治民主化的两大成效：一是选举权（男性）范围日益扩大，另一则是公民动员对近代国家的影响日愈明显，都有助于将"民族"问题，也就是一般人民对"民族"的归属感和效忠问题，变成最首要的政治议题。

对统治者而言，这不仅是取得新合法性的问题，虽然在新政权创建之后，建立新的合法性，原本就是统治者必须去解决的问题；而不管"人民"或"民族"认同的定义是什么，都可以顺带解决政权的合法性问题，且不失为简便又符合时尚的做法；对那些强调主权在民的国家，这种认同更是国家合法性的唯一根据。还有什么因素比民族认同更能赋予那些不曾存在过的王国合法性，例如希腊、意大利及比利时等，更能赋予那些始终处于分裂状态的帝国合法性，如 1871 年前的德意志帝国。即使是历史悠久的古国，也需要民族认同来增强，理由有三。其一是在 1789 到 1815 年间，这些古国几乎都经历过快速的政治变迁——后拿破仑时代的瑞士，在许多重要方面，都可以说是一个新国家。其二，这些国家长久以来用以维系人民效忠的力量，诸如王朝的合法转移，君权神授，政权的悠久历史，或宗教的凝聚力等，都已告衰微。其三，自 1789 年后，政权的传统合法性都面临前所未有的挑战。

这种情形在君权国家身上最为明显。为了挽救革命带来的危机，这些君主国家必须将其合法性建立在"民族"的基础上，乔治三世（George III）治下的英国和尼古拉一世（Nicholas I）治下的俄国便是显例。[1] 君权本身也努力在适应这种历史潮流。

然而，如果以君权国家能否将"民族"整合进既存体制之内，来作为判定传统国家能否在革命的年代之后继续延续下去的指标，那么，16 和 17 世纪欧洲所发展出来的君权世袭制，显然跟"民族"完全没有任何关系。事实上，欧洲的君权国家在 1914 年时（当时几乎所有欧洲国家都是在君权统治下），乃是由一群借通婚联姻而结成的王室家族所主政，他们所隶属的民族（假使他们自认为有的话），和他们所统治的国家完全无关。艾伯特亲王（Prince Albert）是维多利亚女皇的夫婿，但他却以德国人的身份写信给普鲁士国王，因为他认为德国才是他的祖国，虽然，毫无疑问，他在政治上代表的是大英帝国。[2] 20 世纪末的跨国企业，显然更习于在其发迹母国拔擢领导人才，或是

---

1. Linda Colley, "The apotheosis of George III: loyalty, royalty and the British nation", *Past & Present*, 102, 1984, pp. 94—129. 乌瓦洛夫伯爵（Count Uvarov）在 1832 年向沙皇政府提出建议，指出政府不应该只把权力基础建立在贵族王权和宗教正统上，还应奠基于民族主义之上。参见 Hugh Seton-Watson, *Nations and States*, London 1977, p. 84。

2. Cf. *Revolutionsbriefe 1848: Ungedrucktes aus dem Nachlass König Friedrich Wilhelms IV von Preussen*, Leipzig 1930.

在其企业总部的所在地寻找领导者，不像 19 世纪的民族国家，总是在有限的亲属关系中，选择它们的国王。

从另一方面来说，后革命时期的国家，无论是否是在世袭君王的统治之下，都必须跟"民族"保持一种"有机关系"，这里的民族指的是全体居民的集称。他们或通过国家体制或借由政治转换，使自己成为动员公民的主体。就算是国家尚未面临严重的合法性挑战，其凝聚力也未遭到严重破坏，然而光是旧有的社会政治纽带已告松弛一事，就已经迫使国家必须建立新的公民效忠形式（即卢梭所谓的"公民宗教"），并把它灌输给人民，因为其他有可能成为公民效忠对象的组织，如今也都具有政治表达能力。在这个革命、自由主义、民族主义、民主化或劳工运动蜂起的时代，哪一个政权能高枕无忧呢？崛起于 19 世纪最后 20 年的社会学，正是以国家的社会政治整合为核心。不过，国家之所以需要"公民宗教"（即爱国情操），最主要还是因为国家所需要的公民动员，已超过公民被动所能给予的。就像纳尔逊在特拉法尔加会战前夕，在爱国歌曲中告诉其士兵的："英国期望每一位兵卒都能殚尽他们的职责。"

假使国家无法在国民被其他政治福音吸引之前，就使他们皈依"公民宗教"，那么，国家便将失去这些人民。在格拉德斯通（Gladstone）看来，英国早在 1884 年到

1885 年的民主选举中，就失去了爱尔兰，因为爱尔兰所选出的国会代表，全都是天主教徒，都是爱尔兰（民族主义）政党。爱尔兰之所以当时还留在英国，是因为其民族成分中包含"大不列颠"民族主义；大不列颠民族主义始于 18世纪，至今仍困扰着许多正统民族主义理论家。[1] 哈布斯堡帝国可说是一群"爱尔兰"的集合体，不过显然没有爱尔兰那么幸运。在它们之间有一个关键性不同，哈布斯堡帝国是奥国小说家慕席尔（Albert Musil）笔下的"卡卡尼亚"（Kakania，这两个 K 分别代表德文的"帝国"与"王室"缩写），爱尔兰则是奈恩（Tom Nairn）笔下的"乌卡尼亚"（Ukania，U 在此意指联合王国）。

完全以国家为基础的爱国主义，通常都具有强大的影响力，因为以领土及公民为根基的近代国家，必然时时会将居民牵扯进国家事务当中，并可为人民描绘出一幅合理的"远景"，这幅远景是独一无二的，是针对人民的生活设计的，也是命定的。虽然这种爱国主义存在的时间不过数十年，绝不会超过人的一生，然而却已足够让人民与新成

---

1. 关于英国的民族意识演进，参见 Raphael Samuel（ed.），*Patriotism: The Making and Unmaking of British National Identity*, 3vols., London 1989, 特别是 Linda Colley, "Whose nation? Class and national consciousness in Britain 1750—1830", *Past & Present*, 113, November 1986, pp. 97—117 以及她的 "Imperial South Wales" in Gwyn A. Williams, *The Welsh in their History*, London and Canberra 1982. 有关大不列颠民族主义所引发的困惑，参见 Tom Nairn, *The Enchanted Glass: Britain and its Monarchy*, London 1988, part 2。

立的民族国家产生最基本的认同。若非如此，那么，崛起
于伊朗的什叶派原教旨主义（Shia fundamentalism），应
该也能在伊拉克激起广大回响，就像它在黎巴嫩什叶派当
中所产生的影响一样。因为伊拉克境内绝大多数的非库尔
德族伊斯兰教徒，和伊朗人信仰的是同一个教派。[1] 可是要
在美索不达米亚一带，建立主权独立的世俗国家，却是相
当晚近的想法，至少是在犹太人建立领土国家之后。另一
个例子更能说明这种爱国情操的强大影响，即芬兰人在 19
世纪对沙皇帝国的效忠不二。事实上，的确是 19 世纪 80
年代的俄罗斯化运动（Russification），才使芬兰人兴起反
俄浪潮。事实上，当俄罗斯人对罗曼诺夫王朝的记忆已所
剩无几的时候，沙皇亚历山大二世（Alexsander II，一位
伟大的农奴解放者）的雕像，至今仍骄傲地矗立在赫尔辛
基广场上。

　　也许有人会进一步辩称：爱国主义最原初、最革命性
的概念，乃是以国家为基础而不是以民族主义为基础，因
为这种概念系来自主权人民，也就是说，国家是以人民之
名来行使治权。因此，无论是族群特性或历史渊源，都与
这里所谓的"民族"无关，语言也只有在实用层次上才与
"民族"有关。"爱国者"的本意，乃是深信"吾国，无论

---

1. 高压统治使得伊拉克无法表达他们对什叶派的同情；另一方面，伊朗革命军
的短暂成功入侵，似乎对此也无所助益。

对错"之人的反称，若根据约翰逊博士（Dr Johnson）的反讽式说法，指的是"蓄意捣乱政府的党徒"。[1] 严格说来，爱国者一词的最早使用者，应该是美国独立时期的先贤以及 1783 年的荷兰革命，[2] 而法国大革命继承了先贤的这个用词，并用它来形容那些企图通过革命或改革，来表达他们对国家之爱的人们。而他们所效忠的"父祖之国"（patrie），并不是现存或先前存在的国家，而是经由人民的政治选择所创建的"民族"，这些人民借由民族的创建，打破或至少是疏离了他们与旧权威的关系。来自朗格多克（Languedoc）、道芬尼（Dauphine）及普罗旺斯（Provence）的 1200 名国民军，于 1789 年 11 月 19 日在瓦伦斯（Valence）附近相遇，他们立誓效忠"民族、法律与国王"，并宣称自此之后，他们便不再是朗格多克人、道芬尼人或普罗旺斯人，而是法国人。更具意义的是，来自阿尔萨斯、洛林以及弗朗什孔泰（Franche Comté）的国民军，也在 1790 年的类似会议中作出上述决议。这几个地区纳入法国的时间还不到一百年，此举正式使这几个地区的居民转变成名副其实的法国人。[3] 就像拉维斯

---

1. Cf. Hugh Cunningham, "The language of patriotism, 1750—1914", *History Workshop Journal*, 12, 1981, pp. 8—33.

2. J. Godechot, *La Grande Nation：l'expansion révolutionnaire de la France dans le monde 1789—1799*, Paris 1956, vol. 1, p. 254.

3. Ibid. I, p. 73.

（Lavisse）所言：[1] "民族意念，所有事物皆由其而来。"这正是法国对人类历史的最大贡献。"民族"是其未来公民审慎选择的政治产物，这种革命性概念，完整呈现在美利坚合众国身上。他们希望自己能成为美国人。至于法国人的 "民族" 概念，也不因为它系根据公民自决（套用勒南的话 "每日公民自决的结果"），就失去其基本的政治特性。法国的民族性也就是其公民性：族群特性、历史渊源以及语言（或家中所说的方言），都与这种 "民族" 的概念无涉。

在这个定义下，民族乃是全体公民的集称，他们拥有的权力使他们与国家利害相关，因此，公民才会真心觉得国家是 "我们自己" 的。更有甚者，这种民族并不只是革命产物，也不限于民主政体，虽然那些保守的反革命势力，要到很久之后才认识到这一点。这正是为什么 1914 年的交战各国，会如此惊讶地发现：他们的子弟兵居然会在爱国情操的号召下，冲锋陷阵，勇赴战场，虽然为时相当短暂。[2]

所谓的政治民主化，就是把从前的子民（subject）转化成近代的公民。在这种过程中，经常会激发出强烈的民

---

1. Cited in Pierre Nora（ed.），*Les Lieux de Mémoire II: La Nation*，Paris 1986，p. 363.
2. Marc Ferro，*La Grande Guerre 1914—1918*，Paris 1969，p. 23；A. Offner，"The working classes, British naval plans and the coming of the Great War"，*Past & Present*，107，May 1985，pp. 225—226.

粹意识，而且这种民粹意识很难和民族意识或沙文主义式的爱国情操区别开来，因为"我的"国家，自然会比别人的国家好，尤其是当这个别人根本不具有公民的真正权利和自由时，他的国家自然更比不上"我的"。可是汤普森（E. P. Thompson）笔下"生而自由的英国人"，亦即从未沦为奴隶的 18 世纪英国人，他们的情形显然和法国极不相同。这种不同并不意味他们更支持统治阶级或政府，相反，他们的效忠程度可能更值得怀疑，因为压迫这些下层阶级的，正是统治阶级和政府，而不是外国人。世界各国的劳工阶级都在 1914 年前 10 年间，陆续兴起了属于他们自己的阶级意识，这种阶级意识意味着他们已开始提出其《人权宣言》的要求，也开始成为爱国情操的动员对象。政治意识或阶级意识的普遍觉醒，意味着他们对"父祖之国"的观念愈来愈重视，例如法国的雅各宾主义以及英国的宪章运动，到后来所强调的都是爱国情操。大多数的英国宪章派，既反对富人，也反对法国人。

为什么民粹主义和雅各宾主义会这么容易就转变成爱国主义？因为不管在客观条件或主观心态（这点在工人阶级身上尤为明显）上，他们都觉得人民大众是次要的。在这两派势力发达的国家里，宣扬爱国主义的政治口号，往往都是出自统治阶级与政府之手。在工人当中形成的政治与阶级意识，教导他们争取并实践其公民权。然而可悲的是，当工人学会坚持其公民权的同时，这种公民权也提高其为国征战的意愿，促使他们热烈地投入第一次世界大战那场世纪屠杀之中。我们要特别注意，这场世纪大屠杀的交战各国，并不只是用盲目的爱国主义来号召大众，更不是光用男子气概或英雄主义来进行宣传，而是直接诉诸市民大众的公民权观念。各交战国都把战争形容成一场保卫家园的神圣战役，他们都把外国人丑化成外侮与侵略者，会使国人遭受重大损失。他们强调战争的目的，不仅是排除外侮，同时也可借此进行社会改造，以改善国内贫困公民的生活。

如此一来，在民主化的过程中，连带也解决了国家与政权在其公民眼中的合法性问题，尽管公民对国家与政府未必满意。民主化一再加强甚至创造了国家爱国主义。然而，民主化的影响力还是有其限度，尤其是当爱国主义棋逢对手的时候。在当时，以公民大众为诉求的势力已愈来愈多，它们的动员能力也愈来愈强，国家已不再是唯一足以动员公民大众的力量。在诸多挑战者中，独立于国家政权之外的民族主义，可说是其中最重要的一支。如同我们在历史上所看到的：民族主义所能动员的群众，不仅人数愈来愈多，而且规模也愈来愈大。尤其是在 19 世纪的后三分之一，民族主义的野心已直逼国家政体，甚至威胁到政权安危。人们经常指出，正是在国家的现代化过程中，这些对抗势力才能相继崛起，甚至被创造出来。民族主义在国家现代化过程中所扮演的角色，已经是近来学者的讨论重点。[1] 姑且不论民族主义跟 19 世纪的欧洲国家之间到底具有什么关系，在当时，国家都是把民族主义视为独立的政治势力，完全不同于国家爱国主义，而且是必须与它取得妥协的势力。一旦国家能顺利将民族主义融入爱国主义当中，能够使民族主义成为爱国主义的中心情感，那么，它将成为政府最强有力的武器。

这当然有可能付诸实践，因为要把个人对小家园的真挚情感，转化成对国家民族的爱，并不困难。我们从"pays""paese"和"peublo"这些字义的演变过程中，就可以清楚地看到这个趋势；而"patrie"一词在 1776 年的《法兰西学院字典》中，也只具有地方性的含义。"法国人的家乡指的只是他的出生地。"[2] 唯有在脱胎换骨成为"人民"（people）之后，一国的公民才可能结成共同体，虽然只是个想象的共同体。而共同体成员才会开始去找寻各种共同特征，以作为公民的通性。比方说，共同的地域、习

---

1. 例 如 Karl Deutsch, *Nationalism and Social Communication. An Enquiry into the Foundations of Nationality*, Cambridge MA 1953 和 Ernest Gellner, *Nations and Nationalism*, Oxford 1983 便是两本极佳的作品。Cf. John Breuilly, "Reflections on nationalism", *Philosophy and Social Sciences*, 15/1 March 1985, pp. 65—75.

2. J. M. Thompson, *The French Revolution*, Oxford 1944, p. 121.

俗、个性、历史记忆、符号与象征等。此外，构成这个"民族"的不同部分、不同地区和不同地方的传统，也都会被收编为全民族的传统，就算其中的某些成员至今仍是世仇，他们早年的恩恩怨怨，也都会在更高层次的民族主义协调下，达成最终的和解。斯科特（Walter Scott）在苏格兰这块充满厮杀的英雄必争之地，这块染满高地人与低地人的鲜血，写满国王与教会之权谋的土地上，打造出单一的苏格兰民族，而他之所以能完成这项工作，正是靠着不断强调他们以往的分裂之苦。一般而言，每一个民族国家都得在其实际的建造过程中，解决一项理论难题。拉布拉什（La Blache）在其 1903 年的名著《法国地理概论》（*Tableau de lagéographie de la France*）一书中，[1] 把这项难题简述为："如何把一块既不是岛屿也不是半岛，也无法在地理上自成一个单位的地表小碎片，提升成具有政治意义的国家，最终更成为人民的父祖之国。"任何民族，即使是中等大小的民族，都必须在这种与民族显然无关的地理基础上，建造起团结共荣的一体感。

只要有可能，国家和政权都该把握每一个机会，利用

---

1. 该书是著名的多部头巨著《法国史》的第一册，该书由拉维斯主编，是实证科学和共和意识形态的集大成者。此外还可参见 J.-Y. Guiomar, "Le Tableau de la géographie de la France de Vidal de la Blache" in Pierre Nora（ed.），*Les Lieux de Mémoire II*，pp. 569ff。

公民对"想象的共同体"的情感与象征，来加强国家爱国主义。证诸历史，当政治民主化进展到必须"教育我们的国家主人""创造意大利人""把农民教养成法国人"，或把所有事物都囊括在民族与国旗之下的时候，也就是可以轻易动员民众的民族主义，或各种排外情绪，乃至假科学之名的种族优越论的时候。1880 年到 1914 年期间，出现了规模空前的国内外移民潮，帝国主义扩张，以及日渐升高的国际对抗，终致以第一次世界大战为结果。凡此种种，都加深了"我们"与"他们"之间的差异。再没有比共同抵御外侮，更能使处于焦虑不安状态下的人群团结起来。一般人根本不用费力去了解何谓"国家享有内政的最高指导权"，就可以起而响应政府号召人民去抵御外侮的总动员令。相对的，再也没有比国际冲突更能激起双方的民族主义。1840 年的莱茵争端，便在法国与德国激起了非常相似的民族主义口号。[1]

很自然，国家会运用日益强势的政府机器来灌输国民应有的国家意识，特别是会通过小学教育，来传播民族的

---

1. 在法国，"自然疆界"说非常盛行，而这个属于 19 世纪的名词和当时的历史迷思正好相反，参见 D. Nordmann, "Des Limites d'état aux frontières nationales" in P. Nora ed., *Les Lieux de Memoire II*, pp. 35—62。至于在德国，1840 年秋天的公开战役，促使"近代德意志民族主义迸发成群众运动"，这次动员也首度引起贵族及各国政府的注意。参见 H.-U. Wehler, *Deutsche Gesellschaftsgeschichte 1815—1845/49*, vol. II, Munich 1987, p. 399。这次运动也产生了一首类似国歌的歌曲。

意象与传统，要求人民认同国家、国旗，并将一切奉献给国家、国旗，更经常靠着"发明传统"乃至发明"民族"，以便达成国家整合的目的。[1] 当代学者便经常举奥地利的政治发明为例，来说明上述意图。奥地利政府在 20 世纪 20 年代中期下令小学要教唱新编国歌，想借此凝聚前哈布斯堡帝国残存下来的少数几个省份——其他地区有的独立了，有的被归入其他国家——的向心力，培养其国家之爱，并激发他们的爱国情操。可惜不太成功，因为这些居民的唯一共同点，便是他们都想并入德国。《日耳曼奥地利》（German Austria）这首奇怪而寿命短暂的国歌是如此开场的："山川壮丽，吾爱所系"，如大家所熟悉的，接下来便是以旅游者般的口吻介绍奥地利的地理，从阿尔卑斯山的溪流冰河，到多瑙河谷、维也纳等，并再三强调，这个新生的奥地利，乃是"我的家乡"。[2]

虽然政府的确是有意识、有技巧地全面进行这项意识形态的制作工程，可是我们不应就此误以为这纯粹是由上而下的人为操作。因为唯有当这项工程是建立在现成的、

1. E. J. Hobsbawm, "Mass-producing traditions: Europe 1870—1914" in E. J. Hobsbawm and T. Ranger（eds.）, *The Invention of Tradition*（Cambridge 1983）chs 7. Guy Vicent, *L'Ecole primaire française: Etude sociologique*（Lyons 1980）, ch. 8: "L'Ecole et la nation", esp. pp. 188—193.
2. 这首国歌后来被另一首国歌取代，新国歌以较笼统的方式描述其地理位置，而特别强调他们的日耳曼民族性，强调他们乃上帝的子民。

非官方式的民族情感上，才有可能获致最大成效。不管这种非官方的民族主义是民间的仇外情绪或我族沙文主义，还是中层或下层中产阶级的民族主义。"根"这个字，就像"武力外交"（jingoism）一样，最早都是出现在群众集会的大厅或广场上。[1] 这种情感并不是政府创造出来的，政府不过是把它挪用过来，并促使它不断成长罢了。打个比方，政府并非魔法师，只是魔法师的徒弟。最好的状况是，它们无法完全掌控这股被它们召唤出来的魔力；最糟的下场则是玩火自焚。了解这一点，下面这种情形便不难想象。当1914年的英国政府或说英国统治阶级，致力将英德宣战之后，国内一片高涨的反德情绪善加组织之际，却意外地迫使英国皇室更改其王姓，将德国味非常重的盖尔夫（Guelph）改成味道没那么重的温莎（Windsor）。这种浮现于19世纪末年的民族主义形态，和国家爱国主义并没有任何基本共同点，即使是当它们结成一体时亦然。因为民族主义的根本效忠对象，并非"这个国家的原版"，而是经过某种改写后的版本：亦即意识形态所建构出来的国家。

要把爱国主义与所谓"非国家式的民族主义"（non-state nationalism）结合在一起，得冒相当大的政治风险，因为这两者的结合，将会使民族国家的判别标准变得

---

1. Gérard de Puymège, "Le Soldat Chauvin" in P. Nora（ed.）, *Les Lieux de Mémoire II*, esp. pp. 51ff. "沙文"的原意似乎是：对攻占阿尔及尔感到骄傲。

广泛而笼统。比方说，它可以泛指法兰西共和国的所有公民（这种标准等于把非国家民族主义的标准完全排除在外），也可以指法兰西共和国境内会说法语的公民，或不只是要会说法语，还得是金发长颅的法国人才够格。[1] 如果要把非国家民族主义注入爱国主义之中，就得承担相当高的风险，因为爱国主义一旦与境内某个特定民族认同，就意味着与其他民族的疏离，这些民族或是拒绝被同化，或是被排除在外。毕竟欧洲没有几个国家能像葡萄牙那样，称得上是名副其实、和谐一致的民族国家。虽然葡萄牙在中古以至19世纪末年，仍然是由许多有资格称之为部族（nationalities）的团体所组成，但由于这些部族并不具备与官方强势"民族"竞争的条件，也不具有足够强大的人口，因此它们都积极寻求与强势民族的语言和文化进行同化。

一旦国家与境内某个民族结合在一起，就有可能招致反民族主义的风险，而这种风险极可能在国家的现代化过程中，转变成事实。因为现代化国家意味着拥有均质性和标准性的居民，而国家通常会利用共同的书写式"国语"，来达成这项目标。共同的书写文字除了有助于国家直接管

---

1. 关于法兰西民族主义辩论中最强烈的种族主义因素，可参见 Pierre Andre Taguieff, *La Force du prejugé: Essai sur le racisme et ses doubles*, Paris 1987, pp. 126—128。若要探究社会达尔文主义式的种族主义，可参考 Günter Nagel, *Georges Vacher de Lapouge*（1854—1936）. *Ein Beitrag zur Geschichte des Sozialdarwinismus in Frankreich*, Freiburg im Breisgau 1975。

理数量庞大的人民，同时也是科技和经济发展的必备条件。因此政府必须提高人民的识字率，中学教育也逐渐被纳入义务教育的范畴。如果国家要在这种规模上运作，它势必会和公民进行直接接触，于是问题就产生了。例如基于实用目的，大众教育势必得以各地的方言进行，只有人数有限的精英教育，才可以采用那种大众无法解读的语言，或诸如拉丁文、古波斯文或中国文言文之类的"古文"。又如在行政或政治的最高层级之间，它们可以使用一般民众完全不理解的语文进行运作，例如匈牙利贵族在1840年之前，就是以拉丁文商讨国会事务，而印度国会至今采用的仍是英语。然而到了选举开始的时候，由于一般人民也享有民主投票权，选举造势活动当然得采用方言。随着经济、科技和民主政治的发展，可在大众之间进行沟通的口语显然是不可或缺的，尤其是在电影、广播以及电视相继兴起之后，大众语言就更加重要了。于是那些最初为让不同语族之人得以沟通而设计的"混合语"，或作为教育之用的文化语，便成为全国性的语言媒介：例如北京话、印尼语，以及菲律宾语。[1]

---

1. 有关菲律宾的语言问题可参见 "Land of 100 tongues but not a single language", *New York Times*, 2 December 1987。至于语言社会学的通论，可参看 J. Fishman, "The sociology of language: an interdisciplinary social science approach to language in society" in T. Sebeok (ed.), *Current Trends in Linguistics*, vol. 12, The Hague-Paris 1974。

　　如果官方完全是以实用方便的原则来选定国语，那么
问题就简单多了。只要选一种最多人使用或最便于大家沟
通的方言，来作为一国的国语即可。奥匈帝国皇帝约瑟夫
二世，就是基于实用原则，选择德语作为他那个多民族帝
国的官方语言。甘地在独立之前，也是基于这种考虑，打
算以北印度语作为印度建国之后的国语，虽然他的母语是
古加拉特语；至于 1947 年实际建国之后，之所以改用英
语为官方语言，则是基于另一层实际情势，因为英语是当
时最不容易引起反对的共通语。在理论上，多民族国家的
语言问题，应该是可以解决的，例如哈布斯堡帝国从 1848
年之后，就致力于解决国内语言问题，政府下令提升人民
"共通语言"（Umgangsprache）的层次，并赋予其正式的
官方认可。当某种语言仅限于某地使用，或尚未出现文字，
表示这种语言只是传统的乡居生活用语，因此发生冲突的
可能性就很低。在哈布斯堡帝国境内，当德国人和捷克人
的冲突达到最高峰时，我们仍可看到如下文章：

　　　　在我们这样一个由多民族所组成的国家里，我们
　　认为，即使不是公职人员，而是像商人、技师和工人
　　这类人民，都应该至少会说两种语言才好。农民就比
　　较无所谓，因为乡居生活可以自给自足，自成一个单
　　元，不需要和外界进行太多沟通往来。直到今天为止，

村民的生活形态依然如故，绝大多数的村夫村妇并不晓得：邻近的乡村说的竟是完全不同的语言！因为他们之间甚少有机会交流。例如波希米亚和摩拉维亚两地的村民（分属不同的民族），虽然共享同样的经济和社会条件，但是他们却完全不了解对方所说的语言。而在不同语言相接壤的地区，这样的情形几乎历数世纪不变。尤其是因为村民普遍行内婚制，再加上村民享有优先承购土地的权利，因此大大限制了外来移民进入村落定居的可能。若有极少数的新移民迁居进来，也都会很快被当地习俗所同化，进而整合到原有的社会秩序中。[1]

可是，"国语"问题很少只被当作实用问题看待，相反，它通常都会引发强烈情绪。就像很多人至今仍然无法接受国语乃是人为建构出来的事实，是人们借着附会历史或发明传统所创造出来的。[2]自1830年后，语言在民族主

---

1. Karl Renner, *Das Selbstbestimmungsrecht der Nationen in besonderer Anwendung auf Oesterreich*, Leipzig and Vienna 1918, p. 65. 这本书是再版，改写自 *Der Kampf der österreichischen Nationen um den Staat*（1902），作者是奥地利马克思主义者，也是摩拉维亚农夫之子。
2. "诸多语言群体发明各种神话或谱系，来说明他们惯常使用的语文起源、发展以及标准化的通用语法，并强调他们的语言是拥有悠久传统的。这样一来，就可以忽略掉这种语文是近代才出现的事实……无论是哪一种语法，只要能和某一类意识形态、民族运动或历史传统相联结，就能取得其历史地位。" 参见 J. Fishman, "The Sociology of Language", p. 164。

义者的宣传中，可能是任何东西，但绝不可能是实用而不带感情的工具，这种情形一直延续至 19 世纪末。对他们来说，语言乃是民族灵魂所在，而且，就像我们即将会看到的，语言在日后更成为决定民族的重要标准之一。比方说，在德国人跟斯洛文尼亚人共居的采列［Celje（Cilli）］地区，若要为当地的中学选用授课语言，就绝对不能只考虑行政上的方便与否。（的确，这个敏感问题在 1895 年时，便曾在奥地利政坛上，掀起一场政治风暴。[1]）除了少数幸运者外，几乎所有的多民族国家都深知语言问题的爆炸性。

所有尚未和国家产生认同的民族主义，都必然会酿成政治问题，甚至引发强烈震荡。因为当部族有可能演变成"民族"，或当这个部族的存在可以阻挡历史淘汰或同化时，政府就必须出面推行操作机制。如我们所知，"语言民族主义"始终是与公共教育和官方所用的语言有关。波兰人、捷克人和斯洛文尼亚人，自 1848 年起，就不断主张应把他们的语言纳入"公职与学校"用语之列。[2]在威尔士，语言民族主义引发了下列问题：除英语之外，学校是否也该以威尔士语教学？还是干脆只要用威尔士语教学；该不该赋予威尔士语最高语言地位；路标和街道名称该用哪种

---

1. W. A. Macartney, *The Habsburg Empire*, London 1971, p. 661.
2. P. Burian, "The state language problem in Old Austria", *Austrian History Yearbook*, 6—7, 1970—1971, p. 87.

文字；电视频道等公共媒体是不是该一律以威尔士语发音；地方议会的辩论和议事录登载，要不要都改用威尔士语；甚至驾驶执照或水电申请表，是只要用威尔士语呢？还是该两种语言并用？或分开核发，如此等等。一位民族主义者如此写道：

> 当威尔士语尚无传承安危之虞，伊旺（Emrys ap Iwan）就已有先见之明，呼吁要将威尔士语提升成官方语言，并列为学校教育必授的语言课，以便让威尔士语能长存下去。[1]

各国政府已经发现：他们必须去谋求解决"民族原则"所引发的新问题及新病症，即使他们无法将民族主义挪为己用，也得解决国内日益升高的民族问题。这一章的最好结语，显然是去辑录欧洲各国对"语言民族主义"的态度演变，详述从19世纪中叶以来，各国政府如何处理语言及民族问题。欧洲各国的态度演变，也许可以从专家的辩论中，也就是政府统计专家的辩论中，寻出端倪。这些专家企图把该国历年来的普查资料，加以统一整理并予以标准化。自19世纪中叶以降，人口普查已成为世界各"先

---

1. Ned Thomas, *The Welsh Extremist: Welsh Politics, Literature and Society Today*, Talybont 1973, p. 83.

进"国家例行的行政工作。于 1853 年召开的第一届国际统计学大会，其中心议题便是：是否应把"口语"纳入普查范围？以及口语对民族和民族归属究竟有何影响。

这个问题最早是由比利时人奎特莱特（Quetelet）所提出，他不仅是当代统计学的创始者，同时他所身处的国家，早已因法语和佛兰芒语的冲突，引发诸多政治纷扰。1860 年，国际统计学大会正式议决：各国可自行决定是否要把语言问题列入普查项目，它们也可自行决定语言到底具不具有"民族"意义。到了 1873 年，国际统计学大会开始建议各国务必要将语言问题纳入全国普查之中。

在这些统计专家最初的想法里，普查资料无法确立个人的"民族归属"，除非这里的民族归属指的是法国人的用法，亦即国家公民权。就国家公民权这个意义来说，语言与民族归属是无涉的，虽然在事实上，拥有法国公民权的人就是讲法语的人，而其他接受这种定义的国家，例如马扎儿，其境内也只有一种语言受到官方承认。不过，法国人大可独尊法语而忽略其他语言，可是马扎儿人就难仿效，因为该国会说马扎儿语的国人仅勉强过半而已，因此，他们发现他们得将另外几近半数的国人称作"不说马扎儿语的马扎儿人"。[1] 就像希腊人把他们从马其顿霸占得来的当

---

1. K. Renner, *Staat und Nation*, p. 13.

地居民，称为"说斯拉夫语的希腊人"一样。简言之，所谓与语言无关的民族认同，其实是戴着独尊一语的假面。

显而易见，民族归属的问题实在太过复杂，无法单用语言来加以界定。哈布斯堡帝国的统计学家对处理民族归属与语言的问题，比起其他各国的统计学家都来得有经验，他们有如下看法：第一，民族性并非个人特质而是群体特质；第二，这个问题必须把"地理位置、区界以及气候条件都纳入研究范围，此外，还要包括人类学及民族学对该民族的生理及人文研究，并从内在外在一并探讨该民族的风俗习惯与典章制度等等"。[1] 维也纳统计学会（Vienna Statistic Institute）的前任所长格莱特博士（Dr. Glatter），甚至更进一步指出：是种族而非语言，决定了个人的民族归属。

不过，无论如何，民族归属实在是一大政治难题，不是统计专家能够完全了解的。民族归属问题和"口语"当然有某些关联，尤其自 19 世纪 40 年代以降，语言更日益卷入国家的领土争端之中，丹麦和德国之间的石勒苏益格-荷尔斯泰因（Schleswig-Holstein）事件，便是最著名的例子。[2] 不过要到 19 世纪之后，语言问题才成为国家领土争

---

1. Emil Brix, *Die Umgangsprachen in Altösterreich zwischen Agitation und Assimilation. Die Sprachenstatistik in den zisleithanischen Volkszählungen*, *1880—1910*, Vienna-Cologne-Graz 1982, p. 76. 文中所采用的统计数字，主要便是来自此书。

2. Cf.Sarah Wambaugh, *A Monograph on Plebiscites*, *With A Collection of Official Documents*, Carnegie Endowment for Peace, New York 1920, esp. p. 138.

端的后盾。[1]1842 年时，《两个世界杂志》(Revue des Deux Mondes) 就已指出：“真正的自然疆界，并不是靠山川来决定的，而是靠语言、风俗习惯、民族记忆等因素来决定，因为这些因素才是民族的区别标准。”这个论点显然是用来解释法国人不应该企求以莱茵河作为德、法两国的自然疆界；就像“尼斯方言和意大利语只有八竿子才打得着的远亲关系”这句话，替加富尔将部分萨伏依王国（Kingdom of Savoy）领土让渡给拿破仑三世之举，提供了合法借口。[2]事实证明，至今在国际外交上，语言依然扮演着举足轻重的角色。同时在某些国家，它也是十分棘手的内政问题。甚者，在圣彼得堡举行的统计学大会，更明白宣称：语言是所有决定民族归属的条件当中，唯一可以客观计量和表格化的指标。[3]

圣彼得堡年会不仅将语言纳为决定民族归属的指标，同时还接受一位德裔统计学家的意见，他在 1866 年到 1869 年间，陆续发表了诸多影响深远的研究报告，说明“语言才是决定民族归属的唯一指标”。[4]这个观点长久以来

1. Nordmann in P. Nora (ed.), *Les Lieux de Mémoire*, *II*, p. 52.
2. Ibid., pp. 55—56.
3. Brix, *Die Ungangsprachen*, p. 90.
4. Richard Böckh, "Die statistische Bedeutung der Volkssprache als Kennzeichen der Nationalität", *Zeitschrift für Völkerpsychologie und Sprachwissenschaft*, 4, 1866, pp. 259—402; the same, *Der Deutschen Volkszahl und Sprachgebiet in den europäischen Staaten*, Berlin 1869.

一向是日耳曼知识分子及民族主义者的共识；即使德国在
当时尚未建立统一的民族国家，而散居欧洲各地的日耳曼
人民说的也还是各地的德语方言，只有知识分子才说写标
准德文。可是上述主张并不一定意味着：必须把所有讲德
语的人口全都纳入单一的民族国家当中，事实上这是完全
不切实际的想法，以往如此，今后亦然。[1] 如果以柏克的纯
哲学观点视之，我们实在看不出语言到底蕴藏了什么样的
共同意识和文化含义。因为根据柏克的说法，说意第绪语
（源自中古德语方言）的东欧犹太人，也应该算是德国人。
无论如何，我们已经看到以语言为依据要求重划国界之举，
1840 年的德国之役，便是以语言为由，反对法国要求以莱
茵河作为两国国界。无论语言究竟具有什么含义，在政治
上它显然都是不容轻忽的。

　　然而语言究竟是如何被看待？在人口普查中，语言不
过是类似于出生地、年龄和婚姻状态之类的中性资料，但
这种表面上的意义，已愈来愈无关紧要。在当时人们眼中，
语言代表政治选择。例如奥国统计学家菲克（Ficker）便
拒绝接受公共语言，因为他认为公共语言乃国家或政党强
加于个人身上的，可是其法籍和匈牙利籍的同僚，却认为

---

1. 甚至连希特勒也认为日耳曼人有两种：其一是德意志帝国辖下的子民，其二
　是住在德国境外的日耳曼民族。不过后者可自由决定是否要"回归"，即回
　到德国统治之下。

公共语言无任何不妥。基于同样的理由，菲克也反对教会及学校使用某种特定语言。不过，由于哈布斯堡帝国的统计学家深受 19 世纪自由主义影响，所以他们想为语言的消长变迁多预留一些空间，好让它们有更多机会进行同化。因此他们在进行语言普查时，问的并不是他们最初从母亲那儿学来的语言，而是家人平时交谈的语言，这两种语言有可能是不一样的。[1]

　　不管是民族主义者还是政府，显然都不会同意"语言等于民族"这种说法。对民族主义者来说，这无疑是把语言和民族之间的关系给绑死了，也就是说，如果某个人在家里说的是某种语言，那他就不能选择与其他民族认同；对各国政府来说，尤其是对哈布斯堡帝国而言，这更是个烫手山芋，自是避之惟恐不及。不过，不管是政府或民族主义者，显然都低估了这道等式的自我增温能力。例如哈布斯堡帝国认为在 19 世纪 60 年代并不适合举行语言普查，因为当时国内的民族情绪显然是有点超温，但它允诺将在 1880 年举行这项调查，因为它预计到那时民族情绪应该已经可以冷却下来。几乎没有人警觉到：光是语言普查本身，就足以招致语言民族主义兴起。每一次普查都变成民族主义者较劲的战场，而国家当局为满足敌对政党所

---

1. Brix, *Die Umgangsprachen*, p. 94.

作的细心规划，也变得愈来愈不具效果。他们只是留下一堆可满足史学家需要的公正无私的学术资料，例如1910年奥地利和比利时的普查。事实上，语言普查是有史以来第一次强迫个人必须对其民族归属作出唯一的选择，而且，还是以语言为标准的民族归属。[1] 普查原本是近代国家在行政管理上的技术需求，然而却再一次助长了民族主义的浮现。接下来，我们就来看看民族主义的变化与发展。

---

1. Brix, *Die Umgangsprachen*, p. 114.

第四章

民族主义转型：1870—1918

　　一旦欧洲的发展臻于某种程度，数世纪以来静静发展成熟的语言与文化群体，便会开始浮现，世界不再是由被动的斯民所组成。他们开始清楚地意识到：自己已成为历史的主宰力量。他们要求掌握国家行政大权，成为左右政权的最高机制，并为他们的政治自决权奋战。这种民族政治理念与新意识，皆诞生于1789年，也就是法国大革命那年。[1]

　　在法国大革命两百年后的今天，任何一位严谨学者，应该都不会认为上述引言只是神话学的练习之作。这段引言看似"民族原则"的具体陈述，民族原则曾纵横于1830年后的欧洲政坛，促成一连串新兴国家建立，但这些国家多半只实现了马志尼的半句口号，"每个民族都是国家"（every nation a state），至于另外半句"一个民族只有一

---

1. K. Renner, *Staat und Nation*, p. 89.

个国家"(only one state for each nation)，[1] 还始终停留在口号阶段。上述引言具有五大特点：第一，强调语言与文化群体，而这正是 19 世纪的新发明；[2] 第二，强调民族主义胜于"民族"，也就是强调激使人们勠力同心建国的动力，而非在既存国家中寻找民族认同；第三，强调民族的历史感及历史使命；第四，强调民族主义与 1789 年法国大革命的渊源；第五，修辞上充满夸饰与模糊。

乍一看，很多人会误以为上述引言是马志尼所写，事实上，它却是出自一位摩拉维亚的马克思理论家之手，旨在探讨哈布斯堡帝国所面临的民族难题，而且成文时间距 1830 革命已有 70 年之久。换句话说，或许不少人会把上述引言误以为是 19 世纪 30 到 70 年代主导全欧的"民族原则"，不过事实上，它代表的是比较晚期的欧洲民族主义发展，而且是不同于民族原则的新发展。

盛行于 1880 年到 1914 年的民族主义，和马志尼时代的民族主义有三大不同之处：第一，曾是自由主义时期民族主义核心要素的"门槛原则"已遭扬弃。也就是说，任何一群人只要自认是一个民族，便有权在他们居住的领土上享有独立的国家主权，并拥有自己的政府，全权治理国

---

1. K. Renner, *Staat und Nation*, p. 9.
2. Cf. Th. Schieder, "Typologie und Erscheinungsformen des Nationalstaats" in H. A. Winkler (ed.), *Nationalismus*, Königstein im Taunus 1985, p. 128.

家；第二，对这种"不具历史渊源"（unhistorical）的民族而言，它们自然会以族源、族裔特性以及语言等因素，作为决定民族归属的重要指标，甚至演变成唯一指标；第三，虽然所谓"非国家民族主义运动"（non-state national movement）势力愈来愈庞大，政治野心也愈来愈难餍足，但民族主义的第三项演变主要是与既存国家的民族情感有关：这些老牌国家的民族情感在 19 世纪最后 10 年迅速右转，成为右派政治人士挥舞的大旗——"民族主义"一词最初就是用来指称这种右派民族主义。前引言所阐述的是第一及第二种民族主义，与第三种转变大不相同。

为何要到 19 世纪末，族裔和语言才成为公认的界定民族的重要标准，甚至主导因素？主要原因有三。第一，发生在 19 世纪前半叶的两起大规模"非国家民族主义运动"，在本质上都是通过知识分子所使用的高级文化与上乘文学语言，将分属不同国界地域的人民，凝聚成同一个民族。对德国人跟意大利人来说，他们的民族语言并不只具有方便国家行政、有助全国沟通的功能而已。它们的角色类似于 1539 年之后的法语，法国政府在该年宣布以法文取代拉丁文作为官定语言；类似大革命之后的法语，可赋予国民自由、科学及进步等人类真理，可保障他们的平等公民权，并可防止旧制度复辟，亦即类似于雅各宾党人眼中的法语。[1] 语言绝对不只是经典文学或知识分子用来表现自我的工具。民族语言是唯一能使他们成为德国人或意大利人的凭借，并可借此导出深厚的民族认同。对德国或意大利的中产阶级知识分子而言，语言是他们能否建立统一国家的核心要素。不过在19世纪前半叶，这种情形在欧洲尚不多见。波兰与比利时在当时曾陆续要求独立建国，但都不是以语言为诉求；起而反叛奥斯曼帝国，终至建立数个独立小国的巴尔干居民，也从未打出语言这项号召。甚至英国的爱尔兰独立运动，也跟语言无关。相反，唯有在民族自决问题（相对于文化认同）尚未浮上台面，或人们还没认真考虑独立建国的地方，该地的语言运动才会酿成严重的政治问题，例如捷克就是一例。

　　第二，由于受到18世纪晚期横扫全欧的浪漫主义影响（特别是受到德国知识分子的影响），欧洲各国都掀起

---

1. "属于这个国家的每一个国民，都享有担任各项公职的权利；最好的方法，便是让大家都能轮流担任公职，然后再各自重返以前所从事的行业，如农业或工业。然而摆在我们眼前的，却是如下选择：假使出任公职者无法用国语表达其意，或不会用国语文字书写，那么，用这种错字连篇、语意含混不清的公文来宣导政令，如何能保障一般人民的权利呢？反过来看，如果想要把这种蒙昧无知彻底从公共行政中排除的话，我们马上就会发现贵族政治又将复辟，因为以前贵族就是用方言作为怀柔政策，当他们和那些被他们称之为"下层阶级"的人们说话时，就使用方言。如此一来，社会很快就会再度出现"正确民族"的说法。在两个分立的阶级之间，自然会形成一种上下尊卑关系。所以，如果有人不会使用国语，便会造成整体社会的危机，或摧毁人民之间的平等。"引自 Abbé Grégoire, *Rapport*, cited in Fernand Brunot, *Histoire de la langue française*, Paris 1930—48, vol. IX, I, pp. 207—208。

一股崇尚单纯、简朴以及尚未腐化的乡居生活之风，也开始重新发现不同人群特有的民俗传统，而着手整理方言民谣，更是这场尚古之风的重心所在。这场极富民粹精神的文化复兴运动，适为日后陆续崛起的数波民族主义运动，奠下了不可动摇的基础。因此，我们可以把这场文化复兴运动视为是民族运动的第一个阶段（即 A 阶段），根据罗奇的分类，这个阶段的民族运动尚未发展成政治运动，也未提出任何具体的政治企图或建国方略。事实上，重新发现民俗传统，将民俗传统转化为"民族传统"，并使久被历史遗忘的乡民跃居为民族主体的，多半都是（外来）统治阶级或上层精英。譬如，统治波罗的海地区的日耳曼人，以及统治芬兰的瑞典人。芬兰文学会（Finnish Literature Society，1831）就是由瑞典人创办的；芬兰文学会里的各种文献记录，也都是以瑞典文写成；甚至连芬兰"文化民族主义"理论大师斯奈尔曼（Snellman），也是以瑞典文撰写其著作。[1] 我们当然无法否认，在 18 世纪 80 年代到 19 世纪 40 年代之间，欧洲各地到处风行文化及语言复兴运动，但我们切勿把罗奇的 A 阶段和 B 阶段弄混了。在 B 阶段里，民族主义者已将成形的"民族概念"直接导入政治运动当中，但要到 C 阶段，民族概念才达到全民支持

---

1. E. Juttikala and K. Pirinen, *A History of Finland*, Helsinki 1975，p. 176.

的规模。以英伦三岛的情形为例，他们的文化复兴运动和日后的民族起义或民族主义运动，不但没有必然关系，甚至可说是毫无瓜葛。例如英国的"民俗学会"（Folklore Society，1878）以及民谣复兴运动，其民族色彩就比不上"吉普赛知识学会"。

第三个理由是跟族群性有关。因为一直要到 19 世纪末，才发展出具有影响力的生物学理论或伪理论（pseudo-theories），可以说明民族与遗传之间的关系。这点我们留待后文再详加讨论。

在 1914 年之前的 40 年间，"民族问题"愈来愈重要，而且不止是多民族的大帝国，如奥匈帝国及土耳其帝国那样，它几乎已成为所有欧洲国家都会碰到的内政问题。以联合王国为例，它所面临的民族问题不止是纷扰已久的爱尔兰问题而已，当然爱尔兰民族主义一定会利用这段时间急速发展——例如以民族或民族主义为名的报刊数量大增，从 1871 年的 1 家，发展到 1881 年的 13 家和 1891 年的 33 家 [1]——并演变成英国政治上随时可以引爆的炸弹。不过，人们多半都忽略如下事实：这段时期也是威尔士民族利益首度得到官方承认的时期 [1881 年通过的"威尔士周

---

1. 上述资料选自这几年的"新闻导引"（Newspaper Press Directory），感谢伯贝克学院的莱格（Mary Lou Legg），她那本未出版的有关爱尔兰地方新闻（1852—1892）的研究，提供我甚多助益。

日关闭法案"（Welsh Sunday Closing Act），被形容成"威尔士国会法案"（Welsh Act of Parliament）[1]；苏格兰也在这段期间赢得温和的自治运动（Home Rule movement），并争取到在政府组织当中设立苏格兰事务部（Scottish Office），同时借由"戈申公式"（Goschen Formula），确保各族在联合王国当中都能享有固定的公共支出比例。以内政改善为诉求的民族主义，可能会采取右派运动的形式，比方说在法国、意大利及德国都如此——"民族主义"一词最初就是用来形容这个时期的右派民族运动——更常表现为政治上的排外主义，反犹太主义就是这种排外主义最可悲的代表，但绝不是唯一的。即使是像瑞典这么安详的国度，在这段时期也被挪威要求独立建国的运动，震得天翻地覆（挪威的建国呼声直到 19 世纪 90 年代才出现，并于 1907 年正式建国）。不过和哈布斯堡帝国因民族冲突而导致国政瘫痪的情形相较，瑞典的动荡可说是极其轻微的了。

在这段期间我们还可以发现：各地的民族主义运动简直就像平地一声雷一般，自先前全无民族主义渊源的地方

---

1. "Report of the Commissioners appointed to inquire into the operation of the Sunday Closing（Wales）Act, 1881", *Parliamentary Papers*, H.o.C., vol. XL of 1890；K. O. Morgan, *Wales, Rebirth of a Nation 1880—1980*, Oxford 1982, p. 36.

乍然冒出，或从那些原先只对风俗有兴趣的人群中崛起，甚至首次影响到非西方世界的思维。我们至今还无法厘清反帝国主义运动与民族主义运动之间的纠葛关联。不过无论如何，我们都无法否认西方民族主义言论对反帝国主义运动所发挥的影响力，其中尤以爱尔兰独立运动对印度的建国影响最为深远。不过，假使我们把讨论范围局限在欧洲，我们将可发现：活跃于1914年的无数种民族运动，在1870年之前，根本未见踪影，不管是亚美尼亚、格鲁吉亚、立陶宛，其他波罗的海民族乃至犹太人（包括犹太复国主义与非犹太复国主义）的民族运动；或巴尔干半岛上的马其顿人及阿尔巴尼亚人，和哈布斯堡帝国辖下的罗塞亚人及克罗地亚人（千万不要把克罗地亚民族主义，和早年他们以建立南斯拉夫为目标的"伊利里亚"运动混为一谈）的民族主义；还是巴斯克人、加泰罗尼亚人、威尔士人，以及日趋激进化的比利时"弗兰德斯运动"；甚或那些完全出乎意料的地方性民族主义，比方说撒丁，以及乍现于奥斯曼帝国的阿拉伯民族主义。

先前已提到过，这些民族运动绝大多数强调的不外语言或族群特性，这对大多数民族运动而言，都可说是前所未有的新现象。在"盖尔联盟"（Gaelic League，1893）成立之前——这个组织原本不具任何政治主张——语言在爱尔兰民族运动中，根本无足轻重，不成气候。既不曾出现在奥康内尔（O'Connell）主张撤销英格兰及爱尔兰合并的起义中——虽然这位"解放者"是操盖尔语的凯里郡人（Karryman）——在芬尼亚的建国方略中也不具影响力。要到 1900 年之后，才有人开始尝试从复杂的地方方言中找出一统的爱尔兰语。芬兰民族主义的最初目的也与语言无关，是为争取在沙皇治下享有其大公国自治权。崛起于 1848 年后的芬兰自由党人，认为芬兰人是一支采行双语的民族。大约到 19 世纪 60 年代［一纸"帝国诏书"（Imperial Rescript），使得芬兰语公开与瑞典文进行对抗］，芬兰民族主义才开始诉诸语文特性。不过在 1880 年之前，语言冲突基本上仍只是阶级之间的冲突，亦即属于下层阶级的芬兰人（主张用芬兰语作为国语，建立单一民族国家）与高居上层阶级的瑞典精英（主张该国系由两个民族组成，因此应采用双语）之间的冲突。一直要等到 1880 年后，帝国式的沙皇主义被俄罗斯化的民族主义所取代，要求自治权的呼声，才与语言文化联袂并击。[1]

再者，加泰罗尼亚主义作为一种（保守的）文化语言运动，最远只能追溯到 19 世纪 50 年代，而其代表节庆"诗的竞赛"（就像威尔士的"学者的聚会"），要到 1859 年之后才重新恢复。在 20 世纪之前，加泰罗尼亚

---

1. Juttikala and Pirinen, *A History of Finland*, pp. 176—186.

语尚未发展出权威性的标准用法；[1] 而加泰罗尼亚地区主义（regionalism），也要到 19 世纪 80 年代中期之后，才开始注意语言问题。[2] 巴斯克民族主义比加泰罗尼亚晚 30 年才兴起，而巴斯克自治主义从早年企图恢复古代封建特权，转而强调语言及种族特性，也是十分突然。亚拉那（Sabino Arana）在 1894 年，也就是第二次王室正统派战争（Second Carlist War）结束不到二十年后，成立了巴斯克民族党（Basque National Party，PNV），巴斯克一词也就这样成为那个直至当时为止始终未曾存在过的国家的名称。[3]

至于在欧洲另一端，波罗的海诸民族要到 19 世纪最后 30 年，才脱离民族主义的 A（文化）阶段。至于在遥远的巴尔干半岛上，马其顿问题也要到 1870 年后，才展开血腥厮杀。在这片土地上聚居的各民族，包括塞尔维亚人、希腊人、保加利亚人以及土耳其统治者等，从未料到有朝一日竟会依据他们所说的语言来区分不同民族。[4] 在此之前，马其顿居民都是以宗教、历史，再不就是共同的风俗民情，来辨别我族与他族。要到 20 世纪之后，马其顿才摇身成

---

1. Carles Riba, "Cent anys de defensa il. lustracio de l'idioma a Catalunya", *L'Avenç*, 71, May 1984, pp. 54—62. 这篇演讲文，最早见于 1939 年。

2. Francesc Vallverdú, "El català al segle XIX", *L'Avenç*, 27, May 1980, pp. 30—36.

3. H. -J. Puhle, "Baskischer Nationalismus im spanischen Kontext" in H. A. Winkler (ed.), *Nationalismus in der Welt von Heute*, Göttingen 1982, p. 61.

4. *Carnegie Endowment for International Peace*：*Report of the International Commission to Enquire into the Cause and Conduct of the Balkan Wars*, Washington 1914, p. 27.

为斯拉夫语言学家的战场。

与此同时，也就是 19 世纪下半叶，族群民族主义受到实际及理论两方面的大力增强。实际层面指的是日渐频繁的大规模长距离移民，理论层面指的则是 19 世纪社会科学对"种族"（race）概念的转变。这种转变可从两方面来看。其一，以往人们只是根据不同肤色，将人类分为少数几个种族，可是在 19 世纪下半叶，种族区分已发展到要把白种人再细分成"雅利安人"（Aryans）和"闪族人"（Semites）；而雅利安人还得再细分成北欧人（Nordics）、阿尔卑斯人（Alpines）以及地中海人（Midteranians）等。其二，达尔文进化论加上后来的遗传学，共同为种族歧视提供看似强有力的"科学"佐证，让人民可以心安理得、理所当然地驱逐外人，甚至仇杀外人。然而这些，都是相当晚近的历史。反犹太主义到 1880 年后，才开始带有种族歧视色彩（以往系以宗教文化为诉求）。至于德国及法国的种族主义预言家［譬如像拉宝吉（Vacher de Lapouge），及张伯伦（Houston Stewart Chamberlain）等人］，也是 1890 年之后的人物。要到 1900 年后，"北欧人"一词才出现在种族沙文主义者的论述当中。[1]

---

1. J. Romein, *The Watershed of Two Eras: Europe in 1900*, Middletown 1978, p. 108. "北欧人"一词，最早出现在 1898 年的人类学文献上（OED Supplement: "nordic"）。最早作为专门术语，应该是出自 J. Deniker, *Races et peuples de la terre*, Paris 1900, 不过，后来被种族主义者挪用来形容金发长颅的民族，亦即最优秀的种族。

　　种族歧视和民族主义的关联显而易见。在"雅利安人"和"闪族人"这个例子中，"种族"和语言经常被混为一谈，以致缪勒（Max Muller）这类严谨学者愤怒地指出："种族"这种遗传学观念，根本不可能从语言问题中演绎出来，因为语言并非遗传得来。有时种族主义者甚至会把对种族纯正度的坚持（包括对异族杂交的恐惧），推展到语言民族主义之上，要求必须勠力维持语言的纯正性（排斥外来语的影响）。19 世纪的英国人还很喜欢吹嘘自己是一个拥有多族混血的民族（包括不列颠人、盎格鲁撒克逊人、斯堪的纳维亚人、诺曼人、苏格兰人、爱尔兰人等等），同时他们也非常自豪于英语是一种融合了多种语系的语言。然而曾几何时，"种族"与"民族"竟然变成同一件事，人们把它们视为同义词，而且还漫无边际地把种族特质等同于民族特质。正因为如此，在 1904 年《英法协约》（Anglo-French Entente Cordiale）签署之前，才会有位法国观察家如此写道：由于英法这两个种族乃"遗传天敌"，所以，英法两国之间的同盟协定，是不太可能实现的。[1]

　　民族主义之所以在 1870 年到 1914 年间迅速壮大，其实并不令人意外。因为它是当时社会与政治变迁的自然产物，而当时国际政坛上一片高涨的仇外情绪，更发挥了推

---

1. Jean Finot, *Race Prejudice*, London 1906, pp. v—vi.

波助澜的功用。当时欧洲社会正在经历的三大巨变，促使那种基于想象多过根据实情所建构出来的民族共同体——诞生，这三大巨变分别是：第一，在现代化的威胁下，传统势力开始起而反扑；第二，在已开发国家的大都会中，新兴社会阶级正不断壮大；第三，前所未有的大规模移民潮，将各色民族播迁到全球每一个角落，大量外国人和原住民以及其他移民混居一地，彼此之间有的只是各异的民情风俗，完全缺乏长久共居所凝造出的传统与习惯。就算我们暂时不把经济大萧条所带来的重创考虑进去（这场萧条严重打击到穷人、面临财政危机者及小康之家），仅凭这段期间社会变迁的幅度与速度，就足以说明各民族之间发生冲突与摩擦的可能性何以倍增。至于致使民族主义走向政治化的关键，在于自视为或被人视为同一族人的男男女女，已经深信：他们眼前的境况之所以这么令人不满，主要就是因为他们受到不平等待遇，而对他们施与不平等待遇者，正是外族或非我族的统治阶级。总之，在1914年之际，如果说欧洲人会对民族主义诉求完全无动于衷，才会让观察家们跌破眼镜。当然，民族主义诉求与建国方略倒不一定必然相关。因此，虽然联邦政府从未赋予移居美国的公民任何语言或民族特权，但任何一个城市的民主党政客都知道，向爱尔兰人诉求爱尔兰特质，向波兰人诉求波兰特质，绝对是会有好处的。

先前我们已经提过，这段期间政治上的主要变迁，诸如政治民主化、行政现代化、公民动员，以及公民对国政的影响日增等等，处处都有助于使人们从民族主义的潜在支持者，转为确确实实的拥护者。不过，群众政治的兴起，是无法为民众何以普遍支持民族主义提供答案的，但至少有助于我们重新整理问题。民族口号在政治上究竟发挥了什么样的作用？对不同的社会结构，民族主义会造成同样的影响吗？民族口号是如何转变的？在什么样的情况下，民族口号会跟其他运动相结合，以致造成大规模公民动员？或是会和其他运动产生互相排斥的效果？民族口号是凌驾于其他运动，还是备受打击或压制？

把民族与语言问题合并思考，有助于我们回答上述问题。因为语言民族主义所致力的，正是如何用他们的民族语言来控制国家，或至少为其语言赢得官方认同地位。语言问题对一个国家或民族内部的不同成员不一定同等重要，对不同的国家或民族亦然。不过语言民族主义的核心关怀，都是围绕着权力、地位、政治以及意识形态打转，在他们眼中，语言的沟通与文化意义是无关紧要的。如果沟通或文化对语言民族主义真的具有重要性的话，犹太复国主义就绝不会选一种谁都不会说的现代希伯来语来作为他们的民族语言，那种佶屈聱牙的发音，跟现行的欧洲语系截然不同。被犹太复国主义者拒绝的意第绪语，却正是百分之

178

九十五的德系犹太人所使用的语言，他们分布在东欧各地，并大量移往西方世界，占了全世界犹太人的绝大多数。在1935年之前，总数达1000万名的意第绪文读者所发展出来的各式文献，已足以显示出意第绪文才是当时最具"文学性"的犹太语言。[1] 同理，如果语言民族主义真的在乎沟通与文化传承的话，爱尔兰就不会在1900年之后钻到语言的死胡同里，错将爱尔兰语改造得让人无从了解，甚至连那些负责教乡下同胞说爱尔兰新语的老师，自己也学得半生不熟。[2]

反之，以意第绪语为例，19世纪正是方言文学的黄金时代，这足以证明：通行的口语或已具文字的地方方言，日后并不必然会衍生出以语言为基础的民族主义。这类口语或方言文学，往往会自认为或被视为语言配角，是用来补充通行全国的文化或沟通语言，而非用来与之抗衡。

在语言的建构过程中，政治意识形态扮演着举足轻重的角色，小自将既存的文学或文化语言加以"校正"或标准化，大到从复杂重叠的日常方言中，创造出新的语言，甚至将早已作古或几告绝迹的语言重新召唤回来，以新语言的面貌出现。总之，语言与民族的关系正好和民族神话

---

1. Lewis Glinert, "Viewpoint: the recovery of Hebrew", *Times Literary Supplement*, 17, June 1983, p. 634.
2. Cf. Declan Kiberd, *Synge and the Irish Language*, London 1979, e. g. p. 223.

所说的相反，民族语言并非民族意识的基础，而是如同豪根（Einar Haugen）所说的，是民族意识的"文化加工品"。[1] 现代印度诸语的发展，便是最佳例证。

书写用的孟加拉文（Bengali），在19世纪经历了梵文化（Sanskritization）的改造。作为一种文化语言，经过梵文化的孟加拉文，不仅把文化上层阶级与一般大众区别开来，孟加拉上乘文化也因此染上浓厚的印度化色彩，使得孟加拉文和崇信伊斯兰教的孟加拉大众益形疏远。因此，自分离建国后，孟加拉人民共和国便开始对其语言展开"去梵文化"运动。甘地的例子更具启发性，他企图在民族统一运动的基础上，将北印度语（Hindi）扶植为通行全国的单一语言，因为北印度语是通行于印度教徒与伊斯兰教徒之间的混合语，甘地想借此拉近两教之间的距离，并利用北印度语取代英语，作为印度国语。但是这种企图却遭到一个亲印度教、反伊斯兰教［当然也就反乌尔都语（Anti-Urdu）］团体的强烈抵制。[*] 这个反动团体在1930

---

1. Einar Haugen, *Language Conflicts and Language Planning*: *The Case of Modern Norwegian*, The Hague 1966; by the same author, "The Scandinavian languages as cultural artifacts" in Joshua A. Fishman, Charles A. Ferguson, Jyotindra Das Gupta（eds.）, *Language Problems of Developing Nations*, New York-London-Sydney-Toronto 1968, pp. 267—284.

* 北印度语及乌尔都语都属印度—雅利安语系，北印度语泛指印度中北部地区方言，约有1.3亿使用人口；乌尔都语为孟加拉通行语，约有7000万使用人口。这两种语言在口语上可以互通，但书写文字不同。北印度语（转下页）

年 取 得 了 北 印 度 语 文 学 会 （Hindi Sahitya Sammelan，
HSS）的主导权，北印度语文学会原是国大党用来推动北
印度语的组织，但后来甘地、尼赫鲁以及其他国大党领袖
却被迫陆续脱离。及至 1942 年，甘地想要创造出"全国
通行的北印度语"的计划终告毁灭。* 与此同时，北印度语
文学会已完成北印度语的标准化工作，并建立一系列考试
中心，检定并颁发北印度语的学位证明，其目的无疑是为
了教育标准化。1950 年成立的"科学术语委员会"（Board
of Scientific Terminology），就是以扩充北印度语的词汇
为宗旨，并在 1956 年交出《北印度语百科全书》（*Hindi
Encyclopaedia*）这份漂亮的成绩单。[1]

当语言的象征意义大过实际用途时，语言在建构新社

（接上页）以梵文书写，乌尔都语则以波斯—阿拉伯文书写，是蒙兀儿帝国时
期的官定文字。基于北印度语的流传度较高且印度教徒和伊斯兰教徒通用，故
甘地主张以之为国语。甘地曾言："没有其他语言比得上北印度语，其次才是
孟加拉语，但孟加拉人在孟加拉以外还是通用北印度语。要说英语在马德拉
斯可全省通行，那不是真的，但即使在这儿，我发现北印度语也还是行得
通。……我们很羡慕所有伊斯兰教徒无论在哪一省都讲的是乌尔都语。所以
北印度语有资格被采用为国语。过去我们就曾这样使用过它。"——译者注

* 1942 年 10 月印度国大党宣布十二点竞选政纲，其中第五点明定：按语言文
字划定印度省区。——译者注

1. J. Bhattacharyya，"Language，class and community in Bengal"，*South Asia Bulletin*，
VII，1 and 2，Fall 1987，pp. 56—63；S. N. Mukherjee，Bhadralok in Bengali
Language and Literature："an essay on the language of class and status"，*Bengal Past
And Present*，95，part II，July-December 1976，pp. 225—237；J. Das Gupta
and John Gumperz，"Language，communication and control in North India"，in
Fishman，Ferguson，Das Gupta（eds.），*Language Problems*，pp. 151—166.

会的工程中，角色就愈显吃重，我们可从诸多原住民运动，以及他们想要将平日使用的语言提升为国语的企图中看出。最近的例子就是法国政府对抗"法语英式化"的努力。在这些语言问题背后所挟带的热情，其实挺容易理解，不过这和实际上去说和写或了解某种语言，甚至和文学精神，都谈不上有什么关系。深受丹麦文影响的挪威文，自古至今，依然是挪威文学的创作工具。19 世纪所兴起的"反丹麦化"运动，完全是民族主义作祟。布拉格"日耳曼俱乐部"（German Casino）的情形也一样。该俱乐部在 19 世纪 90 年代，不顾捷克语乃该城百分之九十三的人口所使用的语言，径行宣称，学习捷克文是一种叛国行为，[1] 由此可见语言民族主义是多么轻视语言的沟通功能。威尔士的"语言狂热分子"，甚至还把所有的地名都加以威尔士化，他们当然知道这是多此一举，因为几乎所有的威尔士人都知道伯明翰指的是哪里，一点也不需要把它改写成威尔士语的"包马沟"（Bamako），就连外国地名也不需要这种画蛇添足的做法。然而，不论这种建构或操弄语言的动机是什么，也不论他们将语言作了多大幅度的修改，国家政权在其中都扮演着举足轻重的角色。

　　若不是借助国家政权的力量，坚持其拉丁渊源（这和

---

1. B. Suttner, *Die Badenischen Sprachenverordnungen von 1897*, 2vols., Graz-Cologne 1960, 1965, vol. II, pp. 86—88.

它四周的斯拉夫和马扎儿人大不相同）的罗马尼亚民族主
义者，恐怕无法（在 1863 年）坚持以罗马字母取代当时
通行的西里尔字母，作为其拼音文字。[在奥地利宰相梅特
涅（Metternich）主政时期，担任警察总长的塞德尔尼茨
基伯爵（Count Sedlnitzky）就曾以类似的政治手段企图
改造文化语言，他大力支持以罗马字母刊行的东正教丛书，
希望借此与西里尔字母对抗，间接削弱在哈布斯堡帝国境
内大肆扩张的泛斯拉夫势力。[1]] 若在教育及国家行政上没
有得到权力支持及官方认可，地方方言绝难有脱胎换骨的
机会，更别想与强势的民族语言或世界文化竞争。至于已
作废的语言更是完全没有复兴的可能。如果英国托管政府
在 1919 年时没有将希伯来文正式列为巴勒斯坦的三大官
方语言之一，那么，希伯来文的未来如何可想而知，因为
当时在日常生活中使用希伯来文的总人数，还不到两万人。
直到 19 世纪末，在芬兰境内"使用瑞典文的知识分子人
数，是使用芬兰文的好几倍之多"，因为芬兰知识分子认为
瑞典文比芬兰文好用得多。[2] 要不是后来芬兰政府规定，中
等教育甚至高等教育都必须以芬兰语教学，上述情形恐怕
仍无改善可能。

---

1. J. Fishman, "The sociology of language: an interdisciplinary approach" in T. E.
   Sebeok（ed.）, *Current Trends in Linguistics*, vol. 12, The Hague-Paris 1974, p. 1755.
2. Juttikala and Pirinen, *A History of Finland*, p. 176.

无论民族情感赋予语言什么样的象征意义，语言还是具有多种实用及社会功能，而这些功能对官方语言所采取的态度，也会导致不同的结果。让我们再次提醒自己：语言民族主义的争夺焦点是书写语言，以及在公共场合所使用的口语。至于在私人领域里要用什么语言沟通，通常都不会造成问题，就算这些语言与公共语言同时并存也没有关系，因为井水不犯河水，各有各的通行范围。就像小朋友都知道跟父母要说方言，跟老师同学则要说国语。

再者，由于当时社会流动和地理迁徙的规模都相当庞大，从而迫使或鼓励了人数空前的男人，甚至女人（尽管她们的生活范围仍多局限在私人领域），投入学习新语言的行列。在学习新语言的过程中，并不一定会引发意识形态之争，除非是在某种语言刻意遭到压制，或被迫要以另一种语言取代时，冲突才会发生。这种情形多半发生在人们想融入使用另一种语言的大文化之中，或想攀升到与特定语言认同的上层阶级时。这类例子所在多有，例如已经与其他民族同化的德系犹太中产阶级，他们便以不会说或听不懂意第绪语为豪。不过，通常新旧语言都会保持共生状态，且各有各的价值功能。对威尼斯的中产知识分子而言，说意大利语并不意味他们不能在家里或市场上讲威尼斯方言；而劳合·乔治（Lloyd George）在威尔士推行双语政策，也不表示他背叛了威尔士母语。

不管是对社会的上层阶级或劳工大众而言，口语一般都不会酿成严重的政治问题。上层阶级所使用的通常都是主流大文化所使用的语言，如果他们的民族语言或在家中使用的语言和大文化语言不尽相符，那么他们的男性成员——20世纪以来，也包括女性成员——也一定会兼说其中的数种语言。上层阶级的人都会以一种"受过教育"的方式说他们的标准国语，有时可能会略带乡音或夹杂某些俚语，有时不会，视其代表的身份地位而定。[1]当他们在跟下层民众接触时，他们有可能也会说一些方言俚语，也可能不说，这完全取决于他们的家庭背景、出生地、教养状况、阶级传统等等，当然，这也还得看跟他们进行沟通的下层民众，是否能互相了解彼此所使用的语言，包括像腔调或洋泾浜式的语言等等。至于口语的官方地位到底如何并不重要，因为不论是官方语言或文化语言，都得听从口语差遣。

对文盲大众来说，语言的世界也就是口语的世界。所以，无论是官定语言或其他任何书写文字，对他们都无关紧要，除非当他们逐渐发现，不会讲官定语言或看不懂书写文字，可能会影响到他们的生计前途，他们才会开始关心。例如阿尔巴尼亚民族主义者主张，必须以拉丁字母而

---

1. 维也纳的计程车司机，光是凭莱尔切诺（Ochs von Lerchenau）的口音，便可以判断出他的身份地位，根本不需要看其长相、穿着。

非希腊字母或土耳其字母作为该国拼音字母一事，对不识字的阿尔巴尼亚人而言，根本毫无意义。随着来自不同地区的人们接触日益频繁，加上乡村自给自足体系也逐渐崩解，因此，急需找出一种共同的沟通语言，而最简单的解决之道，就是努力学习国语。在这点上，小学和军队的贡献最大，它们把国语带入每一位国民家中。[1] 只局限在小地方或少数社交场合才使用的语言，一定无法跟通行各地的语言进行对抗。而至今也没有任何证据显示：一般民众曾起而抵制语言随着时代变迁所作的调整或适应。在这两种语言之间，会说通行度较广的语言，一定可享有压倒性优势，而且不会有明显的坏处，只要该语言不致影响到只会说单一语言的人民使用其母语的权利。不过，对只会说母语的布列塔尼人来说，一旦他们步出家乡或转业改行的话，他们的处境就只比不会说话的动物好一点，只能靠指手画脚和外人沟通。如果我们考虑到穷人必须找工作糊口，考虑到他们也想在现代社会中过更好的日子，那么把农民改造成说法语的法国公民，似乎没有什么错；而移居芝加哥的波兰人或意大利人，之所以勤学英语并争相做美国人，其实也无可厚非。

---

1. 早在 1794 年，格列高利（Abbé Grégoire）就骄傲地指出："我的军队多半是说法语的。"他之所以这样说，是因为当时军队多半是由各个区域的人民混杂而成。

　　如果说会说某种非地方语言就可带来这么明显的好处，那么能够读写某种通行多地甚至是畅行世界的语言，其优点更是不在话下。在拉丁美洲那些以还不具有文字的印第安语进行教学的地方，就碰到这种挑战，而且施压者不是印第安人，而是当地土生土长的知识分子。只会说一种语言，就好像是上了脚镣手铐一般，无法行动自如。除非你唯一会说的母语，正好就是通行世界的强势语言。对 1846 到 1910 年的比利时人而言，会说法语显然可享有诸多好处，因此有愈来愈多的弗兰德斯人开始勤练法语，于是他们多半都变成双语民族；反之，以法语为母语的比利时人，通常都还是只会说法语。[1] 与强势语言比邻而居的地方方言或少数语言，日益面临衰退命运，不过这种衰退并不一定是因为受到国语压迫。相反，我们经常看到各民族以非常令人敬仰的精神，致力于维系方言或少数语言，而且，通常也付出相当高的代价。可是这些努力，充其量也只能减缓诸如索布语（Sorbian）、雷托罗曼语（Rhaetoroman），[*] 或苏格兰盖尔语这类方言的衰退速度罢了。虽然有许多方言知识分子都曾经历过在教室中不得使用母语的惨痛遭遇，

---

1. A. Zolberg, "The making of Flemings and Walloons: Belgium 1830—1914", *Journal of Interdisciplinary History*, v/2, 1974, pp. 210—215.

* 索布语为德国境内少数民族索布人使用的语言，属印欧—斯拉夫语系。雷托罗曼语为罗曼语一支，近意大利语，使用于瑞士东南角的雷托阿尔卑斯山区。——译者注

那些没有想象力的老师严禁他们在法语或英语课上使用母语，但没有证据显示，学生家长会因此赞成只以母语教学。当然，如果学生被迫学习的非母语是一种通行度有限的语言，那么反弹率自然会增加。

因此，贵族或大资本家，通常都不会对语言民族主义感兴趣；而工人或农人，也不太会受到语言民族主义影响。在19世纪末年兴起的两种民族主义支流，即帝国主义式的种族沙文主义以及小民族的民族主义（small-people nationalism），都很难让"大资本家"产生共鸣，更别提小民族的语言狂热了。根特及安特卫普两地的弗兰德斯裔资本家，不但都使用法语，甚至还反对说弗兰芒语。至于绝大多数的波兰裔实业家，都自认是日耳曼人或犹太人，而不是波兰人，[1]因为他们清楚地看出，他们的经济利益是建立在全俄罗斯或其他超民族的市场规模上。甚至连罗莎·卢森堡都被这种表象误导，从而低估了波兰民族主义的实力。对苏格兰资产阶级来说，无论他们多么自豪于其苏格兰血统，他们都会认为，主张废除1707年联合法案（Union of 1707）的人，都是感情用事的白痴。

此外，就像我们已经看到的，即使语言很容易被用来

---

1. Waclaw Dlugoborski, "Das polnische Bürgertum vor 1918 in vergleichender Perspektive" in J. Kocka（ed.）, *Bürgertum im 19. Jahrhundert：Deutschland im europäischen Vergleich*, Munich 1988, vol. I, pp. 266—289.

作为族群冲突的象征，但劳工阶级也不太容易被语言问题打动。对根特和安特卫普两地的工人来说，如果没有通过翻译，他们根本无法和他们在列日（Liège）及沙勒罗瓦（Charleroi）的同志沟通，可是，语言问题却一点也没有妨碍到他们共组劳工运动。甚至在 1903 年，比利时也不曾因提及弗兰德斯问题，而使社会主义例行工作受到影响，这种情形在今天倒是很难想象。[1] 事实上，南威尔士的自由派资本家和劳工阶级，都一致反对年少轻狂的劳合·乔治，反对他所主张的民族主义式的北威尔士自由主义，因为劳合·乔治企图用语言来界定威尔士人。而他们也的确在 19 世纪 90 年代取得成功。

最易受官方书写语言影响者，首推社会地位普通但受过教育的中产阶级，包括借由从事非体力行业而提升其社会地位的低中阶级，受过教育显然是这个阶级的主要特色。在这个时期，社会主义者每称"民族主义"必定会在前面冠以"小资产阶级"（petty-bourgeois）一词，因为这样大家才知他们所指的是什么。欲借语言民族主义挑起战端者包括：地方记者、学校教员以及热情的下层公务人员。当哈布斯堡帝国已经为了民族问题弄得半壁江山陷入瘫痪之际，这些人还为了中学教育该使用哪种语言，以及火车站

---

1. Jules Destrée and Emile Vandervelde, *Le Socialisme en Belgique*, Paris 1903, originally 1898.

站长一职应属于哪个民族的问题，争闹不休。在威廉二世统治下的德意志帝国境内，加入超级泛日耳曼民族主义运动的中坚分子，绝大多数都是出身知识界——高级教员比教授多——此外，还包括一些半自学成才的人，他们来自日益壮大且阶级流动极为频繁的市民社会。

我并不打算将语言民族主义降低成谋生找工作的问题，就像庸俗的物质派自由主义者，喜欢将战争降低成只是军火商牟取暴利的问题一样。但除非我们认清地方方言系与低阶公务人员的利益切身相关，否则我们不可能完全了解语言民族主义，甚至连想攻击它都有困难。每当方言朝官方地位迈进一步，尤其是朝教育语言迈进，有资格分享这种利益的男女人数就会倍增。印度在独立之后，出现了许多根据语言划定的邦、省，各地也掀起一股反对以某种方言（比方说北印度语）作为国语的声浪，这两种情形都反映了下面这个事实：在泰米尔邦，精通泰米尔文就等于打开通往公职之路，而以英语为官方语言，也不会使接受泰米尔语教育之人出任公职的机会少于接受其他方言教育之人。如果想提高语言的谋利潜能，那么光是作为小学的教学语言是不够的（虽然此举已经可以创造出一大群教授此种语言的小学教师及督学空缺），还得争取成为中学教育的正式语言，19世纪80年代的弗兰德斯和芬兰面对的正是这个问题。就像芬兰民族主义者清楚意识到的，唯有如此，方能把社会流动与方言联结在一起，进而导向民族主义之路。"在安特卫普及根特两地，出现了一批具有世俗心灵，并在公立中学接受弗兰芒语教育的新世代，其中有许多个人与团体，开始塑造并传承一种新的弗兰德斯意识形态。"[1]

　　然而在创造出一群方言中产阶级的同时，随之而来的语言进展，却加深了下层中产阶级的自卑感，他们对自身的地位深感不安，充满怨恨，于是新兴民族主义遂对他们充满吸引力。以接受弗兰芒语教育的新生代为例，他们发现自己孤悬在上下两个阶级之间，在他们下面的弗兰德斯大众，已开始全力学习法语，因为会讲法语可以带给他们不少好处；而居于其上的比利时上层阶级，仍然是以法语作为行政、文化及公共事务的标准用语。[2] 于是他们碰到的实际情况是：同样一个职位，以弗兰芒语为母语的人必须要具有双语能力，而以法语为母语的人，却只要听得懂最最简单的弗兰芒语就可以。这种情形自然会加深劣势语言的不平之感，日后的魁北克亦是如此。

　　也许有人会认为：反正说弗兰芒语的人在当地享有人数优势，就像说法语的魁北克人一样，因此他们对未来应当充满信心。就这点而言，他们的确比历史上许多古老或衰弱不堪的方言幸运得多，比方说，爱尔兰语、布列塔尼

---

1. Zolberg, "The making of Flemings and Walloons", p. 227.
2. Ibid., p. 209ff.

语、巴斯克语、弗里西亚语、罗曼斯克语（Romansch），或甚至像威尔士语等。根据达尔文物竞天择的法则看来，这些语言显然不具任何存在可能。以语言本身而论，弗兰芒语及加拿大法语并没有面临任何生存威胁，但问题是，弗兰德斯人和法裔加拿大人要的并不是语言精英的地位，他们希望成为社会精英，可是使用优势语言的社会精英，根本不把这些接受方言教育的人视为他们的一分子。真正受到威胁的不是语言本身，而是说弗兰芒语的比利时中产阶级或讲法语的魁北克中产阶级，是他们不断受到挤压的社会经济地位。唯有诉诸政治，他们才可能取得他们渴望的地位。

如果当地语言问题的重点是如何挽救正逐渐式微的方言，它们的基本发展也会和上述情形类似。例如巴斯克语或威尔士语，在他们国家的新兴工业都会中，都已濒于灭亡边缘。当然，保存古老语言，便意味着将以旧社会的传统来对抗现代化所带来的变故，正因为如此，罗马天主教教会才会起而支持布列塔尼人、弗兰德斯人和巴斯克人等的民族运动。就这点而言，语言民族主义显然不只是中产阶级运动。虽然巴斯克乡民仍说着传统的巴斯克语，而那些一口西班牙腔的巴斯克民族党领导人物，就像日后大多数的语言狂热者一般，都是在长大成人之后才开始学习这种语言。但巴斯克语言民族主义，却不是兴起于传统乡间，巴斯克乡民对这种新兴民族主义根本没有兴趣。巴斯克民族主义乃是建立在（海岸都市）"保守的天主教小资产阶级当中"，[1] 他们强烈反对工业化，反对随之而来的无产阶级社会主义，以及大批无神论移民；他们同时也反对与西班牙王朝沆瀣一气的巴斯克大资产阶级。和加泰罗尼亚的自治主义不同，巴斯克民族党从资产阶级那儿只得到稍纵即逝的支持。而巴斯克民族主义赖以建立的语言及种族特质，对属于激进右派的小资产阶级来说，只是他们非常熟悉的一种诉求罢了：巴斯克人之所以比其他人更优秀的原因，在于其种的纯正度，这种纯正性可从他们独一无二的语言看出，正因为如此，他们才不愿跟其他民族混血，尤其是阿拉伯人和犹太人。带有强烈排外倾向的克罗地亚民族主义，和巴斯克民族主义非常类似。该运动在 19 世纪 60 年代初具雏形（"深受小资产阶级支持，尤其是从事中小企业的贸易商"），之后旋即在克罗地亚建立起相当基础，19 世纪末年的经济大萧条，使它顿时获得陷入经济危机漩涡中的低层中产阶级的大力支持。这种情形"映照出，代表富豪资产阶级的南斯拉夫主义，对小资产阶级的压迫"。在克罗地亚这个例子里，因为无论是语言或是种族，都不足以明确区别克罗地亚人和其他民族，于是他们遂搬出克罗

---

1. Puhle，"Baskischer Nationalismus"，pp. 62—65.

地亚的历史使命，亦即保卫基督教免于东方伊斯兰教势力入侵的历史使命，作为他们的诉求口号，好为这个普遍失去自信的社会阶层，提供不可或缺的优越感。[1]

这个社会阶层同样是另一个民族主义运动的核心人物，亦即在19世纪最后20年兴起的政治反犹运动，这场运动在德国［斯托克尔（Stöcker）］、奥地利［舍内雷尔（Schönerer）及卢杰（Lueger）］及法国［德鲁蒙（Drumont）及德雷福斯事件］进展得最为炽烈。[*]这个阶层的人们，对其自身的社会地位及对自我定义皆深感不安，他们痛苦地被夹在两个阶层中间：一边是从不质疑、劳苦终日的下层民众，另一边则为根本毋须质疑即可安稳度日的上层与中上层阶级。于是他们只得借助所谓的民族独特性或优越性来安定自己，也因此他们才会对外来的威胁特别过敏，从而与好战民族主义两相携手，因为后者也是受到外来威胁才兴起和壮大的。这些威胁主要来自工人、外

---

1. Mirjana Gross, "Croatian national-integrational ideologies from the end of Illyrism to the creation of Yugoslavia", *Austrian History Yearbook*, 15—16, 1979—1980, pp. 3—44, esp. 18, 20—21, 34, discussion by A. Suppan.

* 斯托克尔（1835—1909）为德国教士、保守派政治家，创立基督教社会工人党，1892年参与制定保守党新党纲，公开推行反犹主义。舍内雷尔（1842—1921）为奥地利极端分子，泛日耳曼党创始人，1873年选入帝国议会，采取亲普鲁士、仇犹太立场。德鲁蒙（1844—1917）为法国反犹太记者，1866年曾极力谴责犹太人意图"征服"法国，著有《反犹太的遗言》一书。——译者注

国势力、外国人、移民、资本家及银行家（几乎是犹太人的同义词）等等，这些人同时也被认为是挑起革命与动乱的捣蛋分子。这些中产阶级认为他们腹背受敌、身陷危机。在 19 世纪 80 年代，法国政坛上最流行的词汇，不是"家庭""秩序""传统""宗教""道德"或其他熟稔的字眼，而是"威胁"（menace）。[1]

于是在低层中产阶级当中，民族主义便从一个原本与自由主义及左派有关的概念，转变成种族沙文主义、帝国主义及右派排外运动，更精确地说，就是转变成所谓的"激进右派"。从 19 世纪 70 年代出现于法国政坛上的"祖国"（patrie）或"爱国主义"等模棱两可的用语，便可嗅出这股保守势力逐渐崛起。[2]"民族主义"一词的出现，正反映了当时国际政坛大势，特别是法国以及稍后的意大利，而这两国所使用的罗曼语，自然与"民族主义"一词的形成有关。[3] 在 19 世纪末，它还是个很新鲜的词汇呢。然而，

---

1. Antoine Prost, *Vocabulaire des proclamations électorales de 1881, 1885, et 1889*, Paris 1974, p. 37.

2. Jean Dubois, *Le Vocabulaire politique et social en France de 1869 à 1872*, Paris n. d. —1962, p. 65, item 3665. 当时"民族主义"一词尚不见记载，在 A. prost, *Vocabulaire des proclamations électorales* 一书中，也未登录该词，不过该书的第 52 页及 53 页和 64—65 页，有特别提到当时与民族有关的词汇。

3. 有关法国的情形，参见 Zeev Sternhe Il, *Maurice Barrès et le nationalisme français*, Paris 1972；有关意大利的情形，参见 S. Valtutti and F. Perfetti in R. Lill and F. Valsecchi（eds.）, *Il nazionalismo in Italia e in Germania fino alla Prima Guerra Mondiale*, Bologna 1983。

就算是在拥有民族主义历史渊源的地方，这段时期也发生了突然转向的情形，例如代表日耳曼民族主义的大众体育组织（Turner），便在 19 世纪 90 年代迅速右转，这可说是反犹运动由奥地利扩张到德国的一大象征；又如帝国三色旗（黑、白、红）取代了 1848 年的自由民族三色旗（黑、红、金）；乃至最后一股脑儿投入到帝国主义扩张行动中去。[1] 那么，中产阶级究竟对这些运动发挥了多大影响力？也许有人会认为：正是由于"都市里的低层和中层资产阶级纷纷起而反对正在兴起且带有强烈敌意的无产阶级"，[2] 意大利最终才奋不顾身地投入第一次世界大战，不过这种说法仍有待辩论。然而，从意大利及德国法西斯主义者的社会组成看来，中产阶级无疑提供给该运动源源不绝的生力军。[3]

在民族国家及民族强权的建立过程中，中产阶层所表现的爱国热情，甚至已超出致力帝国扩张的各国政府所欢迎的程度，因此我们可以说，这种爱国情操应该是自发的，不完全是政府自上而下鼓动出来的。即使在 1914 年前夕，也几

---

1. Hans-Georg John, *Politik und Turnen*: *die deutsche Turnerschaft als nationale Bewegung im deutschen Kaiserreich von 1871 bis 1914*, Ahrensberg bei Hamburg 1976, pp. 41ff.

2. Jens Petersen in W. Schieder (ed.), *Faschismus als soziale Bewegung*, Göttingen 1983, p. 122, citing a source from 1923.

3. Michael Kater, *The Nazi Party*: *a social profile of members and leaders 1919—1945*, Cambridge MA 1983, esp. p. 236; Jens Petersen, "Elettorato e base sociale del fascismo negli anni venti", *Studi Storici*, XVI/3, 1975, pp. 627—669.

乎没有任何政府敢像民族狂热分子那样，大肆宣扬"种族沙文主义"，并借此动员群众。不过，反过来说，却也没有任何一个政府是单靠狂热的民族主义，就能把国家建立起来。

然而，在政府还无法完全掌握新兴民族主义，而民族主义也还未能充分控制政府之际，崇信民族主义的小资产阶级及低层中产阶级，就必须想尽办法与国家政权结合在一起。如果他们所认同的国家尚未建立，那么独立建国便成为他们致力的目标。对那些在都柏林夜校孜孜研读盖尔语的男男女女，以及那些把他们刚学会的语言传授给其他国民的狂热分子而言，回归爱尔兰古语已不再只是宣传口号。就像爱尔兰自由邦的历史所昭示的：虽然公职及应试的资格已开放给全体国民，可是实际上最重要的公职及考试，多半还是专业人士及知识分子才有资格取得。如果小资产阶级已经生活在属于自己的民族国家中，那么民族主义所赋予他们的社会认同，就会像阶级运动曾经带给无产阶级的认同一样。由于下层中产阶级多半就像工匠及小店主一般孤立无援，他们和劳工一样，是刚刚才出现在历史上的新阶层，主要是得益于高等教育及白领专业工作的大量扩张。因此在他们的自我定位上，他们比较不认为自己是一个阶级，而更像是一群最爱国最忠诚的团体，是祖国"最可敬的"子女。

在 1914 年之前的半个世纪里，无论当时盛行的民族主义本质是什么，它们都有一个共通之点：反对新兴的无产阶级社会主义运动。它们之所以反对的原因，不只是因为社会主义运动的成员是无产阶级，还因为他们大都是信仰国际主义者，至少是非民族主义者。[1] 因此，人们自然会认为民族主义和社会主义肯定是水火不容，两者互相排斥，非争得你死我活不可。史家的主流观点也的确如此，他们认为那个时期的群众民族主义已取得压倒性胜利，以阶级为基础的社会主义，尤其不是民族主义的对手。1914 年大战爆发，立刻就证明了社会主义者所主张的国际主义简直就是不切实际的空中楼阁；而在 1918 年的战后和会上，"民族原则" 又再度大获全胜。

不过，跟一般人的想法刚好相反，虽然不同派别的立场相左，信仰互异，但它们的政治诉求却并不必然彼此排斥，特别是社会主义者所提出的阶级诉求，和宗教教派者的劝解诉求，就不一定会和民族主义诉求发生冲突。甚至在这些口号之间，也没有清楚的界线足以断然划分你我，即使他们总是公开宣称双方绝无任何合作可能，就像宗教主义者和无神论的社会主义者看似势不两立，但实际情况

---

1. E. J. Hobsbawm, *Worlds of Labour*, London 1984, ch. 4; and the same author, "Working-class internationalism" in F. van Holthoon and Marcel van der Linden (eds.), *Internationalism in the Labour Movement*, Leiden-New York-Copenhagen-Cologne 1988, pp. 3—16.

却并非如此。对一般男女而言，选择集体认同并不像选鞋子，一次只能穿一双。他们可以同时对各种类型的主义或原则，投入强烈的情感认同，并对之誓死效忠，包括民族主义在内。他们同时关心生活各个层面，至于会在什么时候采用哪种认同，就得视环境而定。长久以来，一个人同时拥有多种认同，并不会造成任何重大冲突。所以，人们尽可放心地同时做一个爱尔兰之子、娶德裔女子为妻，同时是矿工社区会员、拥有劳工身份、加入巴恩斯利足球俱乐部（Barnsly Football Club）、信仰自由主义、卫理教徒、做个具有爱国情操的英国人，也许还是个共和派，甚至支持大英帝国对外扩张。

只有当各类认同发生直接冲突时，才会出现抉择难题。少数政治激进者因为投入的情感较深，自然会对这种认同冲突较为敏感。因此我们可以说，对英国、法国以及德国的工人而言，1914年8月（即第一次世界大战爆发时）并没有使他们陷入选择困境，因为在他们眼中，支持政府参战和展现阶级意识并对资本家表示敌意，是没有冲突的。不像社会主义政党领导人那样，深感重创（详细原因请参见第120—121页）。例如南威尔士的矿工，便在罢工后短短不到一年的时间里，以当初他们将煤田问题带入社会同样惊人的速度，投向国家发出的征兵令，此举颇令主张革命的工团主义者（syndicalists）及主张国际主义的共产党领导人大吃一惊，因为先前这些矿工还备受各界不爱国的指责而无动于衷呢！然而，即使如此，有些激进派仍然努力想使那些在理论上看似毫无妥协余地的不同主张，能够携手合作，例如法国共产党便同时表现出对法国民族主义和苏联的效忠。

的确，各种新兴的群众政治运动，如民族主义、社会主义、宗教虔信运动等等，都在争取同一群人支持，它们也都假设，它们的潜在支持者可同时接受不同党派的诉求。民族主义和宗教的携手就很明显，看看爱尔兰和波兰即知。至于到底哪一种认同对人民而言最为重要？答案却莫衷一是。比较令人惊讶且较少人注意到的是，民族主义与社会主义的诉求竟有那么高的重叠度，向来对政治现实独具观察力的列宁，便是因为看出这点，才将殖民地视为共产主义的主要基地之一。在历届共产国际大会上所引发的"民族问题"著名辩论，不仅只是声讨那些陆续受到民族口号感召的工人——在共产国际眼里，他们理当只听从共产国际及阶级解放的召唤。他们更想解决的是，如何应付工人政党同时支持民族主义与共产主义的事实。[1] 更有甚者，许多国家的社会主义政党，反而变成是推动人民起而加入民族运动的重要机制，就像许多带有社会主义色彩的农民政

1. 有关这个问题的概述，参见 G. Haupt in Haupt, Lowy and Weill, *Les Marxistes et la question nationale*, Paris 1974, pp. 39—43。波兰问题的确是当时的主要问题，但并非唯一的问题。

党（比方说在克罗地亚）也在其党纲中明确列入民族主义诉求一般。简言之，爱尔兰领袖康诺利（Connolly）所梦寐以求的，将社会主义革命与民族解放运动两相结合的理想，虽然在他有生之年未能实现，却在其他地方应验了。

也许会有人要进一步追问：整体而言，结合社会主义和民族主义的诉求，是否会比只诉诸民族主义更有助于独立建国成功？因为民族主义诉求只对低层中产阶级最有号召力，只有对他们来说，民族主义才能同时替代社会与政治纲领。

波兰的例子可协助我们回答上述问题。波兰在国家被瓜分达一个半世纪之后，又重新复国，但完成这项大业的，并不是任何以建国为志向的政治运动，而是波兰社会党（Polish Socialist Party），该党的领导者毕苏斯基，同时也是波兰的解放者。在芬兰，社会党已成为芬兰民族政党代言人，该党在俄国1917年革命前夕的最后一次民主选举中，获得了百分之四十七的选票。在格鲁吉亚，是由另一个社会主义政党孟什维克党，扮演领导民族运动的角色；至于在亚美尼亚，则是由社会主义者国际（Socialist International）辖下的"联合党"（Dashnaks），[*]领导该地的

---

[*] 联合党为亚美尼亚自治革命政党，1890年在俄国鼓动下建立，意图脱离土耳其自治。——译者注

民族运动。[1] 在东欧犹太人的民族政治组织中，无论是犹太复国运动或非犹太复国运动 ［即同盟派（Bundist）］，普遍都带有社会主义色彩。这种情形也不限于帝俄境内，当时无论是哪一种组织，只要出发点是以改变现状为诉求，都必然会和社会或政治革命扯上不解之缘。威尔士及苏格兰的民族主义，就不只局限在特定的民族主义政党之中，几乎所有大英帝国的反对党，都带有类似的民族情感：最早是自由党，之后则是工党。在荷兰（而不是在德国），弱小民族那种谦卑但真实的民族情感，使他们在日后倾向于左派激进主义。荷兰的左派当中，有相当高比例的弗里西亚人；而英国的左派势力，则是苏格兰人和威尔士人的天下。荷兰社会党（Dutch Socialist Party）早期的杰出领导人特洛尔斯特拉（Troelstra，1860—1930），年轻时代即是一位弗里西亚诗人，他创建了青年弗里西亚（Young Friesland），旨在追求弗里西亚人的民族复兴。[2] 民族主义借社会主义而壮大的趋势，在最近数十年中也可以观察到，

---

1. 关于芬兰民族主义败给社会主义党的经过，参见 David Kirby，"Rank-and-file attitudes in the Finnish Social Democratic Party（1905—1918）"，*Past & Present*，III，May 1986，esp. p. 164。至于格鲁吉亚和亚美尼亚的情形，参见 Ronald G. Suny（ed.），*Transcaucasia：Nationalism and Social Change*，Ann Arbor 1983，esp. part II，the essays of R. G. Suny，Anahide Ter Minassian and Gerard J. Libaradian。

2. A. Fejtsma，"Histoire et situation actuelle de la langue frisonne"，*Pluriel*，29，1982，pp. 21—34。

虽然旧式的小资产阶级民族主义运动及政党，在 1914 年之前，原本都是和右派势力结盟（比方说在威尔士、巴斯克、弗兰德斯等地都是如此），但是到后来，都一一穿戴起社会革命及马克思主义的戏服登场。然而，在印度推动泰米尔民族主义最力的达罗毗荼激进党（Dravida Munetra Kazhgam，DMK），早年却是以马德拉斯社会主义政党之姿态崛起于政坛；而斯里兰卡的左派势力，也转而支持僧伽罗沙文主义。[1]

在这里介绍这些实例，目的并不在检视民族主义与社会主义的关系，尽管这些问题的确颇令社会主义者国际头痛不已。我的目的是要说明：在群众运动中，往往会同时展现两种互相排斥的意识形态，而且，史实证明，以社会革命为诉求的运动，最后反而成为带领民众投入民族运动的急先锋。

许多人会引证民族主义优于社会主义的例子，来说明这两者之间的复杂关系。多民族的哈布斯堡帝国，可以说是用来研究这种概念冲突的最佳取样，感谢诸多以此为主题的相关研究，使我们得以对这个问题有更清楚的了解。[2]

---

1. 有关 JVP 运动从极左主义转变为"僧伽罗沙文主义"的过程，请参见 Kumari Jayawardene, *Ethnic and Class Conflicts in Sri Lanka*, Dehiwala 1985, pp. 84—90。

2. See Z. A. Zeman, *The Break-up of the Habsburg Empire, 1914—1918*, London 1961; and *Die Auflösung des Habsburgerreiches. Zusammenbruch und Neuorientierung im Donauraum*, Schriftenreihe des österreichischen Ost-und Südosteuropainstituts, vol. III, Vienna 1970.

接下来，我将介绍汉纳克（Péter Hanák）所作的有趣研究。他根据第一次世界大战期间，在维也纳及布达佩斯等地所查扣下来，或被公家单位充公的军人家书，研究哈布斯堡的民族问题。[1] 在大战第一年，一般人在家书往来中，并没有传达出强烈的民族情感，除了那些恢复国土主义者（irredenta）*所写的家书。譬如塞尔维亚人 [以波斯尼亚（Bosnia）和伏伊伏丁那（Voivodina）两地最多] 会在字里行间强烈表达他们对塞尔维亚王国的认同，或表达他们身为斯拉夫人及东正教信徒对"神圣俄罗斯"的崇拜。而意大利人，以及随后卷入大战的罗马尼亚人，也日渐兴起他们的民族情操。值得一提的是，塞尔维亚人对奥地利的敌意，拥有广大社会基础；不过，在意大利人及罗马尼亚人当中，兴起民族情感的，大多是中产阶级或知识分子。此外，捷克人也发出强大的民族声浪（从查扣的家书中判断，许多人已经做了叛国者）。在哈布斯堡帝国积极从事地下反抗工作，或自愿前往俄国从事颠覆工作的捷克人，也有一半是中产阶级或知识分子。（至于波希米亚人，因为他

---

1. Péter Hanák, "Die Volksmeinung während des letzten Kriegsjahres in Österreich-Ungarn" in *Die Auflösung*, pp. 58—66.

* 恢复国土主义者原指 19 世纪末到 20 世纪初，企图将外国治下的意大利人居住区收复回来的意大利爱国人士。该派的目标是收复在奥地利、法国和英国治下的意大利国土，奥地利尤为他们的首要敌人。后来这个词已成为各国类似运动的代称词。——译者注

们语多保守谨慎，所以无法从家书中窥出端倪。）

大战开始数年之后，尤其是在第一次俄国革命之后，家书内容开始出现愈来愈浓厚的政治色彩。调查报告中发现：俄国革命乃是大战爆发之后第一个重大政治事件，几乎令所有低下阶层民众都为之震惊不已。在许多备受压迫的民族运动者中，比方说波兰及乌克兰等地，这场革命立刻使他们燃起想要立即改变现状的希望，甚至有人起而主张独立建国。不过，一般人最渴望的还是和平以及社会改造。

此外，甚至连工人、农人以及女工，也都开始在他们的家书中表达政治意见，尤其是对"贫与富"（或"地主与农民"以及"资本家与劳工"之间的对立）、"战争与和平"，以及"秩序与混乱"等问题的看法。他们对这些问题所持的立场非常明确：有钱人不仅过着优渥的日子，还不用上战场，穷人则受尽有权有钱之人、国家官员以及军方等等的欺压。这些家书所展现的新意，并不在于他们对现状抱怨的频率之高，或他们发现无论是出任军职或是在前线服役的穷人，都一样受到不公平待遇；而是其中已普遍兴起要求变革现状的希望，而且，这种希望不再是被动的。

在穷人间流通的家书中，最重要的主题便是抱怨战争使他们的生活及工作受到中断破坏，还使社会秩序大乱。由于他们殷切期待能重返过去的生活秩序，于是日渐表现

出对战争、对服兵役、对战时经济等等的强烈不满，因而
时时渴望着和平能早日到来。可是，我们又再一次看到，
他们把不满转换成对抗。从"只求上帝能早日赐给我们和
平"，转变成"我们早就受够了"，或"有人说，只有社会
主义才能为大家带来和平"。

在这些抱怨中，民族情感并没有被直接提及，根据汉
纳克的解释是："直到 1918 年，在广大的民众当中，他们
的民族意识还没有被激发出来，还没有形成稳定认同，或
说他们尚未意识到效忠国家和效忠民族是有可能会发生
冲突的，或者说，他们尚未决定是否一定要择一而忠。"[1]
民族问题多半仍表现在贫富冲突上，尤其是当贫者、富
者分属于不同民族的时候。不过，就算是在最倾向民族主
义的那群人当中，也就是在捷克人、塞尔维亚人或意大
利人的书信当中，虽然时时会看到民族主义的字眼，但无
可否认的是，其中同时也表达了他们对社会变革的殷切
期盼。

接下来，我将略过调查中对 1917 年之后民族情感
变化的报告。不过汉纳克针对写于 1917 年 11 月中旬到
1918 年 3 月中旬（即俄国十月革命之后）的 1500 封信
件所作的分析，相当有启发意义。其中的三分之二是成书

---

1. Péter Hanák, "Die Volksmeinung während des letzten Kriegsjahres in
Österreich-Ungarn" in *Die Auflösung*, p. 62.

于工人及农人之手，三分之一是知识分子，这跟当时哈布斯堡帝国的人口比例大致相当。在这 1500 封信件中，有18% 表达出对社会议题的关心，10% 渴望和平，16% 强调民族问题及对王国的认同，另有 56% 综合了两种诉求，我将这 56% 另行归类为：29% 既要面包也要和平，9% 要求面包和民族，另有 18% 要求和平及民族。如此一来，强调社会议题者共占 56%，关心和平议题者占 57%，民族议题则占 43%。从捷克人、匈牙利人、斯洛伐克人、日耳曼人以及克罗地亚人的书信中，可以看出他们对社会及革命议题特别关心。和平问题几乎是每一个民族的共同关怀，其中有三分之一将希望寄托在俄国身上，有三分之一寄希望于革命，另有 20% 寄希望于这两者。在特别关心民族议题的 43% 当中，有 60% 敌视帝国，只有 40% 表示效忠帝国，要是我们将日耳曼人及匈牙利人剔除掉的话，就只剩下 28% 的人愿意对帝国表示效忠了。而在这些人当中，有 35% 希望能借由联军的胜利，完成其独立建国使命，但有 12% 的人认为唯有在帝国的架构下，才可能达成他们的目标。

如同人们所预期的，渴望和平之人通常也赞成社会革命，尤其在日耳曼人、捷克人及匈牙利人之间，更是如此。但是和平与民族认同之间的关系，就没有这么一致，因为民族独立似乎得建立在联军胜利的前提下。正因如此，在

布列斯特-立陶夫斯克条约（Brest-Litowsk）协商期间，*
许多关心民族议题的人士，便不同意当下贸然签订和平协
约。其中尤以捷克、波兰、意大利及塞尔维亚等地的精英
反对最烈。在十月革命爆发，并使社会议题立刻成为全欧
大众关心焦点之际，却也同时展开了另一项趋势［这是泽
曼（Zeman）及汉纳克都同意的］，亦即民族主义运动和社
会主义革命开始分道扬镳，甚至开始公然冲突。1918年1
月的大罢工，标志这个历史转捩点。如同泽曼所观察到的：
在某种意义上，哈布斯堡当局决定压制人民要求革命的呼
声，并继续这场必败的战争，表示它们选择以威尔逊的
"民族自决"来抵制苏联式的共产主义政策。不过，就算是
在民族主义最终还是成为大众主导意识的1918年，民族
主义和社会议题依然是分不开的，自然更谈不上对立。对
绝大多数的穷人来说，在帝国彻底垮台之后，民族议题及
社会革命根本就是同一件事。

我们可以从上述的简短研究中，归纳出哪些结论呢？
第一，民众所关怀的民族意识究竟指什么？我们知道的仍
非常有限。要想解答这个问题，除了必须进行大量类似汉

---

* 1917年十月革命之后，掌权的布尔什维克党决议退出第一次世界大战，遂与
同盟国的德、奥、保、土四国于波兰东部的布列斯特—立陶夫斯克召开和会，
商讨俄国与同盟国结束战争事宜，双方并于1918年3月签订和约。约中规定
俄国：解散武装部队；结束对德国军人及工人进行革命宣传；放弃自里加到乌
克兰西北角以西的领土；撤离战时在土耳其境内的占领区。——译者注

纳克的研究之外，更重要的，或许在从事研究之前，先以冷静的眼光重新检视当时与所谓"民族问题"相关的各种术语及用词（尤其是民族主义的各种支系），去除附着于其上的神秘魔咒。第二，这段时期的民族意识，无法与社会或政治意识分隔开来，因为这些不同的意识是纠缠在一起的。第三，民族意识的进展过程（除非是认同整合主义或极右派民族主义的阶级或案例），既不是直线发展，也不必然会牺牲或排斥别的社会意识。从1914年8月的局势来看，民族及民族国家的呼声似乎已凌驾于社会及政治认同之上，取得空前胜利。可是1917年后，这样的情形仍然存在吗？在原本已是独立民族的欧洲交战国中，民族主义大获全胜，甚至影响到那些以穷人为诉求的运动都在1918年时宣告失败。在民族主义大胜之际，原本属于被压迫民族的中层和低层中产阶级，摇身一变，成了根据威尔逊自决原则所创建的新兴小国的统治精英。在联军所撑起的胜利大伞庇荫下，各民族根本无需革命，就已实现其民族独立，这点在那些期待以社会革命方式赢得民族独立的人士眼中，简直就是历史的大倒退。不过在战败的交战国中，就没有发生同样的"历史倒退"。因为这些国家在垮台之后，随即引爆了社会革命。曾在战后建立苏维埃，甚至建立短暂的苏维埃共和国的地方，并不是捷克或克罗地亚，而是德国、奥地利以及匈牙利，意大利则笼罩在它的阴影之下。民族主义会在这些地方东山再起的原因，并不是用来作为社会革命的温和替代品，而是作为一种动员去职军官、下层中产阶级以及中产阶级市民大众的反革命力量。换句话说，民族主义已成为法西斯的摇篮。

第五章

民族主义最高峰：1918—1950

　　若说19世纪的"民族原则"曾经在人类历史上大获全胜，那显然是在第一次世界大战结束之际，尽管这场胜利不但出人意料，甚至也不在那些未来胜利者的计划之中。事实上，这场凯旋是两大出人意料的发展所导致的结果：一是自中欧到东欧，多民族大帝国陆续崩溃倒台；二是俄国革命赐给联军大好机会，使它们可以大打"威尔逊牌"，来抵制"布尔什维克牌"。就像我们所看到的：在1917到1918年间，真正能大规模动员人民力量的，并非民族自决而是社会革命。于是人们自然会忧心忡忡地揣测，一旦全欧各地皆为革命所席卷，会对欧洲各国造成多大冲击？事实上，这种揣测根本是杞人忧天。除了俄国之外，欧洲没有任何国家是根据布尔什维克党的"民族问题"政策进行重建的。有史以来第一次，欧洲这块拼图几乎全都是由民族国家拼凑而成，而且这些国家全都拥有某种资产阶级式的国会民主。可惜这种局面为时甚短，且再也没有出现过。

　　介于两次大战之间的时期里，欧洲各国也目睹了资产阶级国家的另一面胜利，那就是"国民经济"的胜利。虽然诸多经济学家、商业巨子及西方政府，都一致期待历史能重回 1913 年的世界经济规模，可是，这终究是不可能的幻梦。历史原本就不可能重演，更何况建立在私人企业之上的自由经济和自由贸易，原本就只是经济学的理想，而非史实。即使是大英帝国，也无法再继续维持它在资本主义萌芽时期独步全球的经济优势。

早在 1913 年之前，资本主义经济就以非常快的速度向高度集中的巨型企业迈进，而且在相当程度上，还受到政府的政策导引及相关法令的保护与支持。第一次世界大战的爆发，更令资本主义经济加速朝由国家统领的方向走去，摇身变为国家计划型的资本主义。对欧洲各国的社会主义者来说，在 1914 年之前，这绝对是万万意想不到的事。就算人类能够重新回复大企业与国家资本相互结合的经济规模，1913 年的国际局势也无法重现，因为世界大战早已将西欧各国的经济及政治势力，作了戏剧化的重组。对 1913 年的缅怀与渴望，都不过是乌托邦式的幻想罢了。两次大战期间所爆发的经济危机，更把自给自足的国民经济，推到令人吃惊的高峰。在那几年，世界经济濒临崩溃边缘，国际移民狂潮也走向涓流将尽的枯竭期，各国竞相进行贸易管制，各自筑起高不见天的关税壁垒，阻碍了国际金融互通，国际贸易逐日紧缩，就连国际投资也发出崩解警讯。大英帝国于 1931 年被迫放弃行之多年的"自由贸易"政策，欧陆各国自是早已尽其可能地退到保护主义的防护罩里，采取几近乎锁国式的自给自足政策，只有双边协定稍可缓和这种高度自闭的倾向。简言之，横扫全球的经济风暴，将世界资本主义的巨宅大厦，推回到早年"国民经济"及帝国时代的陋屋规模。这种情势难道是注定的？从理论上看，并非如此。不过，在两次大战期间，这种情势发展却无疑是必然的。

这个时期的世界局势，正好提供我们一个绝佳机会，一探民族主义及民族国家的局限及其潜力。不过，在开始探究之前，且让我们先回顾一下：战后签订的凡尔赛和约及相关国际协定，到底为欧洲造出什么样的民族国家模式；为了方便讨论，我们也把 1921 年签订的《英爱条约》（Anglo-Irish treaty）*涵括在内。其实只要回顾一下这些条约协定，就可以立刻看出：要将威尔逊原则付诸实现，也就是要使各国国界与民族及语言疆域一致重合，是项极其困难的工程。可是战后的和平安排，基本上还是尽可能依照这项原则进行领土重划，除了对德国领土作了某些政

---

* 第一次世界大战结束后，英国与爱尔兰随即因自治问题于 1919 年开战，战争于 1921 年结束，双方签订英爱条约。约中正式赋予爱尔兰自治领地位，与大英帝国其他自治领享有同等宪法权利，爱尔兰自由邦就此成立。名义上爱尔兰自由邦包括全爱，但实际上北爱六郡并不包括在内。——译者注

治战略上的决定，以及对意大利和波兰的扩张作出某种领土妥协外。总之，当时这种不计任何代价致力根据民族疆界划定政治地图的做法，无论是在欧洲或世界各地，都是史无前例的尝试。

可惜这些努力仍是徒劳。从民族的分布状况我们就可以清楚地看出：在旧帝国废墟上搭建起来的新兴民族国家，依然是由多民族所组成，跟它们所取代的所谓"民族囚牢"（prisons of nations）的古帝国并无不同。捷克斯洛伐克、波兰、罗马尼亚、南斯拉夫等，都是绝佳示例。而日耳曼、斯洛文尼亚和克罗地亚等少数民族如今在意大利境内的处境，与战前哈布斯堡帝国境内的意大利人几无二致。这次领土重划的最重大改变，就是各国平均面积缩小甚多，而原先在各国国境内的"受压迫民族"，如今则被唤作"受压迫的少数"。因此根据逻辑推演，如果想要创造一个国界与民族和语言疆界完全契合的国家，似乎就必须把境内的少数民族加以驱逐或根绝。20世纪40年代之后，在各国境内实行的种族屠杀，就是上述逻辑所带来的结果。种族屠杀虽然要到20世纪40年代之后才搬上舞台，但大规模的驱逐少数民族，却早在第一次世界大战末期，即已在南欧边境登场。例如，土耳其在1915年将亚美尼亚人强制驱逐出境；1922年希土战争（Greco-Turkish war）后，又再度将130万到150万的希腊人自小亚细亚驱逐出境，这些希腊人早在荷马时代即定居此地。[1]也是基于这项逻辑推演，奉行威尔逊主义的希特勒，才会主张将那些并非居住在其父祖之地的日耳曼人，比方说住在意大利南提罗尔一地的日耳曼人，大举迁居回德国；并将境内的犹太人永久驱逐。第二次世界大战结束之后，在起自法国迄于苏联的这块广阔欧陆上，已看不到犹太社群的踪影；而日耳曼人则继犹太人之后，成为各国竞相大批驱离的对象，特别是从波兰和捷克斯洛伐克境内。于今观之，要使民族疆界与国界合而为一的理想，恐怕只有野蛮人才做得到，或者说，只有靠野蛮人的做法才可能付诸实现。

一旦我们体认到民族疆界与国家版图不可能完全契合，于是下面这个结果就变得非常奇怪：根据凡尔赛和约，也就是威尔逊原则所划定的疆界，即使荒谬绝伦之至，却还是被永久固定下来，其中若有变动，也只是某个强权为了其自身的利益而强加更动的，这里的强权特别是指1945年之前的德国以及1940年之后的苏联。虽然曾有多次短暂尝试，企图重新规划从前隶属于奥匈帝国及土耳其帝国的新兴独立国的疆界，不过，大致说来，战后和会所决定

---

1. 参见 C. A. Macartney, "Refugees" in *Encyclopedia of the Social Sciences*, New York 1934, vol. 13, pp. 200—205；Charles B. Eddy, *Greece and the Greek Refugees*, London 1931. 为了公平起见，我应该补充一点：希腊人也曾驱逐40万名土耳其人。

的疆界基本上变动不大，至少在苏联南部及西部是如此，
这个地区唯一的例外是意大利抢夺了亚得里亚海沿岸地区，
该地在战后原本是划归给南斯拉夫的。

此外，威尔逊原则也产生了一些不完全在人们预料之
中的重大后果。比方说，小民族的民族主义，也开始变得
像列宁所谓的"大族沙文主义"一样，无法容忍其境内的
少数民族。这点在前哈布斯堡帝国的匈牙利观察家眼中，
自然不是什么新发现。比较新奇也比较重要的新现象是，
他们发现官方支持者所塑造出来的"民族概念"，并不必然
和人民心中所认定的民族关怀完全吻合。1918 年之后在各
民族杂处之地所推动的公民投票，就是为了解决这些民族
究竟想成为哪个民族国家的成员，结果我们却发现，许多
使用某种语言的人民，却主动表示想加入说另一种语言的
国家。也许有人会说这纯粹是因为政治压力或是选举舞弊
所导致的结果，也有人干脆把公民投票斥为无知、不成熟
的政治举措。不过这些解释显然都站不住脚。事实证明，
很多波兰人宁可住在德国也不愿住在重生的波兰；此外，
也有很多斯洛文尼亚人宁愿选择做奥地利人，也不要做新
南斯拉夫国的子民。对那些深信每个民族成员都应无条件
认同其领土国家的人来说，这简直就是无可饶恕之举。不
过无论如何，民族认同等于国家认同的观念，在欧洲政坛
上已日渐得势。于是在大战结束 20 年后，我们会看到英

国政府把该国境内的所有德国居民全部集中管理，甚至包括犹太人及反法西斯流亡人士，因为英国官方认为：任何在德国境内出生的子民，必定都会对德国效死不渝。

这种理论和实际不符的情形，在爱尔兰表现得最为明显。虽然艾米特（Emmet）及托恩（Wolfe Tone）[*]竭尽全力地推动爱尔兰民族意识，但是居住在北爱六郡的居民，并不认为他们和另外二十六郡的爱尔兰居民同属一个民族，甚至和南爱的少数新教徒也不一样。所谓单一的爱尔兰民族应该隶属在单一的爱尔兰国家之下，或者说，这个岛上的所有居民都一致希望能建立一个统一、团结而独立的芬尼亚爱尔兰国，只是一厢情愿的错误假设。证诸爱尔兰自由邦（后来独立为爱尔兰共和国）成立50年来的历史，芬尼亚派及其支持者应该可以打消如下想法，亦即把爱尔兰的分裂归诸大英帝国的阴谋分化，或认为阿尔斯特自由统一党（Ulster Liberal Unionist）是受到英国当局的误导所致，因为从最近20年的发展看来，分裂爱尔兰的种子，显然不是植根于伦敦。

---

* 艾米特（1778—1803），爱尔兰爱国主义者，爱尔兰人联合会成员，曾参与多次鼓励建国运动，后遭英国政府逮捕，临死前慷慨陈词，震动人心，1916年发起的复活节起义（Easter Rising），就是以纪念他为名。托恩（1763—1798）亦为爱尔兰民族英雄及革命家，因鼓动革命遭流放，后组军返国进行革命，兵败被捕，于狱中服毒自尽。——译者注

此外，从南斯拉夫的建国过程中，我们也可以清楚地看到：当地居民并不具有单一的南斯拉夫族意识，这种意识是 19 世纪（克罗地亚）伊利里亚运动所致力凝聚的。当地居民更容易受到诸如克罗地亚、塞尔维亚和斯洛文尼亚民族口号的驱动，而这些口号都有可能导致一场种族屠杀。事实上，克罗地亚民族意识正是在南斯拉夫建国之后，才逐渐赢得人民支持，因为他们想借此对抗塞尔维亚人日渐高涨的优势地位。[1] 在新建立的捷克斯洛伐克共和国里，斯洛伐克人也始终回避其兄弟之邦捷克的拥抱。在其他靠着民族解放或殖民地解放运动而完成建国大业的国家里，上述现象甚至更为明显，而且原因也相仿。这些人民并不认同其民族领导人与政治代言人所塑造出来的民族。印度国大党虽然一直致力于把南亚次大陆统一在单一团结的政权之下，但也不得不在 1947 年接受国土分裂的事实；就像巴基斯坦虽然也以在南亚次大陆建立单一的伊斯兰教国家为宗旨，可是孟加拉国还是在 1971 年脱离巴基斯坦独立。当印度政权不再垄断在少数接受英式教育的西化精英之手，印度就开始面临人们要求以语言划定省界的呼声，这个问题一直为早年的独立运动所忽略，虽然早在第一次

---

1. Mirjana Gross, "On the integration of the Croatian nation: a case study in nation building", *East European Quarterly*, 15, 2 June 1981, p. 224.

世界大战之前，就有少数印度共产党人注意到这个问题。[1]
直到今天，虽然在印度的七亿人口当中，只有一小部分会
说英语，但各个敌对的语言派别，仍然同意继续以英语作
为印度官方语言，因为他们不愿意以北印度语为国语，尽
管印度有 40% 的人民使用这种语言。

《凡尔赛和约》之后的世界局势，呈现出另一种新现
象：亦即民族运动在世界各地广泛传播开来，并且陆续衍
生出欧洲民族主义的新变形。由于欧洲各战胜强国一致奉
行威尔逊原则，因此那些受压迫民族或未受国际承认的民
族，自然会打着民族原则的名义，特别强调其民族自决的
权利，来争取其独立地位。各殖民地或次殖民地民族解放
运动的领导人，他们所宣扬的都是刚从西方学来的欧洲民
族主义，不管这些内容是否适合其国情。再者，由于俄国
革命式的激进主义已取代了法国大革命式的激进主义，成
为全世界解放运动的主流意识形态，因此斯大林版的民族
自决权，自然成为那些不满于马志尼主张者所致力追求的
新目标。于是在今天被称之为第三世界地区的解放运动，
遂都被视为是民族解放运动，或是马克思主义者眼中的民

---

1. See G. Adhikari, *Pakistan and Indian National Unity*, London 1942, passim,
   esp. pp. 16—20. 这本书放弃早期的共产党立场，如同当时的国大党一样，
   印度共产党也偏好以印度斯坦语（Hindustani）作为印度的单一国语，参见
   R. Palme Dutt, *India Today*, London 1940, pp.265—266。

族及社会解放运动。

然而，容我再重述一次，历史事实往往跟理论大相径庭。真正促使解放运动逐日兴起的原因，在于人民对征服者、统治者及压迫者的愤怒，而这些他们所憎恨的人，正好是肤色、装扮及生活习惯皆与他们不同的外国人。所以基本上这是一场反帝国主义运动。虽然在一般人民当中可能已出现类似民族主义原型的情感，有的是基于语言，有的是根据宗教或其他原因，可是这种情感还谈不上是民族意识，甚至还可能被帝国主义统治者利用来打击和压制真正的民族运动。所以，鉴于帝国主义者最常运用"分而治之"的计谋，因此为了对抗帝国主义所鼓吹的部落主义、社群主义，或任何会造成单一民族走向分裂的各种说辞，人们便应该团结在单一民族之下，虽然事实并非如此。

进一步说，除了少数具有悠久历史的政体之外，比方说像中国、韩国、越南、伊朗和埃及这类国家，如果出现在欧洲，必然会被划归为"历史民族"的地区之外，其他那些打着民族运动口号追求独立的领土单位，绝大多数都是帝国主义者的发明，其历史都不超过数十载；否则，也只是某种宗教或文化地域，根本谈不上是欧洲所谓的民族。这些以解放为己任的斗士之所以可以被称之为"民族主义者"，只是因为他们能巧妙地运用这种源自西方的意识形态来推翻帝国统治，就算如此，他们通常也只包含非常少数的本土精英。所以，像"泛阿拉伯主义""泛拉丁美洲主义"或"泛非洲主义"这类诉诸文化或地缘的政治解放运动，都称不上是民族主义，而是超民族主义。不过源自欧洲心脏地带的帝国扩张主义，比方说泛日耳曼主义，倒是与民族主义息息相关。诸如泛阿拉伯主义之类的运动，都是少数知识分子建构出来的，因为他们实在找不到一个清楚的民族或国家可作为诉求焦点。早期的阿拉伯民族主义者，多半来自奥斯曼帝国治下的叙利亚而非埃及，因为前者只有极其模糊的国家实体，但拥有悠久建国历史的埃及，其民族主义一开始便是以埃及为导向。这类运动都只说明一点：只要一个人接受过强势的文化语言教育，那么他就有资格在推行这种文化语言的任何地方，取得知识分子的宝座。这点直到今天仍造福不少拉丁美洲知识分子，因为在他们的一生当中，总有某个时期会遭到政治流放；而对巴勒斯坦的毕业生来说，他们随时都可以在从波斯湾到摩洛哥之间的地带找到工作。

另一方面，这种以地缘为导向的解放运动，无可避免，多半是建立在殖民政权所创造出来的基础上，因为这通常就是其未来国家唯一的共通性和民族特性。由殖民征服及行政管理所造就的一致性，有时反而会使当地人民产生一种民族感，就像独立国家有时也会造就出具有爱国心的公民一样。阿尔及利亚作为一个国家，其人民根本不具任何共同点，除了都曾在 1830 年后接受法国殖民统治，或者说得更贴切点，除了他们都曾共同反抗法国殖民之外。巴勒斯坦的情形更明显，1918 年之前，居住在叙利亚南部的巴勒斯坦人，从未和这块土地产生任何认同，巴勒斯坦民族主义的产生，完全是由于犹太复国运动在此屯垦占领。总之，因解除殖民状态而告成立的国家（主要出现于 1945 年后），都不足以称之为民族；而引领它们摆脱殖民统治的运动，也不足以称之为民族主义运动。有关依赖世界（dependant world）的最新发展趋势，我们留待后面再讨论。

现在，让我们暂且回到民族主义的发祥地——欧洲。

在欧洲，依照民族分布划定国界之举，等于是将民族主义促进解放及统一的功能削弱殆尽，因为那些正在为建国奋战的民族，已在外力的运作下达成这项目标。在某方面，欧洲当时的情形，像是预演了第二次世界大战之后，第三世界陆续在政治上脱离殖民统治的发展；也有点类似"新殖民主义"这个早产儿的实验室——拉丁美洲。对这些领土国家来说，政权独立的目标既已达成，就再也不能像从前一样，可以轻松地把国家未来会面对的问题，加以简化或掩饰；也不能再以先追求民族自决和独立政权为借口，把这些问题拖延下去。如今我们当然都知道，主权独立并不能自动解决所有问题。

那么，以往那种以促进民族解放及统一的民族主义，还残留在哪些地方呢？一方面，对绝大多数的民族来说，它残存在未能回归祖国的少数民族身上，比方说，罗马尼亚境内的匈牙利人，以及奥地利境内的斯洛文尼亚人；另一方面，它也残存在民族扩张主义中，这些民族国家往往会以牺牲外国人及国内少数民族的利益，来推行其扩张国土的行动。在当时，无论是东欧或西欧，都还有一些弱小民族未能独立建国，比方说，马其顿人跟加泰罗尼亚人。虽然在1914年之前，典型的民族运动主要是用来反对多民族或超民族的国家或政体，比方说，哈布斯堡帝国及奥斯曼帝国；但大体而言，1919年之后的欧洲民族运动，多半都是朝反对民族国家的方向走去。因此在这种定义上，民族主义几乎等于是分离主义的同义词，而不再扮演追求统一的角色。尽管分离主义有时是迫于政治现实；有时，比方说像阿尔斯特自由统一党，则是它们意欲加入其他国家的掩饰。不过，这两种分离倾向由来已久。真正称得上全新的现象是，这类分离渴望竟开始出现在西欧那种民族其名、多民族其实的国家当中，亦即出现在政治形态而非文化形态的民族国家里。虽然有一两个这类国家出现于两次大战期间的新民族团体，比方说威尔士和苏格兰民族政党，至今仍未获得群众支持，也就是说，它们才刚刚踏入民族演化的阶段，离脱离还有段距离。

如果我们暂时把爱尔兰丢在一旁，分离民族主义在

1914 年前的欧洲，的确轮廓不明。巴斯克民族党的情形在西欧算是罕例，该党在 1905 年便获得部分群众支持，并在 1917 年到 1919 年的地方选举中大获全胜（除了毕尔巴鄂的劳工选民外）。巴斯克的年轻激进派，直接从 1916 年到 1922 年爱尔兰所推动的革命民族主义中，汲取运动经验；而他们之所以能获得人民的广大支持，乃是由于普里莫·德·里维拉（Primo de Rivera）的独裁，后来更得力于佛朗哥将军蛮横的镇压手段。加泰罗尼亚主义基本上仍是先前那种属于地方中产阶级、乡绅及知识分子的保守势力，对奉行无政府主义的劳工阶级而言，无论是加泰罗尼亚人或是外来移民，他们所宣扬的民族主义都非常可疑。尤其值得注意的是，当地宣扬无政府主义的文献，都刻意以西班牙文印行。我要再次强调，若不是因为独裁者普里莫·德·里维拉的强力压制，地区性的左派和右派势力，是不可能在争取加泰罗尼亚自治权的基础上，组成人民阵线，共同反对腐败的马德里王朝。西班牙共和国及佛朗哥将军的军事独裁政权，更使加泰罗尼亚主义增强为群众运动，以致在独裁政权的最后一年，也就是佛朗哥死后不久，群众立刻抛弃西班牙语，改用加泰罗尼亚语，此时，加泰罗尼亚语已不只是一种习惯性方言，而是经过标准化的文化语言。及至 1980 年，以加泰罗尼亚文写成的文章，已普遍刊行于知识分子及中产阶级刊物上，俨然成为一种

新兴文类。不过在同一年，通行于巴塞罗那的日报，只有
6.5% 是以加泰罗尼亚文印行。[1]1977 年，加泰罗尼亚居民
约有 80% 使用加泰罗尼亚语，而加里西亚（Galicia，这
个地方的区域运动并不盛行）居民，也有 91% 使用当地方
言，可是巴斯克境内却只有 30% 的民众会说巴斯克语，而
最近的数据显示，会说巴斯克语的比例，也没有大幅度增
加的趋势。[2]这一点和巴斯克民族主义者一心以独立建国而
非地方自治为目标一事，并非没有关联。加泰罗尼亚和巴
斯克民族主义之间的差异，恐怕会随着时间日渐加深，主
要是因为，加泰罗尼亚主义如果要变成群众运动，唯有朝
左翼移动，以便将强势而独立的劳工运动整合进来，扩大
其群众基础；而巴斯克民族主义则必须将传统的劳工阶级
及社会运动排除在外，才有可能达到其目标，这点并不是
主张分离的巴斯克祖国与自由党（ETA）套用马克思的革
命词汇，[*]就可以掩饰的。由于巴斯克民族主义必须借由排

---

1. *Le Monde*，II January 1981.

2. H.-J. Puhle, "Baskischer Nationalismus im spanischen Kontext" in H. A. Winkler
  （ ed. ）, *Nationalismus in der Welt von Heute*, Göttingen 1982, pp. 53—54.

* 巴斯克祖国与自由党（Euakadi Ta Azkatasuna/Basque Homeland and Liberty）
  为巴斯克分离运动组织，主张以暴力脱离西班牙。1894 年巴斯克民族党成立，
  在佛朗哥压制下总部设于巴黎。年轻一代因不满于民族党拒绝武力革命，因
  而脱党自组 ETA。该党接受马克思主义思想，并自视为革命的社会主义政党。
  日后因理念之争分为两派，传统派以追求自治为目标，理想派则主张建立马
  列式的独立政权，并以暗杀为手段。1975 年西班牙政府允许巴斯克设立自治
  区，怀柔非暴力派，但理想派仍不断发起恐怖暴动，并与爱尔兰共和军等组
  织保持联系。——译者注

外来凝聚其人民意识，无怪乎加泰罗尼亚主义会比巴斯克主义更能同化新移民（大多是劳工阶级）。1977 年，54%非出生于加泰罗尼亚地区的加泰罗尼亚居民会说加泰罗尼亚语，但是，却只有 8% 出生在外地的巴斯克人会说巴斯克语，虽然巴斯克语的确比较难学。[1]

至于在已形成重大政治势力的西欧民族主义方面，弗兰德斯民族运动在 1914 年之后，进入了一个新的也比较危险的阶段，因为在德国大举占领比利时之际，竟有一部分弗兰德斯人通敌。第二次世界大战期间，弗兰德斯人投向德国的情况甚至更戏剧化。不过，要到 1945 年后，弗兰德斯民族运动才真正威胁到比利时统一。西欧其他小民族的民族运动就更不受重视了。苏格兰及威尔士的民族政党，都是崛起于两次大战之间的经济萧条期，然而，却始终成不了气候，一向都被排斥在政坛核心之外。比方说，"威尔士民族党"（Plaid Cymru）*的建立者，不但是个类似莫哈（Charles Maurras）**之流的欧陆反动派，还是个罗

---

1. 有关加泰罗尼亚语和巴斯克语的对比情形，可参见 M.García Ferrando，*Regionalismo y autonomías en España*，Madrid 1982 和 E. López Aranguren，*La conciencia regional en el proceso autonómico español*，Madrid 1983。

* 威尔士民族党于 1925 年成立，想借民主立宪方式促成威尔士独立，并成为欧洲经济共同体（EEC）下的一个区域。1966 年开始赢得国会席次。——译者注

** 莫哈（1868—1952）是法国完整民族主义学派（Nationalism Intégral）代表人物，"法兰西行动"（l'Action Française）组织一员，认为只有君主政制才符合民族愿望，才能满足民族需求，并振兴法兰西民族地位。——译者注

马天主教徒。[1]直到第二次世界大战之后，苏格兰及威尔士民族政党才开始获得选民支持。至于其他类似的小民族运动，大多走不出"俗民传统主义"或地方世仇的小格局。

此外，我们还必须对 1918 年之后的民族运动做更深入的观察，这种观察可以带领我们及民族主义走出传统的国土纠纷、公民投票以及语言问题等范畴。新世纪的民族认同，必须以崭新的表现手法，在这个都市化的高科技社会中自我宣传。这又有两点需要特别注意。第一，无疑是现代大众媒体的兴起，包括报纸、电影及广播。无论是私人企业或国家，都可借由大众媒体使一般人民的意识形态趋于标准化、齐一化；当然它们也可借由大众媒体推行其宣传及洗脑的目的。[由希特勒所领导的德国新政府，便在 1933 年的第一任内阁中，设立了"宣传及公共启蒙部"（Propoganda and Public Enlightenment）。]但是，再精致的政治宣传也比不上大众媒体的能力，因为它可以有效地把民族象征融入每个人的生活之中，于是公私领域之间的藩篱就此打破，生活在私领域的人民遂与属于公领域的民族发生直接关联。若不是由于现代大众媒体，英国王室不可能转化成凝聚民族认同的公共圣像，自此英国王室的

---

1. E. Sherrington, "Welsh nationalism, the French Revolution and the influence of the French right" in D. Smith（ed.）, *A People and a Proletariat: Essays in the History of Wales 1780—1980*, London 1980, pp. 127—147.

各项仪典，都得针对广播（日后则是为了电视转播）进行特别设计，比方说，始于 1932 年的皇家圣诞广播。

公私领域之间的区隔，还可借由体育竞赛加以联结。在和平时期，体育竞赛可说是最为盛大的人民庆典，参赛的个人或团体都被视为是民族国家的代表，于是体育竞赛便成为国与国之间的竞争，在今天，这种现象早已为全球人民所熟悉。直到那时，奥运或国际足球赛才开始引起中产阶级的兴趣（虽然早在 1914 年之前，奥运就已经带有民族竞赛的气氛），而多民族国家也开始利用国际竞赛来凝聚人民的认同感。参赛者代表整个国家，在制度化的例行比赛中，跟其他民族进行友好竞争，这种象征性的"虚拟斗争"，卒成为族群冲突的绝佳安全栓，各国可以最无害的方式，宣泄彼此之间的紧张关系。在欧陆第一次定期举办的国际足球赛中，就可以清楚看出：竞赛仪式有助于消解民族冲突，比方说，奥地利跟匈牙利之间便不再处于剑拔弩张的敌对气氛中。[1] 因此，人们自然会把国际足球赛在 19 世纪 80 年代由英格兰和苏格兰，扩张到威尔士和爱尔兰一事，看成是英国当局对境内民族的安抚举动。

如同奥威尔（George Orwell）很快认识到的那样，在和平时期，国际体育已经成为民族竞争的另一战场，运动

---

1. E. J. Hobsbawm, "Mass-Producing traditions" in E. J. Hobsbawm and T. Ranger（eds.）, *The Invention of Tradition*, Cambridge 1983, pp. 300—301.

员对外即代表他们的民族或国家，更确切地说，代表了他们的想象共同体。当时的环法自行车赛（Tour de France）已被各国家代表队主控；米特罗巴杯公开赛（Mitropa Cup）则让中欧各国的代表队陷入了你争我夺的敌对状态中；而世界杯（World Cup）和奥运会（1936年的奥运会就万分明显），更完全变成是一场争取民族光荣的竞赛。为何体育竞赛可以转变成激发民族情感的重要媒介？至少对很多男人来说的确是如此。因为它很容易让人产生光荣的民族感，即使是平时对政治或公共事务均漠不关心的人们，尤其当他们亲眼看到年轻而优异的国家运动员，表现出他们毕生梦寐以求的绝佳成绩时，民族优越感自会油然升起。数以百万计的人民就此编织出想象的共同体，而这种想象的共同体比起十一人组成的队伍，不但更具象也更真实。于是每一个人，即使只是在一旁加油的人，都变成了民族的象征。笔者至今仍清楚地记得，1929年时，我在维也纳友人家中，和大家一起收听第一届英奥国际足球赛（Anglo-Austria football international）转播，当时有个朋友就扬言，如果英国打败奥地利，他一定会找英国报复，从当时的比数看来，此话很可能成真。由于当时只有我一个英国人，于是我自然成为英国的代表，其他人则代表奥地利，幸好后来双方打成平手。我们可以从这个例子中看出，年轻小伙子是如何通过对参赛队伍的支持，建立起他们的民族认同。

因此，两次大战期间的欧洲民族主义主流，可说是老牌民族国家的民族主义，以及各民族的恢复国土主义。先前那种好斗的民族运动，在两次大战期间自然更受鼓励，特别是在 20 世纪 20 年代初期，革命的滔天巨浪已逐渐消退之后。于是，法西斯和其他右派运动立刻开始把这项资源挪为己用。他们首先利用民族主义动员那些害怕社会革命的中产阶级及其他人士，起而反对红色共产主义（尤其是布尔什维克主义）；此外，他们也利用民族主义来压制反战主义，这种反战思想主要是源自对第一次世界大战的厌恶。这一类的民族主义宣传，通常都非常有效，甚至在工人当中也发挥了绝佳效果，因为可以借此把战败耻辱及国家衰弱不振的过错，全都一股脑儿推给敌国以及国内叛徒。对战后满目疮痍的国家来说，唯有宣扬民族主义，才能为国政衰败之因找到合理解释。

然而，激进民族主义并不只是一种绝望的反射，虽然许多人的确是因为战败，因为挫折和怨怼，才转而投入纳粹党或极右派的怀抱，这种情形在经济大恐慌时期尤为明显。同样是战败，但德国人在 1918 年时所作的反应，和1945 年就非常不一样，这点值得我们特别注意。在魏玛共和主政之下，几乎举国上下的德国人（包括共产党），都对凡尔赛和约违背正义的做法深感不满，所以，无论是右派或左派，各政党都铆足全力动员群众反对和约规定。然而，列强在 1945 年施与德国的报复与惩罚，不但比 1919 年更严酷，也更无章法。而且当时在联邦德国境内，还有上百万的日耳曼民族主义者，满怀愤怒地从中欧和东欧各地被赶回德国，他们根本就不认为这种惩罚是公平的，就算纳粹德国曾对其他民族施行更恐怖的暴行。可是尽管如此，激进的政治报复主义却从来都不曾在联邦德国政坛上扮演举足轻重的角色，它们在今天自然更没有分量可言。魏玛时代和波恩时代的不同，很容易就可以看出。对联邦德国人民来说，从 20 世纪 40 年代末期开始，他们的生活环境便迅速好转，可是迎接魏玛时代德国人的，却是经济大萧条的无底深渊，短短 5 年，国家就从战败走向革命，接着是股票崩盘以及超高速的通货膨胀。

可是，就算激进民族主义不是绝望的必然反射，它仍然适时地在人们的理想落空之际，填补了人们心灵上的大片空白。当时人们的失败感和无力感是那么的深切，他们先前坚信不疑的意识形态、政治方案以及建国方略，都在瞬间瓦解成碎片。这些失意的人们包括：失去了启蒙时代旧乌托邦理想的人、对建国方略失去信心的人，以及不再对旧政治社会的安定表示支持的人。等一下我们会再针对这个问题进行讨论。

如同我在最后一章所试图论证的，这个阶段的民族主义，既不会是也不可能是如同某些人所认定的，是一种唯我独尊、凌驾一切、至高无上的政治使命。就像我们所看到的，民族主义并不是表达民族认同感的唯一形式，也不是爱国主义的唯一形式。我们务必要将排他性的民族主义或右派运动（它们自认为可以代表所有的政治及社会认同），和民族／公民及社会意识等复合概念（在现代社会，这乃是各类政治认同的培养剂）区分开来，这一点非常重要。在这个意义上，民族和阶级是不太容易分得那么清楚的。如果我们承认：阶级意识在实践时，必然会涵括公民／民族这个向度，同理，公民／民族或族群意识自然也会把社会主义的向度涵括进去。于是我们似乎可以这么说，第一次世界大战之后，欧洲劳工阶级的迅速走向激进化，自然会连带强化他们潜在的民族意识。

接下来的问题是，在这个反法西斯的时代里，左派势力究竟是如何在非法西斯国家当中，极其成功地重新主导民族及爱国情操。因为我们无法否认：左派用以抵制纳粹德国的诉求，尤其是在第二次世界大战期间，是同时包括大众的民族情感，以及他们普遍对社会革新与革命的期待。在 20 世纪 30 年代中期，各国的共产主义运动的确已逐渐脱离"第二国际"及"第三国际"的传统，这个传统曾彻底抛弃任何爱国主义象征，认为那完全是资产阶级国家和小资产阶级政治家的玩意，就算是这种爱国象征是源自革命，也确实带有社会主义色彩，例如《马赛曲》。[1] 所以，当共产党后继者试图重新抓住爱国主义象征，扭转爱国主义这种最佳进行曲被那些该死的敌人垄断的局面，必定会令人觉得有点不可思议，至少对局外人及我们这些回顾者来说是如此，就像当美国共产党宣称，共产主义即 20 世纪的美国民族主义，也会令我们百思不解。可是无论如何，共产党在反法西斯的抗争中，的确把爱国主义喊得沸沸扬扬，挺像那么一回事，甚至连戴高乐都开始担心了。[2] 更有甚者，不管是在运动的内部或外部，红旗与国旗共同飘扬的景致，都普遍受到欢迎。

然而，左派阵营到底有没有真正兴起过民族情感？或者说，传统的雅各宾革命爱国主义，到底有没有登上左派的中心舞台？这些问题长久以来就在左派官方所主导的反民族主义及反军国主义的政策下，消失得无影无踪，以致我们在今天也很难骤下定论。针对上述问题所作的研究非常少，而这些罕见的研究仍需经过严格检核，可惜现存的历史资料不足以提供给学者完整的参考资料。我们唯一能

---

1. 有关德国和法国皆以《国际歌》取代《马赛曲》一事，参见 M. Dommanget, *Eugène Pottier*, Paris 1971, ch. III。有关爱国主义的诉求，参见 Maurice Thorez, *France Today and the People's Front*, London 1936, XIX, pp. 174—185, esp. 180—181。

2. Charles De Gaulle, *Mémoires de Guerre*, II, Paris 1956, pp. 291—292。有关美国的情形，参见 Earl Browder, *The People's Front in the United States*, London 1937, esp. pp. 187—196, 249—269。

确定的是，社会革命和爱国情操的再度结盟，是一种非常复杂的现象。在我们坐待进一步的研究报告出现之前，且让我先为大家介绍一下，这个复杂现象的特色所在。

第一，反法西斯民族主义浮现的历史背景，是一个国际普遍陷入意识形态内战的时代，值此之际，许多民族主义的领导人士，都倾向于选择加入右派国际政治联盟，或支持与这个联盟认同的国家。因此，各右派政党便不再在国内继续炒作排外式的爱国主义，虽然早年右派正是借此坐大的。当时法国流行的口号是："希特勒好过布鲁姆。"*（better Hitler than Léon Blum）这句话的本意是：德国人好过犹太人；可是却很容易被理解成：外国人好过本国人。对左派来说，这正是大好时机，可以轻而易举地从右派已然松弛的掌控中，把民族主义的大旗抢过来。英国的情形也类似，说服左派反对姑息希特勒的政策，会比说服保守党容易得多，因为在保守党眼中，希特勒毋宁是反布尔什维克的中流砥柱，而非大英帝国的外患。在这个意义上，反法西斯爱国主义的崛起，可视为是国际主义胜利的一部分。

第二，工人和知识分子都选择了国际主义，可是，此

---

* 布鲁姆（1872—1950），法国社会主义领袖，犹太人。1930年联合各左派势力组成人民阵线，以对抗国内日渐高涨的法西斯势力。由于身为犹太及左派代表人物，布氏备受国内右翼人士攻击，1936年更几乎被王室派处以私刑。但布氏所领导的人民阵线却依然赢得当年大选，布氏也成为法国史上第一位犹太裔总理。——译者注

举却反而同时加深了他们的民族情操。近来有关 20 世纪
30 年代的英共及意共的研究显示，反法西斯动员的确对工
人及知识分子造成莫大吸引力，尤以西班牙内战为甚。[1] 不
过，工人及知识分子对西班牙的支持，并不只是单纯地响
应国际团结的行为，就像对印度或摩洛哥来说，反帝国主
义绝不只是一种国际团结的表现，而是一种与他们切身相
关的诉求。反法西斯运动在英国，是英国人的关切所在；
在法国，也同样是法国人相当注意的事件，只是在 1936
年 7 月之后，反法西斯的主要阵线正好摆在马德里附近。
于是这道各国内政的基本议题，就在因缘际会之下，在西
班牙这个国家打开。对大多数工人来说，这个国家简直既
遥远又陌生，要不是因为这场战斗，英国人和它几乎永远
不会有任何瓜葛。再者，由于法西斯主义和战争，都只和
德国及意大利这两个特定国家有关，因此这场斗争不只是
英国或法国的内政问题，或普世的战争与和平问题，而是
英国人和法国人能否抵挡德国人入侵的问题。

　　第三，反法西斯的民族主义，除了与民族冲突有关之
外，也与社会冲突紧密相联，这点在第二次世界大战末期
愈来愈明显。无论是英国或欧陆，在反法西斯的战斗中，

---

1. Hywel Francis, *Miners Against Fascism：Wales and the Spanish Civil War*（London 1984）; Paolo Spriano, *Storia del Partito Cominista Italiano*, vol. III, Turin 1970, ch. IV.

民族胜利与社会革命都是不可分的。英国人民已经以行动证明这点，第二次世界大战一结束，原本在战时深受举国爱戴的民族英雄，同时也是英国爱国主义象征人物的丘吉尔，却立刻在选战中败下阵来，大批人转而支持工党。不管其他地方的人民是如何陶醉在解放的欢悦中，但英国1945年大选所传达出来的人民意志，却是无可挑战的。虽然保守党和工党在追求胜利这点上平分秋色，但工党却因同时献身于追求战争胜利与社会改革，而略胜一筹。

更有甚者，对绝大多数英国工人来说，战争本身自有其社会影响。就在德国于1941年出兵攻打苏联之际，英国工人阵营（无论他们有没有从军）立刻出现一片亲苏维埃热，苏联及英共在1939年9月到1941年6月之间的行径，似乎丝毫不曾影响到这股热潮。工人阵营之所以热情拥抱苏联，并不只是因为英国可借此脱离孤军奋战的处境。对曾经以英国陆军劳工士兵身份经历过这个事件的我们来说，工党、工会分子以及劳工阶级士兵的政治意识其实非常明白，他们还是会在无意中把苏联认定成某种"工人的国家"。就连像贝文（Ernest Bevin）这么坚决反共的工会领袖，也要到第二次世界大战期间才放弃这种认定。[1] 就这点而言，这场战争本身，可说是同时带有国家战争与阶级

---

1. 比较其1941年的演讲词，收入 A. Bullock, *The Life and Times of Ernest Bevin*, vol. 2, 1967, p. 77。H. Pelling, *The Labour Governments 1945—1951*, London 1984, p. 120.

战争的成分。

因此在反法西斯运动期间，民族主义遂与左派结成紧密同盟，在被殖民国家当中，这种结盟关系更因反帝运动而得到加强。于是反殖民斗争便以种种不同方式，和国际左派联系在一起。这些反帝运动如果能在其母国找到政治盟友，这些盟友无疑都是左派集团。因为帝国主义理论（即反帝国主义论述）长久以来就是社会主义思想的核心观念，再加上苏联的国土绝大部分位于亚洲，而且它也以非欧洲本位的观点看待世界发展，尤其在两次大战期间，它更是完全以亚洲观点来批评世界局势，这对第三世界（当时尚未出现这个名词）的行动者而言，当然会造成相当大的冲击。相对地，自从列宁发现被殖民国家的民族解放运动，可能为世界革命带来莫大贡献之后，共产党革命分子便不遗余力地协助被殖民国家进行解放抗争。这种抗争对双方来说都极具吸引力，因为凡是可使殖民母国的帝国主义者惊惧的事情，必定也广受工人大众欢迎。

不过左派和依赖国家的民族主义之间的关系，远较复杂，并不是一道简单公式就可以说明的。除了意识形态上的偏好外，反帝国主义的革命分子，不论他们在理论上是多么倾向国际主义，他们一心关注的，除了其国家独立外，别无他物。要他们为了全球人类的利益，暂缓或修正他们的民族解放运动，他们是不可能接受的。比方说，他们不太可能为了赢得反纳粹之战（包括日本），而加入国际反法西斯阵营，因为这些所谓帝国的敌人，却正是他们眼中的盟友（依传统的芬尼亚原则来说，正是如此），尤其是在那段法西斯看似胜券在握的时期。对反法西斯的左派来说，他们很难理解瑞安（Frank Ryan）的行径。瑞安本是爱尔兰共和党的左派斗士，曾加入国际旅（International Brigades）为西班牙共和国而战，可是当他被佛朗哥将军俘虏，并于柏林重现之后，却转而致力于以爱尔兰共和军（IRA）的支持，换取德国在战胜之后，阻止南、北爱尔兰统一。[1] 不过对传统的爱尔兰共和主义派而言，瑞安奉行的始终是一致的信念，虽然其做法不太明智。此外，博斯（Subhas C. Bose）的例子也可以说明这种冲突。博斯是孟加拉人民眼中的民族英雄，也是印度国大党的激进要角，他曾在战争开始之初加入日军那方，并将被俘的印度军人组成反英的印度国民军（Indian National Army）。虽然在1942 年的时候，轴心国显然非常有可能赢得亚洲这边的战事，因为日本眼看就要成功地侵入印度，但博斯的动机绝非出于趋炎附势。不管我们愿不愿意承认，当时的确有相当多反帝运动的领导人非常乐于接纳德国及日本，因为他们可借

---

1. Sean Cronin, Frank Ryan, *The Search for the Republic* (Dublin 1980)；Frank Ryan (ed.), *The Book of the XV Brigade*, Newscastle on Tyne 1975, first published Madrid 1938.

它们的力量排除英国及法国的势力，特别是在 1943 年之前。

不过到了 1945 年之后，各国争取独立及反殖民化的运动，却都和社会主义及共产主义的反帝国主义运动结为一体，这就是为什么那些脱离殖民统治和新独立的国家，都会自称是"社会主义国家"之故，当然，这里指的是那些在争取民族解放过程中，曾受过社会主义和共产主义协助的国家。因此，民族解放便成了左派的口号。奇怪的是，于西欧兴起的新族群分离运动，却也自此开始采纳马克思及列宁的革命语汇，不管两者之间看起来有多么格格不入，因为这类分离运动在意识形态上继承的是 1914 年之前的极右派和亲法西斯传统，甚至在大战期间，其中的某些老派战将还有叛国记录呢。[1]然而在这种左派民族主义的宣传辞藻下，那些无法借由民族自决取得其天赋权利的老民族，就被重新划归为"殖民地"的一员。可是当那些因投身这类运动而成为暂时左派的年轻知识分子，在 1968 年仍看不到他们预期中的新千年时，这种民族主义的论调便开始出现大逆转。

20 世纪 30 到 70 年代的民族解放运动，之所以总是呼应左派理论，特别是共产国际的马克思理论，其实有其特

---

1. 有关早年法国"族群"运动者的通敌思想，请参见 William R. Beer, "The social class of ethnic activists in contemporary France" in Milton J. Esman (ed.), *Ethnic Conflict in the Western World*, Ithaca 1977, p. 157。

殊背景。由于另一种民族诉求曾经和法西斯主义牵连太深，因此变得名誉扫地，几乎有一整代人都羞于和它扯上任何关系，因此左派论调才能这么一枝独秀。可以说是由于希特勒和反殖民运动，民族主义和左派才再度恢复他们在1848 年之前的结盟关系。这种情形一直维持到 20 世纪 70 年代民族主义的其他选择再度出现为止。1970 年，西方世界最主要的民族运动都是以反对共产党政权为诉求，回归到更单纯更内化的民族情感上，虽然实际上它们并不拒绝由共产党当局所发出的意识形态。在"第三世界"，则兴起了宗教整合主义，荦荦大者是各伊斯兰教国家的例子，不过其他宗教也有类似的情况发生（譬如斯里兰卡的僧伽罗人所崇信的佛教），这些宗教整合主义为革命民族主义及被压迫民族提供了绝佳的发展基础。于今回顾，自 20 世纪30 年代以来即兴盛一时的左派意识形态，不过只是昙花一现的热潮，甚至可说是一场幻梦。

接着，还有一个重要的问题有待讨论：亦即随着民族情感和民族主义运动的不断扩张，欧洲（民族主义诞生地）以外地区的民族主义，将面对怎么样的命运呢？虽然自 20世纪 20 年代起，欧洲观察家已开始认真看待依赖世界的民族主义，比方说，在亚洲以及伊斯兰教国家崛起的民族运动，而且他们当时的认真程度，也许比我们今天所知道的来得高。[1] 不过，当时这些欧洲观察家并不认为他们需要为了依赖世界，修正原有的欧洲版民族主义模式。在欧洲之外，新兴的独立国家显然以拉丁美洲共和国占最大宗，可是，除了美国之外，欧洲各国根本不重视它们。在欧洲人眼里，这些国家的民族主义运动，要不是被视为鲁若坦尼亚式的笑话，就是被看作当地原住民的文化复兴运动，旨在恢复印第安传统。这种情形一直延续到 20 世纪 30 到 40 年代，当这些新兴国家开始对欧洲的法西斯主义产生同情与支持，才引起列强对拉丁美洲的注意，若非如此，拉丁美洲问题恐怕会永远被束之高阁。日本的情况虽然自成一格，可是由于其国势已强大到足可跟西方帝国主义列强并驾齐驱，所以日本的民族运动就跟西欧的模式非常类似。除了阿富汗和暹罗（今泰国）之外，其余那些不曾统辖在一个中央政权之下的亚非地区，只有一个国家真的具有推动独立运动的空间，亦即后帝国主义时代的土耳其。

通常略有声势的反帝国主义运动，都可以被归类成以下三种：第一，仿效欧洲"民族自决"的本土知识精英运动（比方说印度）；第二，人民大众起而反对西方的排外

---

1. Hans Kohn, *History of Nationalism in the East*（New York 1933）and *Nationalism and Imperialism in the Hither East*（New York 1932）. 最初于德国出版，分别在 1928 年和 1930 年，这两本书当属这个主题的最早专论。科恩也许是基于他对犹太复国运动的兴趣，才把研究焦点转到这个领域。

主义（包括各类型的仇外运动）；第三，好战部落天生的高昂气质（比方说摩洛哥或阿拉伯沙漠的部落）。就第三个例子而言，帝国的行政官员和知识分子，并不是不知道他们可以把这些孔武有力但通常不具政治意识的民众征召入伍，只是他们通常都太过大意，白白把这些人真正的战斗力保留给那些都市煽动家，尤其是那些受过些许教育的煽动家。前述这些例子都不太需要进一步的理论分析，虽然伊斯兰教国家的群众运动，甚至像甘地所诉诸的印度大众，都曾一再显示：宗教在其中所扮演的动员角色，远高于它在现代欧洲通常能发挥的功效。也许第三世界对民族主义思想最大的贡献是，使人们——除了革命左派之外——兴起普遍怀疑，怀疑"民族"这个概念是否可以放之四海而皆准？在帝国主义观察家眼中，依赖世界的民族主义，往往都是知识分子引进的舶来品，是由那些和自己的同胞大众很少直接接触的少数精英所支持的。这些少数精英的群体概念和政治认同，和他们的同胞有着天壤之别。这种看法应该是相当公正的，虽然帝国统治者或欧洲殖民者可能会因此小看群众民族主义的兴起，最有名的例子便是犹太复国主义者和以色列犹太人，巴勒斯坦的阿拉伯民族主义，便是在他们的疏忽之下崛起，而且一发不可收拾。

在两次大战期间的依赖世界，有关"民族问题"的最有趣想法，几乎都是发生在国际共产主义运动中，虽然这些想法并未超出严格的列宁式马克思思想架构。可是无论如何，马克思主义者最关心的问题，仍然是阶级关系（包括在殖民国家的资产阶级和无产阶级之间，应该要发生的阶级斗争），亦即在争取民族及社会解放的反帝国主义运动中，存在着怎样的阶级关系。换句话说，马克思主义者的关心范围，只限于拥有某种阶级结构和斗争情势的殖民社会，这种阶级结构可以用西方术语进行分析，而这种斗争情势则可以使马克思主义的社会分析获得进一步提升。因此从另一方面来看，这类为争取民族自由而战的民族主义运动，从未认真思考过"民族"的定义是什么，只假定它是不辩自明的。于是印度民族就如同印度国大党所宣称的，系泛指居住在印度半岛上的所有人民；就像芬尼亚派对爱尔兰的定义一样。[1] 针对这个有趣的问题，我们就暂且讨论到这里。

由于第三世界的反帝国主义"民族"运动，和殖民时代之前的政体或族群几乎不具关联，因此要到第三世界脱离殖民统治之后，也就是要到 1945 年之后，我们才能在当地看到 19 世纪于欧洲发展出来的那种民族主义。因此

---

1. 参见 Die nationale Frage und Österreichs Kampf um seine Unabhängigkeit: Ein Sammelband，此书的前言是由柯普兰宁（Johann Koplenig）所写，详细记载了最主要的特例——奥地利。在马克思主义者眼中，说德语的奥地利人根本就是日耳曼民族的一员，正因为如此，奥地利社会民主党才会一心想要和德国统一，重回德国怀抱。但是在希特勒掌权之后，这种愿望却衍生出诸多问题。

我们可以说，第三世界大部分的民族运动主要并不是用来对抗外来的帝国压迫者，而是用来反对新获解放的国家宣称它们是一个具有同质性的民族，因为它们事实上并非如此。换句话说，他们反对根据帝国时代对依赖世界的划分，来界定"民族"的疆界，因为不管根据族群分布或文化特征，这些民族疆界都是不存在的。当然，其中也包括他们对西方意识形态的反对，这些意识形态是由那群继承先前政权的本土精英所引进。

可是我们应当进一步考察，这些民族分子在进行抗议的时候，用的是不是某种相当于"民族原则"和民族自决的语言？在一些例子中，他们用的显然正是这种语言，也许他们不是直接援引马志尼的说词，而是间接通过两次大战期间的马克思主义，这种影响依赖世界知识分子最深的意识形态。斯里兰卡便是典型例子，无论是僧伽罗或泰米尔极端分子，都是以这种语言进行抗争，只不过僧伽罗共产主义同时也援引盛行于西方 19 世纪的语言及种族观念，来宣扬雅利安人的民族优越性。[1] 不过我们绝不可就此认定，

---

1. Kumari Jayawardene, *Ethnic and Class Conflicts in Sri Lanka*, Dehiwala 1985; by the same author, "The national question and the left movement in Sri Lanka", *South Asia Bulletin*, VII, 1 and 2, 1987, pp. 11—22; Jayadeva Uyangoda, "Reinterpreting Tamil and Sinhala nationalism" (ibid.), pp. 39—46; R. N. Kearney, "Ethnic conflict and the Tamil separatism movement in Sri Lanka", *Asian Survey*, 25, 9 September 1985, pp. 898—917.

第三世界的种族冲突、教群对立乃至族群主张，都可被视为是潜在的国家创建运动，都是以建立领土国家为最终目标。因为在非洲大部分地区深获支持的"部落主义"，"是为了反对具有奖惩性的机制而兴起的，即使这个机制是最基本的国家组织也不行"。[1] 于是在这种部落主义背面，我们将看到一个个被族群因素瓦解成碎片的地区，例如黎巴嫩，像这样的地区，自然无法维持某种可称之为民族国家或任何国家的体制。

　　在 1945 年之后建立的新国家，其内部多半都可以再区分成二到四个区域，这些区域各有不同的社会政治结构、文化传统、族群属性，以及政治特征，如果碰到相应的国际情势，这些新国家很可能就会沿着这些区域裂缝彻底分裂（例如东、西巴基斯坦）。苏丹、乍得和尼日利亚，都是绝佳例子。苏丹和乍得，可分成信仰伊斯兰教、以阿拉伯人为主的北部，和信仰基督教及泛灵论（Animism）、以黑人为主的南部；尼日利亚则可切割成以豪萨人（Hauser）为主的北部、以约鲁巴人（Yoruba）为主的西南部，和以伊博人（Ibo）为主的东南部。尼日利亚的情形尤其值得我们注意，自从 1967 年的拜阿福拉分离运动（由伊博人发起）失败之后，尼日利亚的危机在表面上已暂告解除，为

---

1. Fredrik Barth（ed.），*Ethnic Groups and Boundaries*，Boston 1989，p. 34.

免战祸再起，尼日利亚打破了之前由三大族群主导的情势，改以 19 个小州取代原先三族分立的状态，并不时强调这三个族群的人口实低于全国人口的 60%。另一个清楚的迹象是，如果这些新兴国家的政权是操纵在某一个独大的族群手中，那么该国的内政通常都会处于极不稳定状态，特别是当这个独大的族群正处于将其势力扩及全国的过程中。埃塞俄比亚就是一个好例子。19 世纪时，一小群信仰基督教的精英社群，在这块土地上建立帝国组织，当时帝国境内，会说阿姆哈拉语的人约占总人口的 25%，这 25% 当中，又有 40% 是基督徒、40% 是伊斯兰教徒，以及 20%的其他教徒。这个帝国曾有一段短时期沦为意大利殖民地，随后帝国复辟，并在 1974 年经历了一场革命动乱。这个饱受饥荒及战争蹂躏的国家，若不是为了合并厄立特里亚（Eritrea），应该不至于会陷入严重的国土分裂危机。厄立特里亚曾是意大利殖民地并受过英国管辖，在它因为国际因素被迫划入埃塞俄比亚之前，它从不曾属于该国的一部分，这种历史背景自然有助于它发展出自己的政治分离运动，以及领土认同。

无论是在亚洲或非洲的新兴国家当中，我们至今仍可以看到层出不穷的族群、部落或教群冲突，除非该国已建立起某种行之有效的多族群妥协方案。可是我们至今仍不甚清楚的是：所谓的国家分离主义，究竟是人民大众的意愿，抑或只是其领导人和代言人的主张而已？

　　毕竟族群和社群所面对的实际问题，和独立建国大不相同，尤其是当它们面对的是前所未有的社会、经济巨变，而它们的历史传统又无法提供相适应之道时。它们的问题并不像组建新民族时会碰到的问题，反倒更像大批新移民进入新旧工业国时所面临的问题：亦即如何在一个由多元族裔构成的社会当中，适应新的世界？如我们所见，这类新移民多半都会融入同样也是来自"故国""老家"的同乡移民当中，原因除了初来乍到的不安全感和思乡情绪外，主要还是为了互助。因为他们可借着集体力量对抗来自外界的敌意，至少可在当地构成一支有力的选举力量。每一位北美洲的派阀政客都知道，运用族裔诉求或支持与民族因素有关的事物，通常都可能引起强烈反应，如果这批移民本身就是因为特定的政治意识形态而被迫迁徙，那么回响就更大了，比方说，支持爱尔兰共和军的爱尔兰人、反对阿拉法特的犹太人、支持波罗的海三小国复国的拉脱维亚人等。然而每一个政客也都明白，在新芬党、巴勒斯坦解放组织以及斯大林主义上大做文章，只能满足这类选民的一小部分需求，族裔选民最关心的，还是如何增进他们作为美国人或加拿大人的利益。在一个多族裔或多部族的社会中，这意味着如何以集体方式和其他族群竞争国家资源，如何保护这个族群免于歧视排挤，如何扩大这个族群成员的机会并降低不利于他们的因素。这些问题都和争取独立建国乃至语言自主的民族主义无关，这种民族诉求，充其量只能使移民社群感觉好过一点罢了。

美国黑人便是一个很清楚的例子。虽然种族因素正是决定其集体处境的最重要因素，而且他们在社会上也的确受到非常严重的排挤和隔离待遇，但是对他们来说，领土分离主义根本就行不通，不论是大规模移居到非洲国家，或是在美国境内择一领地让黑人独居其中，都不是解决问题的办法。虽然回归非洲一事曾在西半球的黑人当中引起热烈回响，可是却没有人把它当作可行方案来认真考虑，只有一些疯狂的极右派分子，真的幻想把有色移民大举遣返回他们的家乡。

至于在美国划出一块黑人领地一事，共产国际倒是真的曾基于"民族自决"的正统原则，提出这项建议，只不过引不起黑人的兴趣。如果我们在美国地图上把黑人占人口多数的州标示出来，我们会发现，这些州几乎可以形成一条连续地带，可以让美国黑人据以宣称这是他们的"民族领地"，他们可以在此建立黑人共和国。[1] 但如果我们以

---

1. "本党致力于为黑人的平权而战，为黑人的自决权而战，并为'黑色地带'的分离而战。"（ Die Kommunistische Internationale vor dem VII Weltkongress: Materialien, Moscow-Leningrad 1935, p. 445. ）发表于 "1930 年 秋 之 决议"。有关支持黑人共和国的口号在美国黑人当中所造成的 "大分裂"，可参见福特（Ford）与琼斯（Jones）在 1928 年召开的第六届国际年会（转下页）

为，美国黑人可借由分离主义，把他们在美国这个以白人为主的国家会碰到的生存问题一笔勾销，那显然是纸上狂想。就算这个黑人共和国是建立在乡村蓝调音乐的流行区域之上，它也无法把集居在北部及西部都市贫民窟中的黑人包括进去。1970年，美国南部以外的黑人，约有97%集居在大都市里，而南部的黑人仍有三分之一住在乡间。这种高比例的集居情形，当然可以提高美国黑人在选举时的左右力量，不过整体而言，并无法为他们的族群争取到更多的社会资源和发展空间。在一个多族群的社会当中，特定的族群聚居区通常都会形成一股可怕的力量，有助于使该族群结成紧密的共同体，在贝尔法斯特（Belfast，北爱尔兰首府）和贝鲁特（Beirut，黎巴嫩首都）我们都可以看到这种情形。不过，真的借由把聚居区扩大成领土国家，以排除古典民族自决论的例子，实属罕见。

再者，由于都市化和工业化带来了各类型的社会变迁以及大规模的人口迁徙，从而使民族主义的另一个理想，亦即同一领土上的居民，应该具有相同的族裔、文化和语言渊源，变得更不可能实现。"陌生客"（strangers）的大

（接上页）上的发言记录 "Compte-Rendu Sténographique du VIe Congrès de l'Internationale Communiste 17 juillet—1 septembre 1928", In La *Correspondance Internationale*, no. 125, 19 October 1928, pp. 1292—1293; no. 130, 30 October 1928, p. 1418。

量涌入，的确使接收国的居民兴起强烈的排外思想和种族仇恨，19 世纪 90 年代的美国以及 20 世纪 50 年代的西欧，都曾出现过类似情形。不过，仇外主义及种族歧视都只是病兆，而非处方。在都市化和工业化高度发达的现代社会里，不同的族群团体注定得共居并存，无论梦想回归单一民族的口号喊得多响亮，也不可能改变这个事实。大规模的种族屠杀和强制流放（即"遣返"），的确曾经以非常残酷的手段使欧洲的民族地图简化许多，于是其他地区也可能兴起仿效之心。不过这种靠着野蛮手段造出来的民族纯粹度，很快就因民族的自然流动，而回复到原先的复杂度，甚至犹有过之。对大多数接受移民的国家来说，今天，也唯有到今天，典型的"少数民族"（national minority）可说是由诸多小岛组成的列屿，而不是具有凝结性的大陆块。可能会关心这些少数民族的人是鲍尔，而不是马志尼。

基本上，这就是第三世界的多族裔、多部族国家，特别是面积大于加勒比海小岛的前殖民国家的族群处境，甚至可以说是某些迷你国家的民族处境。在这些国家当中，族群或部族团体通常都把自己组织成这样——主要是借由那些为其喉舌的政党和压力团体。对那些不善于现代经营技巧——传统上，这类技巧把持在少数社群和白人手中 [1]——

---

1. 这类少数精英自然享有操纵国家大权的特殊渠道。

的族群来说，取得出任国家公职的资格，是通往财富和资本累积的主要道路，因此这也就成为他们主要的奋斗目标。只要教育是取得这类资格的必备条件，那么情形就会如同巴思（Fredrik Barth）所观察到的那样，"互相竞争的族群……因为不同的教育水平而变得有所不同，而且它们都企图掌控或独占教育这项利器"。[1]

在这种情况下，族群竞争等于是为了取得或掌控国家机器当中的这些职位，而这样的族群竞争，与我们在第四章所讨论的"小资产阶级"民族主义的兴起，有诸多类似之处。在某些极端的例子中，这种族群竞争甚至会招致分离主义，斯里兰卡的泰米尔人便是一例。泰米尔人虽然是斯里兰卡的少数民族，但他们曾在英国殖民时期的政府部门当中，占据绝大多数职位，此外，他们在高等教育上也享有绝大优势，因此当占有多数人口的僧伽罗人对他们施以高压统治，并在1956年通过以僧伽罗语作为唯一官方语言之后，泰米尔分离主义便就此兴起。假如说北印度语的人数高达印度总人口的72% 而非40% 的话，那么，放弃以英语为官方语言的诱因就会大得多，不过在印度大陆上兴起泰米尔或其他分离运动的危险也会高得多。[2] 但是，

---

1. Barth（ed.），*Ethnic Groups*，pp. 34—37.

2. Sunil Bastian，"University admission and the national question" and Charles Abeysekera，"Ethnic representation in the higher state services" in *Ethnicity*（转下页）

以另建主权国家为诉求的民族主义，仍不多见。甚至在斯里兰卡，也要到独立 25 年之后，分离主义的声势才取代了早年的"联邦主义"。最普遍的情形是争取势均力敌的共存，亦即争取各种不同程度的地方分权和自治权。当社会变得愈都市化和愈工业化，就要花更多的力气去界定各族群在国家这个大经济环境中所扮演的角色。不过南非之所以这样做的原因，并不是为了建立一个符合古典定义的民族国家，而是为了永久巩固其种族压迫政策。

不过，就像巴思一再指出的：[1] 在一个多族裔、多部族的复杂社会中，群体之间的关系不仅和传统社会大不相同，同时也更不稳定。首先，各族群想要进入现代或较先进社会的策略就有三种（这三种策略也许不尽完全无关）。第一，其成员可借由寻求同化或"通过核定"而成为先进社会的一分子。这种方法的结果是某些人可能幸而成功，但对整体社群而言，其"内在的多元化资源将被剥蚀殆尽，沦为文化上的保守集团……并退居为大社会体系中的下阶层"。第二种策略是，他们可以在同化的过程中承认自己的少数民族地位，并想办法降低少数民族的劣势，但同时也

（接上页）*and Social Change in Sri Lanka*，Papers presented at a seminar organized by the Social Scientists' Association，December 1979，Dehiwala 1985，pp. 220—232，233—249.

1. Barth（ed.），*Ethnic Groups*，pp. 33—37.

在"与大社会没有联结的领域"，保持自己的族群特色。可是这样一来，一个多族裔式的有组织社会，将不会清楚浮现，而且终将会在工业社会里被同化。最后，他们可选择标榜自己的族群认同，"并利用这种认同发展出新地位和新模式，这种地位和模式既不同于旧社会，也不完全是为了达成新目标而采用的"。在巴思看来，最后这种策略与后殖民时代族群民族主义的诞生已相去不远，或极可能达成国家创建的目的。不过就像我先前提过的，这种发展既不是原先的预定目标，也不是未来的必然结果。不过无论如何，把诸如魁北克人、希腊和波罗的海移民、阿尔贡金印第安人（Algonquin Indians）、美洲因纽特（Inuit）、乌克兰人和盎格鲁苏格兰人（Anglo-Scots）这些幸存至今的各类族群，都冠以"民族"或"民族主义"的名目，显然无助于我们的分析。

其次，在绝大多数的情况下，传统的族群关系通常可通过分隔化的社会分工模式予以固定，于是"陌生客"也会在这种固定关系中取得其公认角色，不管"我们"跟"他们"之间有什么样的族群冲突，"他们"都只能补"我们"的不足，而无法与"我们"竞争。只要我们不予干涉，依照族裔划分的劳动市场和服务模式，便会自然而然地发展成形，即使是在西方的工业化及都市化历史上也可以看到这种现象。造成这种现象的原因，部分是由于这类市场中的某些特定角落必须有人来填补，主要则是由于移民往往会通过非正式的人际网络，将亲朋好友一一带入特定的职业类别中。所以，在今天的纽约街头，经营小杂货商的大半是韩裔店主，而摩天大楼的鹰架工人则大半是莫霍克印第安人（Mohawk Indians）。伦敦的情况则是，推销报纸的业务员大多有印度血统，而印度餐馆里的工作人员则大都是孟加拉锡尔赫特（Sylhet）移民。

由于"传统的多族群体系，大多都是明显的经济体系"，因此下面这种新发展就非常令人吃惊。亦即在那些强调族群认同的多元国家中，其族群运动对这类社会分工问题几乎漠不关心，他们在意的是，在那些各族群都可以自由进入的领域中，该族群具有怎样的竞争地位。由于大部分被视为后殖民民族主义的地区，都呈现出极不稳定的族群关系，可见其族群关系并不是奠基在各族群的经济分工或经济功能之上，而是建立在政治权力的平衡关系上。

因此，在民族主义发源地（即欧洲）以外的地区，不同族群和社群之间的摩擦、冲突，处处可见，而且乍看之下，似乎也颇符合"民族"模式。

不过，我必须再次强调，上述种种情况和马克思主义者所谓的"民族问题"是不一样的。我们也许可以把上述情况看成是：民族主义从其发源地扩张出去之后，所产生的种种变化，而且这些变化已超出原本的涵盖范围。由于原有的术语已不足以说明这些新变体，于是新词汇乃应运而生，例如"ethnie"就是一个最近才发明出来的新术语（意谓"族群团体"，有时也可用来指称"民族性"）。[1] 其实长久以来大家对这种情形都心知肚明，只是早期的非西方民族主义观察家，虽然已警觉到"我们现在所面对的现象，远不同于欧洲民族主义"，但他们却认为回避民族主义这个"众所采纳"的术语，显然是"无济于事"。[2] 不过，不管我们使不使用这个术语，这个现象都为许多领域带来了全新的问题。其中之一便是本章最后要简短讨论的：语言问题。

根据语言民族主义的古典模式，通常都是有一种族群方言被发展成全方位的标准化民族书写语言，然后这种民族语言又顺势变成官定语言。可是这种古典模式是否或能否在未来继续下去，至今我们仍无法清楚地预见。（即使是那些早已经由上述模式确定其地位的标准语言，近来也面临瓦解危机，因为学校机构已开始采用变种的口语或方言

---

1. 根据 *Trésor de la Lançue Française*，vol. VIII，Paris 1980 的记载，虽然在 1896 年便已出现"ethnie"一词，但在 1956 年之前，却不曾运用在民族问题上。史密斯在 *The Ethnic Origins of Nations* 一书中，广泛运用这个词来说明族群关系，但他显然是把它当作一个法语新词看待，尚未英语化。我怀疑在 20 世纪 60 年代结束之前，除极少数例外，这个词仍未用于民族问题的讨论中。

2. John H. Kautsky, "An essay in the politics of development" in John H. Kautsky (ed.), *Political Change in Underdeveloped Countries：Nationalism and Communism*, New York-London 1962, p. 33.

进行教学，比方说"黑人英语"，或者蒙特利尔低下阶层
所通行的英语化法语。）对今天大部分的国家来说，基于
现实，采用多语政策是不可避免的大势。因为大量移民早
已进入西方各大城市，并在其中建立了特定的"族裔区"；
也因为大多数新兴国家，都包含了好几种彼此无法沟通的
语群，因此除了最初步的混合语外，一种能使全国各族
（乃至国际）相互沟通的媒介，自然是不可或缺。（巴布亚
新几内亚的情形最为夸张，该国只有约二百五十万人口，
却有七百多种语言。）在新兴国家当中，最能被各族接受的
政治沟通语言，通常都是最不具族群色彩的语言，比方说
"洋泾浜"、印度尼西亚语或外来语（通常是世界文化语），
特别是英语。因为这些语言可以使各族群居于同等地位，
不会使任何一个族群处于特别有利或特别不利的地位。这
种情形也许可以用来解释："为何印尼精英对语言问题的弹
性这么大，而对'母语'的情感又那么少。"[1] 这和欧洲民族
运动的发展，显然完全不同。此外，加拿大所采用的多族
裔人口普查政策，也和哈布斯堡帝国大不相同。由于大家
都知道对加拿大各族群移民而言，若要他们在原本的族籍
和加拿大籍之间作选择，他们都会选择当加拿大人；也由
于大家都明了英语对这些移民的吸引力，因此各族群压力

---

1. N. Tanner, "Speech and society among the Indonesian elite" in J. B. Pride and J. Homes（eds.）*Sociolinguistics*, Harmondsworth 1972, p. 127.

团体都反对在普查中询问任何和语言或个人族群认同有关的问题，而且直到最近，普查中的原始族籍仍然是以父系的原籍为准，除了美洲原住民外，其他人都不可在原籍上填写"加拿大人"或"美国人"。这种根据普查资料界定族籍的做法，最初是由法裔加拿大人提出的，他们想借此扩大他们在魁北克核心区外的人数比例；而各族群及移民领袖也可以利用这种对他们有利的数据来进行政治诉求，因为从这些数据中看不出下列事实：比方说，根据 1971 年的人口普查数字，全加拿大计有 31.5 万名波兰人，不过其中只有 13.5 万人是以波兰语为母语，而真正在家中使用波兰语的人，更只有 7 万之谱。至于乌克兰裔的例子，也大同小异。[1]

简言之，族群及语言民族主义有可能会走上分离道路，而且也都可以摆脱对国家权力的依赖。所谓非竞争性的多语政策或双语政策，已经是普遍被采纳的政策，这种政策其实非常近似 19 世纪官方文化/国家语言与次级方言俗语之间的关系。赋予方言官定地位，使它可以和通行全国/国际的文化语言——诸如拉丁美洲的西班牙语，非洲部分地区的法语，以及通行各地的英语（菲律宾及革命前的埃塞俄比亚，都以英语作为中等教育的正式用语）——平起

---

1. Robert F. Harney, "'So great a heritage as ours.' Immigration and the survival of the Canadian polity", *Daedalus*, vol. 117/4, Fall 1988, pp. 68—69, 83—84.

平坐，这种趋势在未来应该可以持续下去。[1] 未来的语言民族主义模式，不会再像魁北克那样，是为了竞夺优势主导地位，而会以功能分化为模式。以巴拉圭为例，其都市精英会同时学习并讲西班牙语跟瓜拉尼语（Guarani），不过，除了纯文学之外，西班牙文仍然是主要的文字沟通工具。虽然自 1975 年起，克丘亚语（Quechua）就已经是秘鲁的官方语言，但它并不企图取代西班牙语，以作为日报及大学用语；同理，无论非洲或英属太平洋殖民地有哪些方言取得官方地位，但是想通往教育、财富及权力之路，还是很难不借由英语。[2]

接着我们就将根据上述推论，来总结民族及民族主义的未来。

---

1. 有关英语的重要性，参见 François Grosjean, *Life with Two Languages*（Cambridge MA 1982），书中指出：在 1974 年之前，只有 38 个国家未赋予英语正式地位；有 20 个非英语国家以英语为唯一官方用语，另有 36 国，英语只用于法庭或学校语言课程中。有关当地语言与英语的竞争，参见 L. Harries, "The nationalization of Swahili in Kenya", *Language and Society*, 5, 1976, pp. 153—164。

2. 就某方面而言，现代大众媒体（以听觉和视觉为诉求）"并不要求听众或观众一定要会读书写字"（David Riesman, *Introduction to Daniel Lerner*, *The Passing of Traditional Society*, New York 1958, p. 4），对只会一种语言的人们来说，方言文学的功用已愈来愈小，因为他们可借助大众媒体接收来自大千世界的各项资讯。收音机可说是这场文化革命的主要媒介，参见 Howard Handelman, *Struggle in the Andes*: *Peasant Political Mobilization in Peru*, Austin 1974, p. 58。我之所以对这场源于 20 世纪 60 年代初期的文化革命感到兴趣，得归功于阿格达斯（José María Arguedas）晚年的著作。阿氏曾指出：由于移民的关系，使得利马克丘亚语广播节目数量大增，这些节目通常是在这些劳苦终日的印第安人起床之际播放。

第六章

20 世纪晚期的民族主义

　　自从本书在1990年初出版迄今，已有许多新民族国家陆续建立，或正在进行如火如荼的建国运动，这种盛况堪称本世纪之最。苏联和南斯拉夫的解体，为世界增加了十六个国际承认的民族小邦，而且在可预见的将来，这场举世瞩目的民族分离运动，似乎也不会马上休止。这些新兴民族国家都符合官方意义上的"民族"，而这所有的政治骚乱，也都与排外运动有关，外国人正是所有国家意欲掠杀和驱逐的对象。由此看来，本书意欲呈现的结论，似乎有故意漠视上述发展之嫌，因为笔者力图证明的，正是作为一种带动历史变革的力量，现今的民族主义已呈衰微之势，远比不上它在19世纪30年代到第二次世界大战结束时期所发挥的影响力。

　　要否认苏联解体乃人类历史一大巨变，的确是非常可笑。作为独霸世界一方达40年之久的超级强权，苏联的崩解无疑为世界带来极其深远的影响，这场巨变究竟暗示了怎么样的未来，直至笔者伏案之际，仍是一片混沌。然而如果我们要说，苏联崩解确曾为民族主义带来某些新意，那也只限于这场变革的影响范围远超出 1918 至 1920 年的帝俄垮台——当年的骚乱主要仅发生在欧俄及外高加索一带。[1] 因为在 1989 到 1992 年丛生的"民族问题"，基本上弹的仍是民族主义的老调，而且也只局限于民族主义的老发源地——欧洲。截至今日，美洲国家并未表现出严重的分离主义倾向，至少在美加边境以南是如此。至于在盛行原教旨主义运动的伊斯兰教世界，它们关心的毋宁是扩张而非分裂。原教旨主义者想要追求的是重返伊斯兰教初创时期的真实信仰，因此我们看不出分离主义会对它们构成多大吸引力。分离主义的骚动的确曾在南亚次大陆造成不小震动，但大致仍在国家当局的掌控之下（除了孟加拉独立建国之外）。事实上，后殖民时期的国家政权，无论采纳的是自由或革命民主政体，绝大多数仍然奉行崛起于 19 世纪的民族主义传统。甘地、尼赫鲁家族、曼德拉、穆加比（Mugabe），后期的布托（Zulfikhar Bhutto）、班达拉奈克（Bandaranaike），还有尚遭软禁的昂山素季（Aung-San Su Xi）等等，都是举世知名的民族主义者。不

---

1. 尽管如此，当时已为 20 世纪 90 年代的诸多冲突埋下伏笔，例如土耳其人想在中亚推动的"泛都兰化"（pan-Turanian）的野心——所幸当时这项计划不是由凯末尔提出，而是由被他打败的政敌，诸如恩维·巴夏（Enver Pasha）等人所策划；又如日本对俄属太平洋远东地区的兴趣等等。

过，他们所秉持的民族主义绝非兰兹伯基（Landsbergis）或图季曼（Tudjman）之类的分离主义，因为套用阿泽利奥的话，他们正是所谓的"国家建构者，而非国家撕裂者"。

近来我们已看到几个后殖民时期的非洲国家陷入动荡不安的内战状态，而这种情势在未来非常可能会向外蔓延，也许连南非都难逃此劫，虽然我们非常不愿见到这种局面。可是如果把索马里和埃塞俄比亚的战祸归咎于当地人民的民族意识，归咎于他们想要据此建立主权独立的民族国家，显然太过牵强。因为这些国家境内的族群摩擦与血腥冲突，早在民族主义化为政治方案之前就已存在，而且势必比民族主义更久长。

欧洲的分离主义之所以在最近如星火燎原般蔓延各地，主要是 20 世纪的历史背景造成的。凡尔赛和约和布列斯特—立陶夫斯克条约所种下的恶因，至今仍在发酵之中。哈布斯堡帝国与土耳其帝国的永久瓦解，以及俄罗斯帝国的短暂崩溃，除了产生了一组命运类似的民族国家之外，也顺带把长久困扰它们的民族问题一并传给这些新国家。这些问题的沉疴之深，除了大规模屠杀或强制驱离，似乎都很难化解。在 1988 到 1992 年间爆发出来的种种议题，早在 1918 到 1921 年间就已诞生。正是在那场安排之下，捷克和斯洛伐克才首度携手建国；斯洛文尼亚（原属奥地利）、克罗地亚（一度是对抗土耳其的武装区）和塞尔维亚（原属奥斯曼帝国的东正教徒）三族，也不顾彼此长达千年的恩怨情仇，共组联邦。罗马尼亚在这段时期的领土倍增，带来的却是境内各族的摩擦丛生。德国人乘战胜俄国之便，在波罗的海沿岸建立了三个民族小国，这三个民族以前完全没有建国先例，至少爱沙尼亚和拉脱维亚是如此，也未曾发出明显的建国呼声。[1] 这三个小国家后来又被战胜的协约国保留下来，以作为预防布尔什维克"病毒"扩散的"防疫区"（quarantine belt）。在俄国势力最弱之际，德国扶植了格鲁吉亚与亚美尼亚独立建国，英国则乘机鼓动富藏石油的阿塞拜疆独立。在 1917 年之前，外高加索地区的民族主义（如果这个词对阿塞拜疆土耳其人那种草根性的反亚美尼亚情绪不嫌太过的话）并未构成严重的政治问题：对亚美尼亚人来说，他们担心的恐怕是土耳其而非莫斯科；阿塞拜疆更公然支持主张与俄国统一的孟什维克党。不过同样由多民族组成的俄国，还是比哈布斯堡和奥斯曼帝国多存活了三个世纪，这主要得归功于十月革命和希特勒。随着俄共赢得内战，乌克兰分离主义就此瓦解；而俄共的收复外高加索地区，也连带将地区性的分离势力一并铲除。不过苏联在外高加索地区的胜利，部分是由于和土

---

1. 这是根据 1917 年 11 月召开的俄罗斯立宪大会（Russia Constituent Assembly）的投票数据所作的分析，参见 O. Radkey, *Russia Goes to the Polls*, Ithaca 1988。

耳其妥协，从而为日后族群冲突留下不少敏感问题，其中最著名的就是住在阿塞拜疆境内卡拉巴赫山区（Mountain Karabakh）的亚美尼亚人。[1]1939 到 1940 年间，苏联几乎将帝俄时期的领土一一收复，除了芬兰（在列宁的同意下，芬兰以民族自决和平取得独立地位）和波兰之外。

如果要用一句话来形容 1988 到 1992 年的分离狂潮，称它是"1918 到 1921 年的未竟事业"，无疑最为贴切。相反，那些在 1914 年之前，看似由来已久、积重已深的民族问题，虽然的确对欧洲政坛构成不小威胁，但始终没有酿成动乱。比方说由来已久的"马其顿问题"，虽然曾在诸多国际会议上成为专家学者的舌战焦点，但却不是南斯拉夫内战的引爆点。相反，在内战期间，马其顿人民共和国竭力避免卷入塞尔维亚和克罗地亚的争端。同样，乌克兰是唯一一个在帝俄时代就曾发起民族运动的地区，虽然它所主张的民族诉求并不是分离主义。可是当波罗的海三小国和外高加索地区诸共和国高举分离旗帜之际，乌克兰却表现得非常低调，它一直留在当地共产党的控制之下，

---

1. 亚美尼亚人的情形正足以说明根据地域来界定民族的困难性。在 1914 年之前，现今的亚美尼亚共和国（以埃里温为首都）这块土地对亚美尼亚人而言，根本不具特定意义。"亚美尼亚"最初是在土耳其境内。俄罗斯境内的亚美尼亚人除了为数庞大的国内和国际离散者之外，主要是由一支外高加索农牧民族和一群都市人口所组成。因此我们可以说，"亚美尼亚"是世界各地的亚美尼亚人被灭绝或驱逐之后才形成的国家。

直到 1991 年 8 月苏联全盘解体，它才走上独立之途。

奇怪的是，列宁从威尔逊手上接收过来的"民族"定义及民族渴望，却自动创造出一条条裂缝，日后共产党所建立的多民族国家，就是沿着这些裂缝崩解开来。这种情形就像是后殖民国家的国界，完全是沿袭自帝国主义在 1880 到 1950 年所划定的殖民疆界一般。在苏联这个例子中，我们可以进一步指出：悉心致力于在那些从未组成过"民族行政单位"（亦即现代意义的"民族"）的地方，或从不曾考虑要组成"民族行政单位"的民族（例如中亚伊斯兰教民族和白俄罗斯人）当中，依据族裔语言的分布创造出一个个"民族行政单位"的，正是共产党政权本身。认为哈萨克、吉尔吉斯、乌兹别克、塔吉克和土库曼这几个苏维埃共和国都是民族主义的产物，显然只是苏维埃知识分子一厢情愿的想法，而非这些中亚部族想要追寻的目标。[1]

同理，认为造成苏联瓦解的狂涛巨浪，乃是这些中亚民族所掀起，因为他们不满于"民族压迫"或受召于伊斯兰宗教意识，也只是某些西方观察家一厢情愿的理解，这些观察家一向对苏维埃制度持高度怀疑，也不认为它可以长久维持。事实上，除了某些曾在斯大林掌政时代被驱逐到偏远地区的少数民族，大多数中亚部族在苏联解体之前，

---

1. Cf. Graham Smith（ed.）, *The Nationalities Question in the Soviet Union*, part IV: "Muslim Central Asia", London and New York 1990, e.g. pp. 215, 230, 262.

都不曾兴起强烈的政治反抗运动。中亚各共和国的民族主义运动，乃是后苏联时代的产物。

1989 年之后的东欧剧变，本质上并不是源自各民族之间的紧张情势，尽管在波兰和南斯拉夫各民族之间，的确曾出现民族主义的呼声，但大体仍维持在国家当局的掌控之下。造成这场剧变的主要原因，应该归结于苏联当局决定进行自我改革，而这么做的结果是：（1）丧失卫星国家的武力支持；（2）其赖以运作的中央领导体制和权威结构逐渐式微；（3）巴尔干基地备受侵蚀，甚至在独立共产党国家当中都面临挑战。我们可以说民族主义是这场剧变的受惠者，但它绝非肇事者。正因如此，世界各国才会对东欧政权的乍然崩解震惊不已，因为这项发展完全出乎预料。

此外，我们也可以比较 1871 年的德意志统一和 1990 年的两德统一，并从中看出民族主义的角色转换。1871 年的德意志统一可说是人民长久以来的渴望，也是德意志境内最最重要的核心大事，就算是反对统一之人，也都得时时关心这项发展。甚至连马克思和恩格斯都认为，当时的俾斯麦"就像 1866 年一样，正在以他的方式做我想要做的工作"。[1] 可是 1990 年的两德统一就完全不同，直到 1989 年秋，联邦德国各主要政党除了口头说说之外，并没

---

1. Engels to Marx, 15 August 1870, Marx-Engels, *Werke* vol. 33, Berlin 1966, p. 40.

有任何一个政党认真思考过两德统一的实际问题。原因不仅是因为大家都知道除非戈尔巴乔夫点头，否则统一根本是不可能的事；更是由于以民族主义为诉求的组织和活动，都只是联邦德国政坛上的边缘势力。在民主德国那边，德国统一的渴望在 1989 年秋之前，同样无法打动政治反对派或一般百姓——这些民主德国百姓以其大举出走预告德共统治的垮台。随着 1989 年秋后的局势发展，对未来充满疑惧与不定的两德人民，自然会欢迎两德统一。但是从这场统一来得这么突然且毫无准备，显示两德统一乃是德国人意料之外的外力副产品，不管他们在表面上怎么用民族主义加以装饰，也无法改变这个事实。

至于苏联的崩解，也不是如同某些苏联问题专家所言，是导因于境内的民族紧张情势，[1] 虽然这的确一直是苏联的隐忧之一。促使苏联瓦解的真正关键，应该是它所面临的经济困境。苏共改革派认为：开放（glasnost）是国家重建（perestroika）的基础，因此他们重新打开言论及批评自由，并削弱其政权和社会赖以维系的中央集权体制。然而重建失败使一般人民的生活水准大幅度滑落，连带也使联邦政府的威权尽失，于是各个地区才在这种情势的鼓舞或迫使下，起而自力救济。我们有充分证据指出，在戈尔巴

---

1. Helène Carrère d'Encausse, *L'empire éclaté*, Paris 1978; *idem*, *La gloire des nations*, *ou La Fin de l'empire sovietique*, Paris 1990.

乔夫掌政之前，苏联境内除了波罗的海三小国之外，没有任何一个共和国曾动过独立建国的念头，即使波罗的海三小国，独立也不过是一场美梦罢了。但我们也不能就此辩称，苏联完全是靠威吓人民和武力镇压来维系其不坠，虽然威吓镇压的确有助于使多民族杂居地区的族群冲突，不至于恶化成种族屠杀的悲剧，进而一发不可收拾。在勃列日涅夫长期主政时代，地方自治绝非空中楼阁。俄罗斯人便曾为此一再抱怨，认为其他共和国的自治权好像都比俄罗斯共和国的人民好得多。因此我们可以说，苏联及其境内各多民族共和国的民族不和，毋宁是莫斯科诸多政策的结果而非原因。

奇怪的是，这种沛然莫能御的民族分离运动，在西欧席卷的强度竟比东欧犹有过之。好几个最老牌的民族国家，都因这类骚动濒于分裂：比方说，联合王国、西班牙、法国、程度比较轻的瑞士，以及最严重的加拿大。魁北克（脱离加拿大）、苏格兰（脱离英国）或其他地区是否真能争取到完全独立，在今天（1992 年）仍是有待观察之事。不过自第二次世界大战结束以来，除了控制在苏联之下的红色欧洲之外，成功地完成分离建国目标的例子可说非常罕见，至于以和平方式完成这项大业的，更是绝无仅有。不过无论如何，魁北克和苏格兰的分离主张，如今已被当作有可能实现的议题放在台面上讨论，这在 25 年前根本完全无法想象。

　　虽然民族主义是一种不可能避得掉的历史力量，但它的确不复具有其全盛时期（自法国大革命以迄第二次世界大战后帝国殖民主义终结）那种呼风唤雨的神效。

　　对 19 世纪的"已开发"世界而言，"民族"创建可说是当时的历史核心，也是当时人们心中的伟大事业。他们致力创造出一种结合"民族国家"与"国民经济"的新"民族"。到了 20 世纪上半叶，对那些所谓的"依赖国家"，特别是对殖民地区来说，民族解放和独立运动已成为它们追求政治解放的主导力量，它们可借此摆脱殖民帝国的行政和更重要的军事掌控。[1] 这种举世蜂起的解放运动，是他们早半个世纪万万意想不到的。如我们先前所提，第三世界的民族解放运动，在理论上虽是套用西方民族主义的模式，可是它们实际想要塑造的国家，却与西方民族国家的标准背道而驰，不管在族裔或语言上皆不具同质性。不过即使如此，这两种民族主义之间的关系，仍是相似性多于相异性。因为二者所追寻的都是主权独立和国家统一，只不过在后者身上更常看到力有未逮的情形。

---

1. 这类解放战争的规模之大，已迫使强权动用他们所有的武器（除了核武器和生化武器之外），而且仍无法取得成功。在第二次世界大战之前这是无法想象的，韩战和越战就是两大实例。

时下流行的分离主义或族群民族主义，就不具备这么积极明确的计划和前景。光从下面这点就可以看出：它们不顾历史上毫无具体前例的事实，便一味想要重现马志尼模式，创造一种族群、语言与国家领土一致重合的民族国家（"所有的民族都是国家，一个民族只有一个国家"）。证诸以往历史，这种理想根本就行不通；而且如我们在前文中所指出的，这种主张也完全不符合20世纪晚期的语言和文化潮流。

在下面我们将会看到，分离主义根本无法切中20世纪晚期所面临的问题，因为它既不能解决普遍性问题，除少数幸运的例子外，甚至也无法解决地方性难题。它只会雪上加霜，让民族问题变得更棘手。

不过，族群认同的情感渲染力的确很难否认，它可以为"我们"贴上特定的族群和语言标签，以对抗外来或具有威胁性的"他们"。尤其是在20世纪后半期，每当疯狂的战端既起，它便会激起普遍的爱国热情，比方说，英阿马岛战争就被幻想成：代表英国的"我们"与代表阿根廷的"他们"在南太平洋那块满是沼泽的贫瘠小岛上，进行殊死战。此外，它也使排外主义变成当今世界上散布最广的群众意识形态。排外主义可说是种族歧视的准前身，在20世纪90年代的欧洲和北美地区，随处都可见到它的身影，其普及程度甚至高于法西斯当道的那些年，然而它却比马志尼式的民族主义更空泛，更提不出具体的历史方略。排外主义甚至不想以另一种假面来掩饰其愤怒不满。排外主义只有一种面貌，虽然我们宁可连这种面貌也不要看到。

那么，这一次它的愤怒不满所为何来？似乎和历史上每一次的族群排外主义一样，这一次它也是弱势不满者的反动，想借此筑起壁垒挡住现代世界的侵袭。这种情形，就像当年布拉格境内的日耳曼人被捷克移民逼退到角落时，所自然产生的反应一样。弱小语族对抗不了人口变迁的事实所在多有，比方说，不管是说威尔士语的威尔士人或讲爱沙尼亚语的爱沙尼亚人，他们在其人口结构中所占的比例，已低到无法在现代世界继续维持其语言文化的地步。因此在这两个地区最具爆炸性的议题，自然是他们无法控制只会讲英语和只会说俄语的移民涌进。不过，这种排外情绪有时也会在比较大的族群身上看到，虽然他们的语言与文化传承并没有或看不出有受到威胁的倾向。其中最荒谬的例子发生在 20 世纪 80 年代晚期的美国，当时竟有几个州的人士要求立法明定英语是美国唯一的正式语言。之所以如此，是由于当时在美国的某些地区，讲西班牙语的移民人数已多到足以使某些美国人产生如下的政治妄想：认为英语在美国的优势地位已经或即将沦丧。

到底是何因素引燃了这类防御性反动？且不管造成这类反动的威胁是真实的抑或想象的。答案是跨疆越界的人口移动，加上快速、根本而又毫无前例的社会经济变迁，而这两者的结合正也是 20 世纪第三个二十五年的历史特色。法裔加拿大人就是最好的说明实例，这股强大的历史潮流，无疑大大加深了他们的小资产阶级语言民族主义，也激化了他们对未来世界的愤怒。根据报告指出，加拿大总人口当中约有四分之一以法语为母语，法语社群大概是以英语为母语之社群的一半，加拿大联邦政府大力推行双语政策，国际上也大力支持法语文化，1988 年就读法语大学的学生更高达 13 万人。这些资料似乎都显示法裔加拿大人的地位与未来应该是足够安全的。然而高唱民族主义的魁北克人却不作如此想。他们在历史浪潮还根本打不到他们的时候，就紧张地连忙撤退；他们不思成功进击，只求退而自保。[1] 于是魁北克民族主义放弃了居住在新布伦斯维克（New Brunswick）和安大略（Ontario）这两个英语省份里的大批法语人口，因为这样他们才能把自己固守在一个自治甚或独立的魁北克省里。法裔加拿大人的"不安全感"，可以从他们不信任中央政府当前推行的"多元文化政策"看出，他们深信这项政策的目的，是想"利用多元

---

1. Léon Dion, "The mystery of Quebec", *Daedalus*, vol. 117/4, Fall 1988, pp. 283—318 便是一个好例子，文中指出："这一批新生代之所以没有表现出如其父祖般的热诚，誓死护卫法语，部分是因为他们觉得'法语宪章'（French Language Charter）已提供足够的保护……部分则是由于加拿大的英语系和其他语系的人口，对法国人愈来愈宽容之故。"

文化所产生的政治重量，来压碎法裔人口的特殊需求"。[1] 这种不信任感，更因 1945 年之后涌进的 350 万移民而增强，这些移民通常都会选择让子女接受英语教育，因为在北美洲的就业市场上，英语显然比法语吃香。可是如果根据报告资料，这些移民对英裔加拿大人的威胁应该远超过法裔加拿大人，毕竟在 1946 到 1971 年间，只有 15% 的移民定居魁北克省。

造成法裔加拿大人不安的真正原因是他们对社会洪水的恐惧，这场洪水已经可以从天主教会的乍然崩解看出端倪，因为无论是住在乡间或镇里的法裔加拿大人，世世代代都是保守的天主教徒，他们恪守宗教礼仪，并遵行上帝的意旨生养子嗣。但自 20 世纪 60 年代起，魁北克居民上教堂做弥撒的出席率，竟从早年的 80% 陡降至 25%；与此同时，魁北克也变成加拿大出生率最低的一省。[2] 不管促成魁北克社会变迁的原因何在，这场变迁肯定会创造出迷失方向的一代，他们急着寻找新指标，以替代正在瓦解中的旧指标。因此有人说：激昂奋进的魁北克分离主义，正是传统天主教的替代品。这种猜测很难证明是对是错，但

---

1. R. F. Harney, "'So great a heritage as ours.' Immigration and the survival of the Canadian polity", *Daedalus*, vol. 117/4, Fall 1988, p. 75.

2. Gérard Pelletier, "Quebec: different but in step with North America", *Daedalus*, vol. 117/4, Fall 1988, p. 271; Harney, "So great a heritage as ours", p. 62.

也不是毫无可能。至少对笔者而言就不是无法想象的事，因为我确曾看过一种完全非传统、甚至完全反传统的好战民族主义，在北威尔士的年轻一代中浮现。就像当教堂已空，牧师和学者不再是社群代言人，甚至连众所遵行的禁欲之风都已荡然无存之际，还有什么东西可让人一眼就看出他们是清教文化及清教社群的一员呢？

大规模的人口流动和经济震荡，自然使这种迷失感更深一重，而这些都与地方民族主义的兴起有着某种关联。[1]在我们所居住的都市化社会里，随处都可遇到外来的陌生客，这些失了根的男男女女，像是在时时提醒我们，民族之根是很脆弱易枯的。

在西方的前共产主义社会中，原有的生活结构不管是好是坏，毕竟是人们熟悉而且知道该怎么在里面生活的，如今这种结构全然瓦解，社会失序感也就随之日愈严重。于是罗奇指出，现今中欧的民族主义或族群认同，是"一种替代品，在一个碎裂的社会里替代原先的凝聚作用。当

---

1. 魁北克省首府蒙特利尔一直是加拿大人口最多、商业也最繁荣的城市，然而日渐高涨的魁北克民族主义却在 20 世纪 70 年代造成大量商业外移，并因此造福了多伦多城（Toronto）。"这个城市即将沦为影响力弱得多的地区中心，与魁北克和东加拿大的命运纠缠在一起。"尽管少数族群的语言问题对蒙特利尔的影响远比对其他城市来得小，但并未因此稍减蒙特利尔的语言好战性。在多伦多和温哥华两地，英裔清教徒已不再是多数人口；然而蒙特利尔的法裔加拿大人却依然高达总人口的 66%。参见 Alan F. J. Artibise, "Canada as an urban nation", *Daedalus*, vol. 117/4, Fall 1988, pp. 237—264。

社会崩倒，民族便起而代之，扮演人民的终极保镖”。[1]

　　社会主义和前社会主义的经济体制，可说是由柯尔奈（Janos Kornai）所谓的“短缺经济”（economy of shortage）所主导。[2] 在这种经济制度下，族群就像亲属和其他互惠式或依附式的网络一样，原本就具有比较高的凝聚功能。在分配极其有限的资源时，它可提供“同一群体之成员优于‘其他’群体成员的好处”；[3] 同时也可用来规定“其他人”的权利次于“我们”。在那些原有的全国性社会和全国性政府彻底瓦解的地方，比方说苏联，“外人”（outsiders）顿时变得孤立无援。“各市镇和各共和国都纷纷筑起高墙，防堵移民”。只限当地使用的粮票，把市场切割成一块块各自独立的迷你经济，“以保护本地资源……免于‘外人’侵夺”。[4]

　　可是在后共产主义社会中，族群或民族认同的最重要功能，却是用来判定哪些人是无辜者，哪些人是罪魁，这

---

1. M. Hroch，“Nationale Bewegungen früher und heute. Ein europäischer Vergleich”，unpublished paper 1991，p. 14. 罗奇特别强调：当前东中欧地区所掀起的民族复兴浪潮，其所承续的通常都不是旧民族主义传统，而是传统的再发明，是一种“幻象重演”（Illusion der Reprise）。“就像 19 世纪的捷克爱国主义者总是穿戴成胡斯派战士的模样，当代的东欧民族运动自然也套用 19 世纪爱国者的戏服。”

2. J. Kornai，*The Economics of Shortage*，Amsterdam 1980.

3. Katherine Verdery，unpublished draft on “Nationalism and the ‘Road to Democracy’”，p. 36.

4. Caroline Humphrey，“‘Icebergs’，barter and the mafia in provincial Russia”，*Anthropology Today*，7（2）1991，pp. 8—13.

些罪魁必须为"我们"眼前的苦难负责，因为共产党政权已经不见，再也不能拿它当替罪羔羊。有人曾经这样形容捷克斯洛伐克："这个国家已经被异己（otherness）塞满。每个人都忙着指着别人骂，直到食指痛得再也举不起来为止。"[1] 这种情形不只是后共产主义国家的专利，而是举世皆然的现象。在经历了人类历史上变动最快、最巨的 40 年后，"我们"痛苦委屈、充满不安、不知未来的方向何在，这些都是"他们"造成的，"他们"必须为"我们"今天的苦难负起全责。那么，"他们"是谁？显然，"他们"就是"非我族类"（not us）的人，是那些外来的陌生客，因为他们是外人，于是也就成为我们的敌人。不管是现在的外人、从前的外人，甚至观念上的外人，都是我们的敌人。尽管今天在波兰境内已完全看不到犹太人，但是反犹太的波兰人还是把他们的所有苦难都算在犹太人账上。如果在眼前、以往或观念上都找不到那些该死的外国人的影子，那么就得发明他们。不过处在千年尽头的我们，根本没有发明"他们"的必要，"他们"在我们的城市里随处可见，而且一眼就可认出。他们酿成公共危害，传播污染；他们不仅横行在国境之间，也超乎我们的控制之外；他们甚至仇视我们，轻视我们。在比较不幸的国家里，"他们"始终是我

---

1. Andrew Lass, quoted by Verdery, "Nationalism and the 'Road to Democracy'", p. 52.

们的邻居，就是因为我们和"他们"并存，属于我们的人民和我们的国家的独特之处，才会在今天变得这么衰弱。

如果说最近崛起于世界各地的"原教旨主义者"与这类族群／民族反动有任何相同点，那就是二者所诉求的对象都是"无法容忍自己的存在是一种随机偶然，但又无法对其存在加以解释的人们，于是他们便经常会聚集在某些人的领导下，这些人可以提供他们最完全、最独特和最夸张的世界观"。[1]原教旨主义者被人视为是"永远的反动分子"。"某些力量、趋势或敌人，一定要被理解为潜在的或真正的腐蚀物，因为它们会侵害或危及一个人的行动，以及他所珍视的一切。"原教旨主义者所强调的"基本事物"，"总是源自其圣史中最初始、最纯粹的阶段"。这些事物"被用来当作人我之间的界限，以便吸引同类，排斥异己"。这与齐梅尔（George Simmel）早期的观察若合符节，齐梅尔指出：

> 生活在冲突之中的团体，特别是少数团体……通常都会拒绝其对方的示好或容忍。因为这样一来，其对手的排他性就会被模糊掉，而他们也将无法继续战斗下去。……在某些特定的群体里，确保某些敌人的

---

1. Martin E. Marty, "Fundamentalism as a social phenomenon", Bulletin, *The American Academy of Arts and Sciences*, 42/2 November 1988, pp. 15—29.

存在甚至是政治智慧的一部分，因为如此才能有效地
维系群体团结，才能时刻提醒他们：团结一致乃生死
攸关的大事。[1]

从上面的讨论中，我们可以看出原教旨主义者与近来
某些族群／民族主义现象，确有不少相似之处，特别是当
后者系建立在该族群特有的宗教信仰之上时，比方说信仰
基督教的亚美尼亚人与信仰伊斯兰教的阿塞拜疆土耳其人
之间的对抗；又比方说以色列近来兴起的自由派犹太复国
主义（Likud Zionism），该派特意标举《旧约》，与犹太
复国运动创始人所秉持的世俗性，甚至反宗教的意识形态，
简直背道而驰。[2] 在那位外星访客眼中，族群主义、排外主
义和原教旨主义，可能只是一体的多面。然而事实上，它
们之间还是有一道非常重要的分野存在。不管原教旨主义
者的宗教立场为何，该派都为个人及社会提出一套详尽且
明确的行动方案；虽然这个行动方案是取材自古律或旧传
统，而且也不见得契合当今的社会情势。比方说原教旨主

---

1. Martin E. Marty, "Fundamentalism as a social phenomenon", Bulletin, *The American Academy of Arts and Sciences*, 42/2 November 1988, pp. 20—21.
2. 根据正统的犹太教义，人们当然不应在弥赛亚重返之前，便在以色列建国，以收纳所有的犹太人。不过至今我们仍无法确知，正统犹太教对犹太复国运动的反对究竟是增强了还是减弱了。占领区内的犹太定居者皆被谆谆告诫，在宗教仪式上所使用的各项物品，绝不要令人联想起犹太原教旨主义者，因为原教旨主义者一直都想尽办法要把整套宗教仪式强加在世俗社会当中。

义者针对眼前这个堕落邪恶社会所提出的替代方案是：妇
女应蒙面纱；窃盗者断其手足以示惩戒；谨遵古礼，严禁
酗酒；奉《可兰经》或《圣经》为最高智慧，以之为生活
圭臬、道德指引，等等。然而所谓的族群或语言民族主义，
却没有为未来提供任何指南，即使是新国家已经在这样的
标准上建立起来，它们依然提不出任何社会纲领。它们有
的，只是一味反对那些可能威胁到其族群认定的情事或
"异己"。造成这种差异的原因在于，原教旨主义者是以普
世的真理为诉求，不管实际上它所汲取的真理范围有多狭
窄、多宗派性，但在理论上它是适合全人类的；然而族群
民族主义其眼界仅及于我"民族"之人，他者，也就是绝
大多数人类，皆被排除在外。再者，当原教旨主义者还能
在某种程度上诉诸保存在宗教仪式中的习俗与传统时，族
群民族主义若不是对其真正走过的来时路充满敌意，就是
在其废墟上兴起。

从另一方面来看，民族主义倒是有一点胜过原教旨
主义者。由于民族主义欠缺明确内涵，亦无具体行动方
案，反而因此在其群体内普遍获得支持。除了在名副其实
以反对现代性为志向的传统社会之外，全世界的原教旨主
义者似乎都只是少数派。这个事实可能被隐藏在它的强势
外表下，比方说，它夺取了伊朗政权，成为人民的共同
信仰，不论人民是否甘心采纳；又比方说，它在以色列和

美国，通过有力信徒的全力动员，在民主选举的体制下取得良好的战略位置。不过，今天大家都心知肚明，"道德上的多数"并不是真正的多数，就好像"道德上的胜利"（掩饰失败的传统辞藻）绝非真正的胜利一样。可是民族主义却真能动员到几乎全族群的力量，尽管它的诉求依然空泛而不实际。很少有人会怀疑，散居在世界各地的犹太人，随时准备"为以色列而战"；绝大多数的亚美尼亚人，都主张应将阿塞拜疆的纳戈尔诺—卡拉巴赫（Nagorno-Karabakh）归还给亚美尼亚；而多数的弗兰德斯人，也会尽可能不说法语。只是当这种民族情感认同的不是整个族群，而是其中的一个特定部分，例如认同的不是全"以色列"，而是比金（Begin）、夏米尔（Shamir）或夏隆（Sharon）等人的政策；不是威尔士人而是威尔士语；不是对抗法国人的弗兰德斯人，而是特定的弗兰德斯民族政党，当这种情形发生时，上述的团结一致就会立时崩解。[1]因为当某个运动或政党特别标举"民族主义"——几乎都是分离主义——他们通常都是部分或少数利益的代言人，或是政治上的骚动和不安力量。从苏格兰、威尔士、魁北克及其他民族政党过去 20 年的发展，就可以看出这

---

1. 自 1958 年到 1974 年间，比利时三大主要政党（就弗兰德斯人的观点而言）在弗兰德斯选民当中所获得的总得票率，从未低于 81.2%。See A. Zolberg in M. Esman（ed.），*Ethnic Conflict in the Western World*, Ithaca 1977，p. 118.

种不稳定感，因为其成员数量和选举前景都处于快速变动之中。这类政党总喜欢把自己比拟成分离意识的象征，代表对"外人"的敌视，也等于自我族群的"想象共同体"，但事实上，它们并非这类民族舆论的唯一发言人。

这种渴求归属的痛苦与迷惑，同样也表现在"认同政治"（politics of identity）——不特指民族认同——上，但这只是一种对"法律与秩序"的渴望，只是社会失序的另一种反射，而非历史的推动力量。族群民族主义也好，认同政治也罢，二者都只是病征而非病因，更谈不上药方。不过无论如何，人们还是创造出民族与民族主义幻象，想用它来作为迎接第三个新千年的防卫力量。这种民族幻象更因语意上的错觉而膨胀，因为在今天，几乎所有国家都会自动被官方转译为"民族"（并因此具有联合国成员资格）。于是所有的民族运动都以民族自治为追求目标，因为这样一来，不管它们具不具民族资格，都可以把自己想象成"民族"；而所有由区域、地方，甚至小区段发起的反中央运动，如果可能的话，也都会披上民族主义外衣，特别是族群与语言民族主义那种款式。因此在表面上，民族及民族主义的影响力似乎无所不在，尽管事实并非如此。阿鲁巴（Aruba）计划脱离荷属西印度群岛独立，因为它不想依附在库拉索岛（Curaçao）之下。我们可以因此就认为阿鲁巴是一个民族吗？而库拉索或苏里南（Surinam）呢？苏里南早已是联合国的一员。康沃尔人（Cornish）何其有幸，可以把他们的不满包装在"塞尔特传统"的迷人色彩下，因为这种色彩无疑可以提高他们的可见度。不过他们倒是得因此重新发明已中断达两百年的塞尔特语，事实上，真正源自当地且普及于民众的公共传统，只有卫理公教派（Wesleyan Methodism）。其他地方就未必有康沃尔这么幸运，比方说像默西赛德（Merseyside），当地足堪或勉强可用来争取其地方利益的象征，就只有甲壳虫乐队、利物浦喜剧作家和他们所向无敌的足球队——不过在运用足球队这个象征时，得特别小心谨慎，千万别提及任何与橘队或绿队有关的事，以免造成居民分裂。因此默西赛德很难在民族号角下前进。但康沃尔就可以。可是造成这两个地区人民不满的原因，难道有什么不同吗？

事实上，民族分离主义或族群冲突的兴起，部分或许可归因于第二次世界大战后的国家创建原则完全与威尔逊倡导的民族自决无关，这点不仅不同于第一次世界大战后，也与一般人的想法相反。第二次世界大战后的国家可说是下列三大势力的结果：反殖民化，革命，以及外力干预。

一个国家若是经由反殖民化而建立，这意味着该国系从原有的殖民行政区脱胎而成，继承的是原有的殖民疆界。这样的疆界在划定之初，显然完全未曾考虑当地居民，甚至可能连当地有哪些居民都不知道。因此对其境内居民而言，民族甚至民族原型都是无意义的。唯一具有民族观念的，只有接受殖民教育或西化的少数精英，不过他们的人数实在太微不足道。此外，在那些殖民领地面积太小或太过分散的地方，例如诸多殖民群岛，它们的分合更完全是根据方便原则或地方政治而定。无怪乎这些新兴国家的领导人物虽不断呼吁其国民超越"部落主义"、"教群主义"，或任何会削弱其公民认同的力量，结果都是徒劳。

简言之，这些领袖所提出的"民族"和"民族运动"诉求，都是民族主义的反义词，因为民族主义所要团结凝聚的对象，是具有共同的族源、语言、文化、历史传统，或其他特质的人民。实际上，这种诉求乃是国际主义（internationalism）。我们可以在第三世界的民族解放运动中看到如下现象：在那些主要是靠民族运动完成其国家解放的地区，其解放运动领导人展现较为明显的国际主义；反之，在那些国家解放主要是由殖民者松手造成的地方，其解放运动领导者的国际主义便较不明显。至于先前被当作或看似被当作"人民"（the people）团结运动来加以操作的各种力量，在独立之后，都面临非常戏剧性的崩解。有时，例如在印度，其团结运动甚至在独立之前便已瓦解。

最普遍的情形是，独立一旦完成，各种冲突便告爆发。参与独立运动的各族人民开始内斗（比方说阿尔及利亚的阿拉伯人和柏柏尔人），加入独立与置身事外的族群也互相不满，甚至运动领导人所秉持的跨区域世俗主义也和群众的宗教地域情感发生抵牾。一旦这些由多族群、多教群组成的新兴国家，因冲突而爆发战争，甚至危及国家统一，自会引起国际视听的争相关注——例如1947年的印巴分治，东西巴基斯坦分裂，以及斯里兰卡的泰米尔分离运动等。但我们切莫忘记，在一个以多族群、多教群国家为主要模式的世界里，这些分裂只是少数特例。考茨基在30年前曾经指出："包括多语言、多文化群体的国家，如非洲和亚洲多数国家，至今仍未分离；而那些讲着同一种共同语言的群体，例如阿拉伯和北非，至今也尚未统一。"[1] 于今看来，这句话仍是对的。

外力干预，无论在动机或结果上，都是非民族主义的，除非纯属意外。个中道理极其明显，无须多加解释。至于社会革命的影响，大致也是非民族主义的，只不过其中关联较为暧昧，不像前者那么明确。社会革命家多半都深知民族主义的影响力，也会在意识形态上支持民族自治，即使民族自治并非该民族所想要的。自1917年起，社会主义国家唯一严格遵守的宪政安排，便是民族联邦与民族自

---

1. John H. Kautsky, "An essay in the policies of development" in John H. Kautsky (ed.), *Political Change in Underdeveloped Countries: Nationalism and Communism*, New York-London 1962, p. 35.

治。当其他宪政承诺长期以来仍停留为空头支票之际，民族自治却始终有某种程度的实际运作，不曾中断。不过，只要这类政权——至少在理论上——不等同于其组成民族中的任何一个，[1] 且认为诸民族成员的个别利益都次于更高的共同目的，那么它就是非民族的。

于今回顾，我们不免感叹，在制止多民族国家爆发民族冲突一事上，共产党政权的确取得莫大成功。南斯拉夫革命确实有效阻止其内部各民族彼此残杀，并创造出该地有史以来最长的民族和平期，只可惜当年的成功已成明日黄花。苏联潜在的民族争端，长期以来一直控制得很好（除了第二次世界大战期间），但如今已决然溃堤。在苏联权力撤出之前，其境内各民族备受外界抨击的"种族歧视"甚至"民族压迫"，远少于苏联权力撤出之后。[2] 再者，虽然苏联官方自 1948 年以色列建国以来，便从不隐瞒其反犹主张，但我们绝不能把这种官方反犹和民间反犹情绪的兴起相提并论——自苏联再度允许人民进行政治动员之后，这类民间反犹声浪便四处可闻——更不能把第二次世界大

---

1. 罗马尼亚在齐奥塞斯库（Ceausescu）主政时期所推行的"罗马尼亚化"政策，可说是罕见的例外情形。这项政策打破了自第二次世界大战后共产党掌政以来所确立的民族自治原则。
2. 这么说并不表示战争期间那种基于民族差异所大肆推行的大规模集体迁移是可以原谅的。除非这种强迫迁移是为了保护这群人免遭灭绝，否则都是不可原谅之举。

战期间的波罗的海和乌克兰地区的犹太大屠杀算在苏联头上。[1] 诚然，我们也许可以说当今的族群冲突，乃是对第二次世界大战后这种"非族群"或"非民族"建国原则的反动。但这却不意味着这类族群反动曾提出任何替代方案，可作为 21 世纪的政治重建原则。

以下观察也可以支持这一点。"民族国家"在今日，显然已正在失去其旧有的一项重要功能，亦即组成一个以其领土为范围的"国民经济"。在以往，"世界经济"大楼便是由这些"国民经济"一砖砖砌成，至少在已开发世界是如此。但自第二次世界大战结束之后，特别是自 20 世纪 60 年代以降，"国民经济"的角色已逐渐隐身，甚至因国际分工这项重大转变而显得令人怀疑。在国际分工的发展下，经济的基本单位已由大大小小的跨国或多国企业所取代。它们借由国际金融中心和经济交换网络进行沟通，这些中心与网络都不在任何政府的控制范围内。由各政府共组的国际组织（intergovernment international organization），从 1951 年的 123 个，增加到 1972 年的 280 个，乃至 1984 年的 365 个；而非政府的国际组织（international non-government organization）数目，也从 1951 年的 832 个，

---

1. Arno Mayer, *Why Did the Heavens not Darken? The "Final Solution" in History*, New York 1989, pp. 257—262.

扩大为 1972 年的 2173 个，以及 1984 年的 4615 个。[1] 在
20 世纪末的今天，仍维持有效运作的"国民经济"，恐怕
只有日本一国。

更有甚者，旧式的"国民经济"也没有被置换成新世
界体系下的主要建材。这种新世界体系是由诸如欧洲经济
共同体（European Economic Community）这类大型的
"民族国家"联盟所组成，且完全由诸如国际货币基金组织
这类国际体进行操控。其实这类国际体的出现，就足以显
示出"国民经济"的消退。这类国际交换体系的最重要部
分，例如欧洲美元市场（Eurodollar），是任何力量都无法
掌控的。

由于交通及通讯双重革命，加上自第二次世界大战以
来，全球各地的货物已经可以在极其广大的范围内自由流
动，因此上述世界经济模式早已不是遥不可及的梦想。这
种经济体系也带动了全世界的移民潮，不论是跨国或跨洲
移民，其声势都是自 19 世纪末以来所仅见。移民狂潮意
外激化了社群之间的摩擦和冲突，也增强了各国人民的种
族歧视心理；一个国家完全为本土居民所有，其居民还乐
意接纳外来者的世界，在 21 世纪可能比在 20 世纪更不
容易看到。今日，我们生活在一个奇怪的组合世界里，这

---

1. David Held, "Farewell nation-state", *Marxism Today*, December 1988, p. 15.

个世界以 20 世纪末的科技，依循 19 世纪的自由贸易原则，在中世纪式的贸易转接中心，运作超大规模的世界经济。如新加坡之类的城市国家再度复活；诸如汉萨钢铁场（Hanseatic Steelyards）这类享有治外法权的"工业特区"，也在各拥有完整主权的国家境内繁生；而诸多不具任何经济价值的蕞尔小岛，则化身为大企业最爱的境外税务天堂，它们的唯一功能，就是使大企业的经济交易完全脱离民族国家的掌控。在上述种种发展中，民族与民族主义意识形态显然是完全使不上力。

但这并不表示，国家的经济功能已经式微或完全被淘汰。相反，无论在资本主义国家或非资本主义国家，它所扮演的角色都日渐吃重，虽然这两个阵营的国家自 20 世纪 80 年代起，就开始鼓励私营或其他非国营企业。除了扮演传统的指导、计划和管理角色，以及公共支出和收入继续占有重要的比例之外，民族国家更因它可以通过财政及福利政策扮演社会收入的分配者，而使自己在世界各地居民的生活当中扮演更核心角色。国民经济虽然受到跨国经济挤压，但两者依然并存且互相纠缠。不过，除了最自我封闭的国家——连缅甸这样的国家都表现出想要重返世界的意愿，这种自我封闭的国家还会有多少？——或许还包括日本这个极端代表之外，传统的"国民经济"已不复往日模样。即使美国亦然，20 世纪 80 年代之初，美国仍志得意满地认为，其国内经济完全无须考虑外国因素，然而不过到 80 年代末，它却也不得不低头承认："外资早已占据大片美国市场……而今维持美国经济于不坠并助其从衰退中走向复苏的最大功臣，就是这些投注了巨额资金的外国资本家。"（《华尔街日报》，1989 年 12 月 5 日，头版）至于那些小型或中型国家，自然更难维持其经济自主权，如果它们曾经拥有过的话。

以下的观察也可以用来说明民族国家的角色。在今日，决定世界大势的政治冲突，其实与民族国家关系不大。因为近半个世纪以来，19 世纪那种欧洲模式的国家体系，早已不复存在。

1945 年后，政治世界乍然一分为二，分别由两大超级强权所领导。这两大超级强权可以贴切地形容为两大巨无霸级的民族，不过它们已非 19 世纪或 1939 年前国际体系的一部分。至于夹在两极之间的第三势力（third-party）国家，无论它们跟两强有无结盟关系，多少可以在紧要关头时扮演一下减压器，虽然证诸历史，这些第三势力国家的缓冲作用也不大。由于在美国眼里（在戈尔巴乔夫主政之前的苏联，大致也如此），两强之间的基本冲突是属于意识形态之争，因此"右派"意识形态的胜利，也就等于美国强权的胜利。于是 1945 年以后的国际政治，可说是革命与反革命的政治，与民族主义有关的议题，都只是用来强调或干扰这个主角的陪衬角色。不过这个模式已在 1989 年正式被打破，因为瓦解后的苏联已从强权宝座上退下。十月革命所划下的世界二分局势，自此再也无法主导未来的历史。这场崩解立即使世界陷入完全没有任何国际系统或秩序原则可资依循的窘境，虽然剩下那一个超级强权努力想要使自己变成独一无二的全球警察，可是这个角色所需的经济和军事成本都太高，远非它或任何一个国家所负担得起。

于是眼前的世界可说毫无体系可言。很显然，刻意强化族群与语言分野，并不能带来世界和平，甚至连短暂的休养生息也无可期待。只要看一眼西自维也纳，东迄海参崴这一大块地区在 1992 年时的处境，就可以知道所言非虚。世界地图的这五分之一，到现在都还因为种种原因无法划定。[1]

一个新的"民族的欧洲"，甚或"民族的世界"，都无法自动转换成由独立主权国家组成的欧共体或世界体。就国防武力而言，小国的独立有赖于国际秩序的保护，无论这秩序的本质为何，它至少要能保护小国免受贪婪强邻欺压并吞。由两大超强主演的全球平衡才刚结束，中东小国

---

1. 在本书写作之际，欧共体之类的组织尚未展现出它们在国际外交政策上的集体行动能力；而联合国所执行的可说是美国的政策。当然，最后的形势可能并非如此。

便立即陷入弱肉强食、非靠国际干预无法维持的情势。除非新的国际体系能在那群占现存国家总数三分之一，总人口少于 250 万，且无力自保其独立地位的国家之间确立完成，否则新兴小国的出现，只表示这个世界上的不安全政体又增添几个罢了。一旦这样的新国际体系建立起来，小国弱邦在其中所能扮演的角色，其重要性也不会超过 19 世纪日耳曼联邦里的奥登堡（Oldenburg）或梅克伦堡（Mecklenburg-Schwerin）。就经济而言，我们都清楚地看到，即使再强大的国家，也必须仰赖全球经济体系，这个体系决定了各国的内部事务，但其本身却是各国无力掌控的。脱离与其唇齿相依之大经济体独立的拉脱维亚和巴斯克"国民"经济，就像脱离法国经济的巴黎经济一样，都将变得无足轻重、微不足道。

根据今日的经济情势，我们大可以说：由于"国民经济"已臣服在跨国经济之下，因此小国的经济生命力并不亚于大国。我们也可以这样推论：以"区域"（region）作为欧共体之类组织的基本单位，似乎比以历史国家为其成员的现行制度更合理。上述两项观察都没有错，但它们在逻辑上是无关的。诸如苏格兰、威尔士、巴斯克和加泰罗尼亚之类的西欧分离主义，它们想要追求的目标，是避开其全国政府，径行以"区域"身份和布鲁塞尔进行直接往来。然而我们没有理由假设，一个事实上的小国会比一个大国更像合理的经济区域；同样我们也找不到理由解释，何以经济区域应该与一个事实上代表特定语言族群的潜在政体若合符节。[1]再者，当这些主张分离的小民族运动，认为它们最好的前景就是作为某大型政治经济体（如欧共体）的次单位时，它们其实已放弃了民族主义的古典目标：建立一个主权独立的民族国家。

总之，我们今天之所以反对"小国林立"——至少是根据族群语言划定的小国林立——不只是因为它无法为今日遭遇到的问题提供有效的解决办法，更是由于如今它已具有实现其政策的能力，只是这种政策适足以使今日的问题变得更棘手。以当今的情形观之，大国对文化自由及多元主义的保护，绝对胜于以追求族裔、语言和文化同质性为目标的小国，因为大国人民深知他们生活在一个多民族、多文化的国度内，因此必须彼此包容。了解这一点，下面两个例子就无足惊怪。当斯洛伐克民族主义在1990年开始得势之后，其所提出的第一项要求便是："确立斯洛伐克语为唯一官方语言，并强迫境内总数达60万的匈牙利裔居民必须以斯洛伐克语与官方打交道。"[2]1990年阿尔及利

---

1. Sydney Pollard, *Peaceful Conquest: The Industrialization of Europe 1760—1970*, Oxford 1981, p. vii.
2. Henry Kamm, "Language bill weighed as Slovak separatists rally", *New York Times*, 25 October 1990.

亚民族主义人士也立法规定："以阿拉伯语为阿尔及利亚国语，与官方接洽时若使用其他语言，将处以巨额罚款。"这项法令不像是表示该国已从法国影响下获得解放，反倒像是为了攻击其境内约占三分之一人口的柏柏尔人。[1] 无怪乎有人感叹：

> 在今天看来，19 世纪之前的世界似乎是美好的，那时的世界不会迫害或歧视人们的地方情感，可是这样的世界却不是今天那些民族国家"拆除大队"想要的……他们想要建立的，并不是一个包容开放的小国家；在他们眼中闪烁的，是一个由一群具有共同族裔、宗教和语言背景的人民所组成的国家。[2]

这种想要建立一元化国家的渴望，已经迫使其境内受威胁的少数民族走向自治分离之路，亦即走向"黎巴嫩化"而非"巴尔干化"。摩尔多瓦境内的土耳其人跟俄罗斯人都想逃离摩尔多瓦掌控；克罗地亚境内的塞尔维亚人想脱离主张民族主义的克罗地亚独立；高加索地区的其他人民也纷纷起而反对格鲁吉亚人独霸。最夸张的是，在立陶宛首

---

1. "Algerians hit at language ban", *Financial Times*, 28 December 1990.
2. "The state of the nation state", *Economist*, 22 December 1990—14 January 1991, p. 78.

都维尔纽斯（Vilnius）竟可听到人们在争论：如果一位政治领袖的姓氏暗示他具有日耳曼血统，那么他真能了解立陶宛人最深层的民族渴望吗？在当今全世界的一百八十多个国家中，真正有资格宣称其国民皆隶属于同一族群或语言团体者，不会超过十二国。想要在这样一个世界里，主张族群和语言民族主义，不仅不受欢迎，甚至可能自取灭亡。

简言之，古典的威尔逊—列宁式民族自决论，亦即支持分离主张，也把该主张纳入其一般纲领中的民族自决论，并无法为 21 世纪提供解决办法。这项主张最好被看作是：19 世纪的"民族国家"观念在"超民族主义"（supranationalism）和"下民族主义"（infranationalism）的拉扯下所表现出来的危机。[1] 这项危机不仅出现在大型民族国家当中，也出现在小型民族国家当中，而且不论新旧皆难豁免。

我们并不怀疑男男女女长久以来对集体认同的渴望，民族认同正是其中一种，但并非唯一一种（这可以从伊斯兰教世界看出）。我们也不怀疑人们会强烈反对国家、经济和文化权力日渐走向中央化和科层化，亦即反对日渐增强的疏离和无可控制。此外，我们也无需怀疑，就大部分地区的骚乱而言，它们起而反对的理由往往都说得天花乱坠，

---

1. "The state of the nation state", *Economist*, 22 December 1990—14 January 1991, pp. 73—78.

而且只要诉诸民族主义就可以得到合理借口。[1] 我们怀疑的是：建立同质化民族国家的渴望，真的是急切而且无可遏止的吗？这样的想法与方案真的适用于 21 世纪吗？即使是在那些一心追求分离建国的地方，在那些代代以建立民族国家为志向的地方，或在那些已经被地方分权思想抢先占领甚或彻底改造的地方？国家分离主义在加拿大以南的美洲地区，早自南北战争之后便告销声匿迹。更重要的是，它也没有在第二次世界大战后德、意这两个战败国境内得势。德意两国原本就不乏悠久的分离传统，巴伐利亚和西西里便是分离运动的两大温床，名声不下苏格兰和讲法语的侏罗山区（Bernese Jura），再加上战后为防止法西斯式的中央集权再起，两国都被迫实施高度地方分权，然而盛行于西欧其他地区的国家分离运动却未见于此。事实上，兴起于 1943 年的西西里分离运动，只是昙花一现的历史事件，尽管至今仍有人为此唏嘘，感叹"西西里民族的末日已至"。[2]1946 年通过的地区自治法，等于正式终止了西

---

1. "从奥克西坦语运动（Occitanian movement）领导人物的阶级组成看来，造成他们不满的原因，主要是专业和白领阶层的愤懑，而非该区在经济发展上所遭受到的不平等待遇……专业和白领阶层的不满是全法国的共通现象。"William R. Beer, "The social class of ethnic activist" in contemporary France in Milton J. Esman (ed.), *Ethnic Conflict in the Western World*, Ithaca 1977, p. 158.

2. Marcello Cimino, *Fine di una nazione*, Palermo 1997；G. C. Marino, *Storia del separatismo siciliano 1943—1947*, Rome 1979.

西里建国运动。

因此，今天民族主义所反映的，可说是一种威尔逊—列宁民族自决论的危机。就像我们已经看到的，即使是许多古老、强势且再明确不过的民族主义运动，即使是在它们仍然以完全脱离现属国家为其运动目标之际（例如巴斯克和苏格兰），它们也不免对真正的国家独立产生怀疑。由来已久且显然无法立刻获得解决的"爱尔兰问题"，便表现出上述的不确定感。一方面，爱尔兰共和国坚持拥有完全不受英国干预的政治自主权——第二次世界大战期间，它还以保持中立强调这点——但实际上却与联合王国仍保持相当程度的相互联系。此外，当英国政府承认爱尔兰独立，却同时表示如果爱尔兰人居住在英国，也可享有完整的英国公民权时，爱尔兰人也不觉得这种事实上的双重国籍有何奇怪之处，好像他们根本不曾从联合王国脱离一样。另一方面，人们对古典的民族纲领，亦即建立一个单一、团结的爱尔兰独立共和国的信心，也已迅速消失。也许都柏林和伦敦政府还是会同意一个统一的爱尔兰（相对来说）是比较好的。可是即使在爱尔兰共和国，也只有少数人认为南北爱统一非下下之策。相对地，如果北爱宣布脱离英国和爱尔兰独立，大多数的北爱新教徒也会认为这是两害选其轻。简言之，只有一小部分狂热分子会认为民族自决的结果，比眼前这种极其令人不满的现状好。

　　此外，不少老牌民族国家的民族意识，也开始出现动摇危机。这种始自19世纪欧洲的民族意识，原是被安置在由人民—国家—民族—政府（people-state-nation-government）所构成的四角地带之内。在理论上，这四大要素应该一致重合。套用希特勒的话来说，德国包括了"一个人民/民族，一个国家，一个政府"（Ein Volk，ein Reich，ein Fuechrer，Volk在此代表人民及民族二义）。在实践上，国家及政府这两个概念是由政治标准所决定；而"人民"及"民族"概念，则主要是由有助于创造出想象或虚构共同体的前政治标准（pre-political criteria）所塑造。政治会不断为了实现其自身目的，接管或改造这类前政治要素。于是这四者之间遂具有某种与生俱来的有机性关联。可是这种理所当然的组合，对今天那些拥有悠久历史的大型民族国家来说，却已不再是天经地义的了。

　　我们可以用1972年联邦德国所作的民意调查，来说明这项危机。[1] 当时的联邦德国可以说是老牌民族国家当中最极端的一个，因为德国曾在希特勒统治下，代表一个堪称最彻底的泛日耳曼政治统一体，如今这个统一体至少分裂成两个并存的国家，各自声称可以代表全部或部分日耳

---

1. Bundesministerium für innerdeutsche Beziehungen, *Materialien zum Bericht zur Lage der Nation*, 3 vols., Bonn 1971, 1972, 1974, III, pp. 107—113, esp. p. 112.

曼民族。不过这种极端发展正好提供我们一个绝佳机会，让我们得以了解大多数公民在思考"民族"一词时，他们心里到底有着怎样的模糊与不确定。

这项民意调查所反映出的第一个事实，就是人们对"民族"一词具有高度不确定感。在受访的联邦德国人民当中，有83%认为他们知道何谓资本主义；78%表示他们对社会主义具有清楚认识；有71%回答他们了解"国家"指的是什么；但回答完全没有概念或不知如何定义"民族"的人，却高达34%。教育程度愈低，所反映的不确定性就愈高。在接受过全程中等教育的受访者当中，有90%表示他们知道民族意识的四大要素为何；可是在只接受过初等教育的受访者中，仅有54%认为他们知道何谓"国家"，回答知道"民族"意义的，只有47%。造成这种不确定感的原因，主要是由于以往那种"人民"等于"民族"等于"国家"的确定关系，如今已然崩溃。

当受访者被询及"民族和国家是同一件事，抑或是不同的两件事"时，43%的联邦德国人（在教育程度最高者当中有81%）明白表示：它们并非同一件事，因为民主德国和联邦德国这两个国家并存的事实无法否认。不过，也有35%的人认为民族和国家是不可分的，因此我们可以看到有31%的工人（在年龄低于四十岁的工人当中有39%），认为民主德国已经形成另一个民族，因为它是另一

个国家。此外，我们还应当特别注意，在最坚信民族等于
国家的受访者中，有 42% 是技术工人；而最认为德国乃一
个民族只是分裂成两个国家的受访者，则多为社会民主党
（Social Democrats）选民。社民党选民中持这项看法者
有 52%，基督教民主党（Christian Democratic）则只有
36%。无怪乎有人会说：在德国统一百年之后，传统的 19
世纪"民族"观，竟是在劳工阶级当中保存得最好。

　　这项调查所代表的意义是：一旦"民族"概念脱离了
"民族国家"这个实体，就会像软体动物被从其硬壳中扯
出来一样，立刻变得歪歪斜斜、软软绵绵。虽然大多数奥
地利人在 1945 年之后，已经不再认为自己是大日耳曼的
一部分（虽然在 1918 年到 1945 年间，他们绝大多数持相
反看法）；而讲德语的瑞士人也极力想撇清他们与日耳曼
人的关系，但这并不表示易北河以东和以西的德国人已经
不再以"日耳曼人"（Germans）自居，就算在两地统一之
前，他们也不曾怀疑他们的"日耳曼人"身份。真正令民
主德国、联邦德国人民无法确定的是：政治上的或具有其他
暗示意味的"德国人"（Germanness）究竟指什么。他们的惶
惑并非空穴来风，即使民主德国、联邦德国已于 1990 年再
度统一在德意志联邦之下，这种不确定感也无法完全消除。

　　也许有人会怀疑：如果在其他具有悠久历史的"民
族国家"进行同样的民意调查，结果也会一样吗？比

方说，"法国人"（Frenchness）和"说法语的国家"（francophonie，这个词是 1959 年之后才出现的新词）到底有什么关系？不管戴高乐将军认为这两者之间究竟有何关联，当他把魁北克居民称为海外的法国人时，他所指的"法国人"，绝不是传统意义上的"法国人"，亦即与语言定义无关的法国人。至于魁北克民族主义者，"差不多已放弃'祖国'（homeland，la patrie）这项条件，改从'民族''人民''社会'以及'国家'等诸多条件中比较其得失，只是至今仍陷于混乱而无休止的辩论之中。"[1] 在 20 世纪 60 年代之前，"英国人"（Britishness）这个词主要指的是其法律和行政意义，也就是：父母为英国国民者、出生于英国者、与英国国民结婚者，或正式归化者。可是时至今日，"英国人"一词再也不可能如此简单明确。

以上所言并不表示民族主义在今日世界政坛上已不再受人关注，或其受注目的程度已稍减。我想强调的毋宁是，虽然民族主义耀眼如昔，但它在历史上的重要性已逐渐西斜。它不可能再现 19 世纪或 20 世纪早期的风采，再度化身为全球各地的政治纲领。它至多只能扮演一个使问题复

---

1. Dion, "The mystery of Quebec", p. 302. 戴高乐是在 1967 年 7 月 31 日的内阁演说中，说到应把魁北克人视为法国人，不过戴高乐的意思是：法国不能"对一群与她的人民承自同一个祖先、源自同一块国土的人们漠不关心，不应把他们现在和未来的命运置之事外，或不应把加拿大和其他异邦同等视之"（*Canadian News Facts*, vol.1, no.15, 14 August 1967, p. 114）。

杂化的角色，或充任其他发展的触媒。当白芝皓把 19 世纪的欧洲历史形容为以"民族创建"为中心的历史时，几乎没有人会觉得奇怪或不可思议。就像今日许多学者在撰写1870 年后的欧洲主要国家的历史时，也经常会像尤金·韦伯（Eugene Weber）一样，选用《从农夫变成法国人》（*Peasants into Frenchmen*）之类的书名。[1] 可是，还会有人这样撰写 20 世纪末乃至 21 世纪的历史吗？我想可能性甚低。

相反，未来的世界历史绝不可能是"民族"和"民族国家"的历史，不管这里的民族定义指的是政治上、经济上、文化上甚至语言上的。未来的历史将主要是超民族和下民族的舞台，而且不管下民族穿的是不是迷你型民族主义的戏服，旧式民族国家都不是它想扮演的角色。在未来的历史中，我们将看到民族国家和族群语言团体，如何在新兴的超民族主义重建全球的过程中，被淘汰或整合到跨国的世界体系中。民族和民族主义当然还会在历史舞台上保有一席，但多半是从属或微不足道的小角色。不过这并不意味民族历史或民族文化无法在特定国家，特别是小国家的教育体系或文化生活中占有重要地位，甚至占有比今天更重要的地位；这也不表示民族历史或文化无法在超民族的架构中继续在当地繁荣发展。举例来说，只要加泰罗

---

1. Eugen Weber, *Peasants into Frenchmen：The Modernization of Rural France, 1870—1914*, Stanford 1976.

尼亚人愿意以西班牙语或英语与世界进行沟通——因为除加泰罗尼亚居民外，很少人会讲加泰罗尼亚语——那么今日的加泰罗尼亚文化自然可以继续欣欣向荣地发展。[1]

如同我先前提过的，"民族"与"民族主义"这两个词汇，再也不适合用来形容、更别提分析它们先前所代表的政治实体，甚至也无法贴切地表达这两个词汇先前所具有的情感含义。也许，随着民族国家的式微，民族主义也会逐渐消失。未来的人类在自我介绍时，不一定非得说自己是英格兰人、爱尔兰人或犹太人等等，他们可以根据不同目的和场合选择不同的身份认同。[2]当然，若要说今日的世界已接近上述情形，显然是荒谬可笑的。不过我希望它至少已经是可以想象的。毕竟，史学家对民族与民族主义的研究已有长足进步，而现有的研究也倾向于指出，民族或民族主义的确已过了其鼎盛时期。黑格尔说，智慧女神的猫头鹰会在黄昏时飞出。如今它正环飞于民族与民族主义周围，这显然是个吉兆。

---

1. 在 20 世纪 70 年代，当加泰罗尼亚人置身海外时，约有三分之二会以"西班牙人"自居。M. Garcia Ferrando, *Regionalismo y autonomias en España*, Madrid 1982, Table II.

2. 布罗伊里是少数几个和我一样对民族主义的力量和主宰性抱怀疑态度的理论家，参见其 *Nationalism and the State*。盖尔纳和安德森认为："从民族主义不辩自明的成功看来，显然民族主义早已植根于人们的思想和行为当中。"布罗伊里曾对这种观点提出批判（"Reflections on nationalism", *Philosophy and Social Science*, 15/1, March 1985, p. 73）。

地 图

1. 1919—1934 年的民族冲突和边界争端

图例：

- ········· 协议后边界
- ———— 1914年德意志帝国世界
- －－－－ 1914年奥匈帝国边界
- －·－· 1914年俄罗斯帝国边界
- 新国家
- ■ 商讨　★ 冲突　▲ 全民公决
- 争议领土
- 暂时自治式独立的领土
- 武力占领下的领土
- 国际联盟推制下的领土

① 1920年全民公决分别归属丹麦和德国
② 马林韦尔德尔和阿伦施泰因1920年全民公决归德国
③ 1920—1923年盟军占领属立陶宛，1924年自治
④ 1930年撤离，1936年重新军事化
⑤ 1923—1925年由法国占领
⑥ 国际联盟托管1935年全民公决归德国
⑦ 1921年3月全民公决分别归属德国和波兰
⑧ 1920年被分割归捷克斯洛伐克和波兰

伏尔加河

苏联

兰
独立

雅

维尔纽斯
1920年附属波兰
1922年全民公决归波兰
白俄罗斯
1919—1921年
独立

乌克兰
1917—1920年独立

黑海

尼亚
比萨拉比亚

罗马尼亚

多瑙河

格鲁吉亚，
1918—1921年独立

高加索山脉

阿塞拜疆，
1918—1920年
独立

亚美尼亚
1919—1921年
独立

保加利亚

黑海

索菲亚

西色雷斯，
1919年从保加利亚归希腊

1925年
利亚冲突

阿德里安堡，1920—1922年由希腊占领

土耳其

恰那卡，1922年
达达尼尔1924年非军事化
1936年军事化重新

士麦那，1919—1922
由希腊占领

亚历山大勒塔
1920年归叙利亚
1939年归土耳其

十二群岛，
1912年归
意大利

309

图例：
- 1914年的国界
- 1815年的其他边界
- 雷托罗曼人
- 马其顿斯拉夫人

地图标注：苏格兰人、爱尔兰人、威尔士人、英格兰人、丹麦人、荷兰人、弗兰芒人、瓦隆人、德国人、布列塔尼、法国人、奥、巴斯克人、葡萄牙人、西班牙人、加泰罗尼亚人、科西嘉人

0 ——— 500公里
0 ——— 300英里

2. 19 世纪的种族、语言和政治划分：东欧语言版块

芬兰人

爱沙尼亚人

拉脱维亚人

立陶宛

俄罗斯人

白俄罗斯人

波兰人

乌克兰人

斯洛伐克人

匈牙利人

罗马尼亚人

尼亚人

塞尔维亚

保加利亚人

阿尔巴尼亚

土耳其人

3. 1910 年左右哈布斯堡帝国的民族（饼状图指出了每一块领土中不同民族的百分比。）

英汉译名表

A

Afghanistan，阿富汗

Albania，阿尔巴尼亚

Albert，Prince Consort of England，艾伯特亲王

Alexsander Ⅱ，Tsar of Russia，亚历山大二世

Algeria，阿尔及利亚

Alsatians，阿尔萨斯人

Amhara，阿姆哈拉人

Anderson，Benedict，安德森

Andorra，安道尔

Anselm of Canterbury，圣安塞姆

Anselm of Laon，莱翁的安塞姆

Antwerp，安特卫普

Arab nationalism，阿拉伯民族主义

Arana，Sabino，亚拉那

Argentina，阿根廷

Armenia，亚美尼亚

Armstrong J.，阿姆斯特朗

Aruba，阿鲁巴

Aryans，雅利安人

Atlas Berbers，阿特拉斯山区的柏柏尔人

Australia，澳大利亚

Austria，奥地利

    1918—1950

    反犹太运动

Austro-Marxists，奥地利马克思主义者

Azerbaijan，阿塞拜疆

B

Bagehot，Walter，白芝皓

Bangladesh，孟加拉

Barère de Vieuzac，Bertrand，巴雷尔

Barth，Fredrik，巴思

Basque，巴斯克

    语言

    民族主义与民族主义原型

    1894 年前

    1894 年后

Bauer，Otto，奥图·鲍尔

Bektashi，拜克塔什派

Belgium，比利时

Bernolák，Anton，贝诺拉克

Bevin，Ernest，贝文

Biafra，拜阿福拉

Bielorussia，白俄罗斯

Blum，Léon，布鲁姆

Böckh，Richard，柏克

Bohemia，波希米亚

Bolshevism，布尔什维克

Bose，Subhas Chandra，博斯

Bosnia，波斯尼亚

Brazil，巴西

Brest-Litowsk treaty，布列斯特—立
陶夫斯克条约

Bretons，布列塔尼（人）

Breuilly J.，布罗伊里

Brezhnev，Leonid Ilich，勃列日涅夫

Britain，英国（大不列颠，联合王国）

　军队

　文化少数

　福克兰战争

　语言与方言

　民族主义（英格兰）

　反法西斯

　与王室

　与宗教

　与运动

Brussell，布鲁塞尔

Budapest，布达佩斯

Bulgaria，保加利亚

Burma，缅甸

　法裔加拿大人

　魁北克民族主义

　移民

Cannan，Edwin，坎南

Carey，Henry Charles，凯里

Castile，卡斯蒂利亚

Catalan Jocs Florals，诗的竞赛

Catalonia，Catalans，加泰罗尼亚（语）

Ceausescu，Nicolae，齐奥塞斯库

censuses，questions about language，
人口普查与语言问题

Ceylon，锡兰

Chad，乍得

Chamberlain，Houston Stewart，张伯伦

Charleroi，沙勒罗瓦

Charles X，King of France，查理十世

Chartism，宪章运动

Cherniavsky，Michael，彻尼亚夫斯基

Chevalier，Michel，谢瓦利埃

China，中国

Churchill，Sir Winston，丘吉尔

Cohn，Gustav，科恩

Cole，John W.，科尔

colonial nationalism，殖民地民族主义

Communism，共产党

Connolly，James，康诺利

cossacks，哥萨克骑兵

Croats，克罗地亚人

Curaçao，库拉索岛

Cyprus，塞浦路斯岛

Czechoslovakia，捷克斯洛伐克

Czechs，捷克

C

Cairnes，J. E.，凯恩斯

Canada，加拿大

D

Danzig Free City，但泽自由市

d'Azeglio，Massimo，阿泽利奥

Dashnaks，联合党
Denmark，丹麦
Deutsch, Karl，多伊奇
Dickinson, G. Lowes，迪金森
Dominica，多米尼加
Dravida Munetra Kazhgam，达罗毗荼
　激进党
Dreyfus, Alfred，德雷福斯
Drumont, Edouard.，德鲁蒙

E
ETA，巴斯克祖国与自由党
education, and nationalism，教育与
　民族主义
Egypt，埃及
Emmet, Robert，艾米特
Engels, Frederick，恩格斯
English language，英语
　在印度
　起源
　在美国
　作为世界语
Eritrea，厄立特里亚
Estonian，爱沙尼亚人
Ethiopia，埃塞俄比亚
ethnic nationalism，族群民族主义
Eugene, Weber，尤金·韦伯
European Economic Community，欧
　洲经济共同体

F
fascism，法西斯主义
Ficker, Adolf，菲克
Finland，芬兰
Fishman, J.，菲什曼
Flanders（Flemings），弗兰德斯（人）

弗兰芒文
民族主义
1914 年前
1914 年后
folklore revival movements, and
　nationalism，民俗复兴运动与民族
　主义
football, and nationalism，足球与民
　族主义
France，法国
　反犹
　与法裔加拿大人
　公务人员
　语言与方言
　民族主义
　反法西斯
　与族群
　与法国大革命
　与语言
　与王室
　莱茵天然疆界
Francis II, Holy Roman Emperor，
　法兰西斯二世
Franco, General，佛朗哥将军
Frashëri, Naïm，佛拉雪里
Frederick the Great, King of Prussia，
　腓特烈大帝
French language，法语
　在非洲
　在加拿大
　与法国民族主义
Frisians，弗里西亚人
fundamentalism，原教旨主义

G
Gaelic，盖尔语

Gaj，Ljudevit，盖伊

Galicia，加里西亚

Gandhi，Mohandas Karamchand，甘地

Garnier-Pages，Etienne Joseph Louis，
加尼尔-帕杰

Gascons，加斯孔人

Gaulle，Charles de，戴高乐

Gellner Ernest，盖尔纳

George III，King of Great Britain，
乔治三世

Georgia，格鲁吉亚

German language，德语
与日耳曼民族主义
瑞士腔德语

Germany，德国（日耳曼）
1918年前
反犹
民族主义
语言
1918—1949
反犹
民族主义

Ghana，加纳

Gheg，盖格人

Ghent，根特

Gladstone，William，格拉德斯通

glasnost，开放

Glatter，Dr.，格莱特博士

Gobineau，Count，戈宾诺伯爵

Gorbachev，Mikhail Sergeyevich，戈
尔巴乔夫

Grant，Ulysses S.，格兰特总统

Griffith，Arthur，格里菲思

Griffiths，Rev.，格里菲思

Guadalupe，Virgin of，瓜达卢普圣母

Guarani，瓜拉尼语

H

Habsburg empire，哈布斯堡帝国
反犹
境内的捷克人
语言
民族主义
境内的波兰人
境内的斯洛文尼亚人

Hamilton，Alexander，汉米尔顿

Hanak，Hans，哈纳克

Hanák，Péter，汉纳克

Hanover，汉诺威

Haugen，Einar，豪根

Hauser，豪萨人

Hayes，Carleton B.，海斯

Hebrew language，希伯来文

Helsinki，赫尔辛基

Herder，Johann Gottfried von，赫德

Herodotus，希罗多德

Hindi，北印度语

Hindi Sahitya Sammelan，北印度语
文学会

Hitler，Adolf，希特勒

Hofer，Andreas，霍费尔

holy icons，神圣图像

Hong Kong，香港

Hroch，Miroslav，罗奇

Hungary，匈牙利（马扎儿）
语言
民族主义

Hussite，胡斯教派

I

Ibo，伊博人

Iceland，冰岛

Illyrianism，伊利里亚运动

India，印度
　反帝运动
　印度国民军
　语言
　分裂区划
　泰米尔
Indians，印第安人
Indonesia，印尼
International Monetary Fund，国际货
　币基金
International Statistical Congress，国
　际统计学大会
Iran，伊朗
Iraq，伊拉克
Ireland，爱尔兰
　英爱条约
　语言（见盖尔语〔Gaelic〕）
　民族主义
　芬尼亚派
　对其他民族运动的影响
　与语言
　与宗教
　厄斯特自由统一党
Islam，伊斯兰教
Israel，以色列
Istria，伊斯特里亚
Italy，意大利
　语言
　哈布斯堡境内之意大利人
　法西斯
　19 世纪民族主义
　统一
Iwan，Emrys ap，伊旺

J
Jacobins，雅各宾党人

Japan，日本
Jews，犹太人
　反犹
　奥地利
　法国
　德国
　语言（见希伯来文，意第绪语）
　民族主义（参考犹太复国主义）
　宗教
　在美国
　在苏联
Jinnah，Muhammed Ali，真纳
Joan of Arc，圣女贞德
Johnson，Dr Samuel，约翰逊博士
Joseph II，Holy Roman Emperor，约
　瑟夫二世

K
Kantorowicz，Ernst，坎托洛维奇
Karadzić，Vuk，卡拉齐克
Kautsky，Karl，考茨基
Kelch，Christian，凯尔齐
Kohn，Hans，科恩
Kolokotrones，T.，科洛科特罗尼斯
Korea，韩国
Kornai，Janos，柯尔奈
Kurds，库尔德族

L
La Blache，Vidal de，拉布拉什
Ladinsch，拉亭语族人
language，语言
　与民族主义
　1870 年前
　1870—1918 年
　1918 年后

世界语概念
Lapouge，Vacher de，拉宝吉
Latvia，拉脱维亚
Lavisse，Ernest，拉维斯
Lebanon，黎巴嫩
Lenin，Vladimir Ilyich，列宁
liberalism，and nationalism，自由主
　义与民族主义
Liechtenstein，列支敦士登
Liège，列日
List，Friedrich，李斯特
Lithuanians，立陶宛（人）
Lloyd George，David，劳合·乔治
Lueger，Karl，卢杰
Luxemburg，Rosa，罗莎·卢森堡
Luxemburg，卢森堡

M

Macedonia，马其顿
Maldives，马尔代夫
Manzoni，Alessandro，曼佐尼
Marxism，马克思主义
mass media，and nationalism，大众媒
　体与民族主义
Mauritius，毛里求斯
Maurras，Charles，莫哈
Mazzini，Giuseppe，马志尼
Mesopotamia，美索不达米亚
Mexico，墨西哥
Mill，John Stuart，穆勒
Moldavia，摩尔多瓦
Molinari，Gustave de，莫利纳里
monarchy，and nationalism，王权与
　民族主义
Mongols，蒙古
Montenegrins，门的内哥罗人

Moravia，摩拉维亚
Morocco，摩洛哥
Mughal Empire，蒙兀儿帝国
Muller，Max，缪勒
Musil，Robert，慕席尔

N

Nairn，Tom，奈恩
Naples，尼泊尔
national economy，国民经济
Nehru，Jawaharlal，尼赫鲁
Nelson，Horatio，纳尔逊
Netherlands，荷兰
Nicholas I，尼古拉一世
Nigeria，尼日利亚
Nordics，北欧人
Norway，挪威

O

Occitanian movement，奥克西坦语运动
O'Connell，Daniel，奥康内尔
Olympic Games，奥运
Orangeman，奥伦治派
Orwell，George，奥威尔
Ottoman empire，奥斯曼帝国
　1870 年前
　1870—1918 年

P

Paine，Thomas，潘恩
Pakistan，巴基斯坦
Palestine，巴勒斯坦
Pan-Africanism，泛非主义
Pan-Indian，泛印第安
Papua New Guinea，巴布亚新几内亚
Paraguay，巴拉圭

Parma, Grand Duchy of, 帕马大公国
patriotism, 爱国主义
perestroika, 重建
Peru, 秘鲁
Pichler, Arnold, 皮克勒
Pilsudski, Colonal Jozef, 毕苏斯基
Pius IX, 庇护九世
Plaid Cymru, 威尔士民族党
Poland, 波兰
　　独立
　　民族主义
　　与语言
　　与宗教
　　与社会主义
Poles, 波兰人
　　在德国
　　在哈布斯堡帝国
　　在俄国
　　在美国
Porter, George Richardson, 波特
Portugal, 葡萄牙
Prague, 布拉格
Primo de Rivera, Miguel, 普里莫·德·里维拉
proto-nationalism, 民族主义原型
Pushtu, 普什图人

Q
Quechua, 克丘亚语
Quetelet, Lambert Adolphe Jacques, 奎特莱特

R
Rae, John, 约翰·雷
Ranger, Terence, 兰杰
religion, and nationalism, 宗教与民族主义
　　基督教
　　伊斯兰教
　　犹太教
Renan, Ernest, 勒南
Rhaetoroman, 雷托罗曼语
Robbins, Lord, 罗宾斯
Romania, 罗马尼亚
Romansch, 罗曼斯克语
Roth, Josef, 罗斯
Rousseau, Jean Jacques, 卢梭
Russia, 俄国
　　与芬兰
　　民族主义
　　与王权
　　与宗教
　　革命
Ruthenians, 罗塞尼亚人

S
Sahara, 撒哈拉
Sardinia, 撒丁
Savoy, Kingdom of, 萨伏依王国
Say, J. B., 赛伊
Schleswig-Holstein, 石勒苏益格—荷尔斯泰因
Schönberg, Gustav, 舍恩伯格
Schönerer, Georg von, 舍内雷尔
Scotland, 苏格兰
Scott, sir Walter, 斯科特
Semites, 闪族人
Senegal, 塞内加尔
seperatist nationalism, 分离派民族主义
Serbia (serbs), 塞尔维亚 (人)
Sicily, 西西里人
Simmel, George, 齐梅尔

Singalese，僧伽罗

Singapore，新加坡

Slovaks，斯洛伐克

Slovenes，斯洛文尼亚

Smith，Adam，斯密

Smith，A. D.，安东尼·史密斯

Snellman，Johan Wilhelm，斯奈尔曼

socialism，and nationalism，社会主义
  与民族主义

Somalia，索马里

Sorbian，索布语

South Africa National Congress，南非
  民族议会

Spain，西班牙
  民族主义
  内战
  语言

sport，and nationalism，运动与民族
  主义

Sri Lanka，斯里兰卡

Stalin，Joseph，斯大林

Stöcker，Adolf，斯托克尔

Stur，Ludovit，史都尔

Sudan，苏丹

Suliotes，述利奥提人

Surinam，苏里南

Sweden，瑞典

Switzerland，瑞士

Syria，叙利亚

Szücs，Jenö，肖克

T

Tamils，泰米尔人

Tatars，鞑靼人

Thailand，泰国

Thompson，E. P.，汤普森

threshold，principle of，门槛原则

Tilly，Charles，提利

Tirol，提罗尔

Tone，Theobald Wolfe，托恩

Tosk，托斯克人

Transylvanians，特兰西瓦尼亚人

Troelstra，Piter Jelles，特洛尔斯特拉

U

Ukraine，乌克兰

V

Versailles Peace Treaty，凡尔赛和约

Victoria，Queen，维多利亚女王

Vienna，维也纳

Vietnam，越南

Vilar，Pierre，维拉

Vilnius，维尔纽斯

Vlach herdsmen，弗拉其牧民

Voivodina，伏伊伏丁那

W

Wales，威尔士

Wallachia，瓦拉齐亚

Welsh Eisteddfodau，学者的聚会

Wends，温德人

Wergeland，Henrick Arnold，韦格朗

William II，German Emperor，威廉
  二世

William of Alton，艾尔顿的威廉

Williams，Gwyn A.，吉文·威廉斯

Wolf，Eric R.，沃尔夫

world language，世界语

World War I，and nationalism，第一
  次世界大战与民族主义

World War II，and nationalism，　第

二次世界大战与民族主义

X

xenophobia，排外主义

Y

Yiddish，意第绪语
Yoruba，约鲁巴人

Yugoslavia，南斯拉夫

Z

Zedler Johann Heinrich，谢德乐
Zeman，Z.A.，泽曼
Zionism，犹太复国主义
Zoroastrianism，祆教

图书在版编目(CIP)数据

民族与民族主义/(英)埃里克·霍布斯鲍姆
(Eric J. Hobsbawm)著;李金梅译. —2版. —上海:
上海人民出版社,2020
(思想剧场)
书名原文:Nations and Nationalism since 1780:
Programme, Myth, Reality
ISBN 978 - 7 - 208 - 16709 - 4

Ⅰ. ①民… Ⅱ. ①埃… ②李… Ⅲ. ①民族主义-研
究 Ⅳ. ①D091.5

中国版本图书馆 CIP 数据核字(2020)第 186212 号

责任编辑 赵 伟
封扉设计 人马艺术设计·储平

思想剧场

民族与民族主义(第 2 版)
[英]埃里克·霍布斯鲍姆 著
李金梅 译

出 版 上海人民出版社
　　　　(201101 上海市闵行区号景路 159 弄 C 座)
发 行 上海人民出版社发行中心
印 刷 上海商务联西印刷有限公司
开 本 890×1240 1/32
印 张 10.5
插 页 3
字 数 179,000
版 次 2020 年 10 月第 2 版
印 次 2024 年 11 月第 3 次印刷
ISBN 978 - 7 - 208 - 16709 - 4/D · 3659
定 价 48.00 元